I0539373

MARIO ARGUETA Y JOSÉ REINA VALENZUELA

MARCO AURELIO SOTO Y LA REFORMA LIBERAL DE 1876

ERANDIQUE
COLECCIÓN

MARCO AURELIO SOTO Y LA REFORMA LIBERAL DE 1876
MARIO ARGUETA Y JOSÉ REINA VALENZUELA

©Colección Erandique
Supervisión Editorial: Óscar Flores López
Diseño de portada: Andrea Rodríguez—Lilyana Gálvez
Administración: Tesla Rodas
Director Ejecutivo: José Azcona Bocock

Primera Edición
Tegucigalpa, Honduras—Octubre de 2024

¿QUIÉN FUE EN REALIDAD MARCO AURELIO SOTO?

El hombre de las patillas largas es calificado como un reformador por muchos. Para otros, se trataba de un vividor. ¿Quién fue en realidad Marco Aurelio Soto, el rostro que aparece en el billete de dos lempiras?

Como sucede con los grandes personajes, es imposible llegar a una conclusión unánime.

Lo que sí es cierto, y para eso está la historia, es que Honduras era una selva de caciques sanguinarios e ignorantes que la tenían postrada en el subdesarrollo y la violencia cuando él llegó al poder.

Apenas en 1865, once años antes de que iniciara la Reforma Liberal de Soto y su primo Ramón Rosa, José María Medina, alias Medinón, había ordenado en Olancho el asesinato de incontables rebeldes que no estaban de acuerdo con una serie de impuestos que ponían más cargas pesadas sobre sus hombros.

Honduras se había quedado en el pasado feudal…

Con el gobierno provisional de Soto y Rosa, sin embargo, llegó un tiempo de esperanza y de profundas reformas en las finanzas, la educación, la salud, la seguridad y el orden público.

¿Por qué, entonces, hay quienes acusan a Soto, entre otras cosas, de ladrón y oportunista?

¿Qué hubo detrás de la decisión de trasladar la capital de Comayagua a Tegucigalpa? ¿Un interés personal?

Este libro, escrito por dos de los más destacados y respetados historiadores (don Mario Argueta y don José Reina Valenzuela), nos arroja muchas luces sobre este polémico presidente hondureño.

"¿Qué pensarán los hombres del mañana, cuando hagan un análisis del lugar otrora escogido para Capital por los Conquistadores, y el sitio seleccionado por mi Gobierno?", se preguntaba Soto.

Seguramente —agregaba— dirán que Comayagua está ubicada en el corazón de Honduras, en extenso valle bañado por caudalosos ríos, lugar propicio para el desarrollo de una metrópoli de uno o más millones de habitantes. En cambio la nueva Capital tendrá que seguir aprisionada por los mismos cerros y barrancos que rodean Tegucigalpa…".

Aún así, Soto tomó la decisión y abandonó la ciudad en la que él y su familia habían sido recibidos con cierta hostilidad.

Además del libro Marco Aurelio Soto y la Reforma Liberal de 1876, hemos incluido algunos de los discursos más importantes del reformador, entre ellos, el de su renuncia como presidente.

También, La Cronología de la Reforma Liberal escrita por el propio Mario Argueta.

La visión de Soto queda manifiesta, por ejemplo, en esta frase pronunciada el 15 de septiembre de 1880. "EL TESTAMENTO DEL GENERAL MORAZÁN CASI NO SE CONOCE, CUANDO ES LA HOJA EN QUE DEBIERAN APRENDER A LEER LOS NIÑOS DE LA REPÚBLICA CENTROAMERICANA. ESTE DOCUMENTO VENERABLE ES LA ORACIÓN DEL PATRIOTISMO, QUE LAS MADRES DEBERÍAN HACER REZAR A SUS HIIJOS AL DORMIRLOS".

Soto renunció a la presidencia (este libro detallas las razones) y se marchó al exilio, donde murió con mucho dinero, pero con la frustración de haber dejado una obra inconclusa.

Ramón Rosa, al ver a su primo en un instante de abatimiento espiritual provocado por los sinsabores de los afanes de gobierno, le dijo: "Toda la afanosa obra realizada quizá sirva para que las generaciones por venir, busquen en nuestra labor la de ansiosos reformadores".

Han transcurrido 141 años desde que Soto interpuso su renuncia como mandatario al Congreso Nacional, y, curiosamente, sigue siendo un desconocido para la mayoría de hondureños. Tal vez este libro sirve para que se le descubra, estudie y se vean con objetividad los aciertos y errores de su gobierno.

ÓSCAR FLORES LÓPEZ
EDITOR COLECCIÓN ERANDIQE

MARCO AURELIO SOTO Y LA REFORMA LIBERAL DE 1876

PREFACIO

En el mes de agosto se cumplirán noventa y nueve años de haberse inaugurado en el puerto de Amapala el gobierno del Doctor don Marco Aurelio Soto inspirado en el credo liberal de la revolución guatemalteca de 1871.

Soto gobernó al país durante siete años; primeramente como Presidente Provisional y luego como Presidente Constitución al, estableciendo para los hondureños un régimen de orden, de garantías y de progreso que pudo ser realidad gracias al clima de paz pública y tranquilidad individual de que tanto necesitaba el pueblo, agotado por las luchas internas e internaciónales impuestas por el caudillismo que era, por entonces, el sistema de gobierno acomodado a los intereses personalistas de los políticos.

Como participantes en el concurso promovido por el Banco Central de Honduras para conmemorar el 25 aniversario de su fundación, hemos desarrollado el tema propuesto, haciendo el intento de analizar y de hacer un estudio crítico de aquel gobierno, abarcando, hasta donde ha sido posible, lo atinente a los diversos ramos de la Administración Pública conforme al cuadro de organización de la época, y señalando también los alcances de tipo social y de contenido moral que los hombres de la Reforma Liberal del 76, lograron implantar en el país.

Debemos establecer que, no obstante, nuestro empeño por estudiar los acontecimientos, consideramos que aún faltarán algunos ángulos críticos para agotar el tema, pero este trabajo podrá servir de punto de partida para terminar con el estudio de una época tan interesante en la historia naciónal.

Marco Aurelio Soto organizó el país: le dio leyes, le creó rentas, le abrió vías de comunicación y encontró mercados para la exigua producción hondureña de la época. Entre otras preocupaciones tuvo la de educar al pueblo arrancando de la instrucción primaria, siguiendo con la educación media para llegar a la enseñanza superior que formaría, como formó, los profesionales que el país reclamaba para su desarrollo.

El tradicionalismo acusa al Doctor Soto de anticlerical y libre pensador; la realidad es que las antiguas estructuras educativas tenían que cambiarse. Bajo el imperio de la paz, los estadistas tienen tiempo de tomar resoluciones apropiadas para el país que gobiernan, y Soto se dio cuenta del tipo de hondureño que Honduras necesitaba y pudo intuir las mayores causas del atraso en que el país se encontraba. Por esta circunstancia enfocó hacia estos problemas toda su atención y logró, en la relatividad del medio, hacer una reestructuración completa para darle a la República la fisonomía de un pueblo organizado.

La economía del país se ciñó al diseño capitalista; no se podía hablar entonces del sistema socialista sencillamente porque no existía como estructura político—social, y es posible que la recuperación fiscal y el incremento privado del capital se debiera entonces al patrón adoptado por el gobierno del Doctor Soto. Las facilidades ofrecidas y brindadas al inversionista extranjero, abrieron la puerta a la organización de compañías por acciones en las que inicialmente participaron capitalistas hondureños, especialmente en el ramo de la explotación minera y maderera.

A este respecto se ha acusado al Doctor Soto de haberse enriquecido en el poder, pero si así fue, no se enriqueció "robando al fisco", sino en la participación de utilidades de los inversionistas valido de su alta posición gubernamental.

En los XIV Capítulos de que consta este trabajo, se exponen ampliamente todos los temas que vienen a coincidir en las "Implicaciones político—sociales y económicas del gobierno del Doctor Marco Aurelio Soto", por lo que, en esta breve presentación, nos abstenemos de hacer mayores consideraciones. Los datos contenidos en el texto, provienen de fuentes documentales irreprochables y fáciles de comprobar; dejamos pues, en manos del Jurado Calificador este trabajo con el que deseamos corresponder al propósito tan noble del Banco Central de Honduras en el año de sus Bodas de Plata.

Tegucigalpa, D.C., 17 de junio de 1975

JOSÉ REINA VALENZUELA   **MARIO ARGUETA**

CAPÍTULO 1: BARRIOS BUSCA ALIADOS

- Implicaciones Políticas y Socio—Económicas de la Reforma Liberal en el Gobierno de Marco Aurelio Soto
- Orígenes y Causas de la Reforma Liberal Guatemalteca. La Revolución de 1871.

No puede negarse que la Reforma Liberal en Honduras fue una consecuencia de la Revolución Guatemalteca de 1871 que sacudió la estructura política de los países centroamericanos. La serie de sucesos que se iniciaron en Honduras el 27 de agosto de 1876 en el puerto de Amapala, se habían gestado, madurado y estudiado fuera de nuestro suelo y tuvieron su origen en la necesidad del gobierno revolucionario del General Rufino Barrios, de contar, para consolidarse, con el apoyo y la simpatía de los vecinos hondureños y salvadoreños, como contaba, aparentemente, con el vecino mexicano.

Tampoco se puede entender la Reforma Liberal hondureña sin saber cómo se gestó la revolución del 71 en Guatemala, cuyo objetivo aparente fue derribar la dictadura de los 30 años que había sepultado la dignidad ciudadana retrocediendo hacia los sistemas tenebrosos y bárbaros que superaron los métodos de gobierno colonial y propios de los déspotas más calificados de América Latina.

El "Caudillo Adorado de los Pueblos" como le llamaban sus lacayos, sucumbió de una "diarrea pútrida" el 14 de abril de 1865, y para que no se quedase en orfandad la aristocracia que siempre suspiraba por el látigo de un tirano, conforme al artículo 5°. del Acta Constitutiva, "fue elegido Presidente Constitución al" el Mariscal de Campo, Don Vicente Cerna, quien tomó posesión el día 24 de mayo del mismo año, sin que la Cámara de Representantes le hubiera fijado término a su mandato .

El Mariscal Cerna, heredaba el poder a la muerte del Capitán General Rafael Carrera que lo ejercía en forma vitalicia desde que desapareciera el Gobierno Federal que había unido las cinco provincias coloniales del istmo centroamericano. Funesta herencia para el Mariscal Cerna que era un militar valiente y prestigiado, porque la recibía cuando ya el pueblo comenzaba a protestar de un sistema sostenido por la fuerza apoyado en el fanatismo y la ignorancia que se confabulaban para mantener a raya cualquier intento de restauración republicana.

Un eminente escritor guatemalteco haciendo un análisis de la época, expresa: "con una educación tan maleada, con antecedentes tan mal apropiados para producir una civilización robusta, no es de extrañar que el despotismo se entronizara en este país y los principios que forman la base del sistema republicano se oscurecieran de tal modo, que Guatemala convirtióse en una verdadera anarquía a semejanza y a ridículo remedo de las monarquías europeas. El General Carrera fue elevado a la presidencia vitalicia y quedaron en sus manos todas las prerrogativas de que goza el poder moderador en las naciónes del viejo continente. Para organización política aquella no se conforma con ninguno de los sistemas expuestos por los publicistas. Fue un método particular nuestro creado por el gobierno personal del General Carrera y de su círculo... Con este sistema, el General Carrera se apropió los esplendores del Monarca tras el nombre de Presidente vitalicio".

Cerna no tenía los arrestos del General Carrera y el partido conservador ultramontano embriagado con las delicias del poder disfrutado durante treinta años, no tardó en cometer un error que habría de causar la caída del régimen. Cuando fue elegido "Presidente Constitución al" el Mariscal, la Cámara de Representantes como ya se dijo, no fijó término al período de gobierno y de esta suerte, Cerna ejerció el poder durante cuatro años siguiendo los métodos de Carrera, rodeado y aconsejado por los hombres de Carrera, y teniendo como él todo apoyo y respaldo del clero y del ejército. A pesar de esto, sus consejeros no se atrevieron a decretar la presidencia vitalicia, pero sí idearon perpetuar el régimen por medio de la reelección, cuyo aparato fue montado apresuradamente, por lo que, es seguro, tuvieron una grave falla en el conocimiento de los criterios y pensamientos de los miembros de la Asamblea General, organismo encargado de hacer la elección de acuerdo con lo prescrito en el Acta Constitutiva que regulaba la vida del Estado guatemalteco, y el 8 de enero, se emitió el siguiente decreto:

"Vicente Cerna, Mariscal de Campo, Caballero Gran Cruz de la Orden Pontificia de San Gregorio Magno, en la clase militar, y Presidente de la República de Guatemala,

Por cuanto:

La Cámara de Representantes de la República de Guatemala. Habiendo tomado en consideración: que a consecuencia del fallecimiento del Presidente Vitalicio de la República, Capitán General Don Rafael Carrera, acaecido el 14 de abril de 1865, fue elegido Presidente Constitución al, conforme el artículo 5o. del Acta Constitutiva, el Mariscal de Campo Don Vicente Cerna, quien tomó posesión el día 24de mayo de 1865; siendo por tanto conveniente declarar cuando termina este período excepcional, y proveer lo que corresponda respecto a la nueva elección de Presidente de la República, determinando la duración de su período, para evitar duda en lo sucesivo: después de un detenido y maduro examen, ha establecido y declarado lo siguiente:

1º. El período constitución al del Presidente de la República, Mariscal de Campo Don Vicente Cerna, termina el 23 de mayo de 1869.

2º. Se convocará inmediatamente a la Asamblea General para que reuniéndose el día 17 de enero próximo entrante, practique la elección de Presidente de la República, para el período que terminará el día 31 de diciembre de 1872. Por Tanto; y sancionada de acuerdo con el Consejo de Estado la preinserta disposición, mando se publique, cumpla y ejecute.

Palacio del Gobierno: Guatemala, enero ocho de mil ochocientos sesenta y nueve. Vicente Cerna. El Ministro del Interior, Manuel Echeverría".

Pronto se desplegó una inusitada campaña para ensalzar la actuación de Cerna a quien se dedicaban alabanzas como aquellas que perturbaron a Carrera; las imprentas comenzaron a lanzar panfletos y proclamas plagadas de las excelencias del gobernante y la fortaleza del gobierno; en todas las parroquias se usaba el púlpito para servilizar más a la gente ignorante reclamando su apoyo para el régimen cuyas maravillas no tenían parangón y frente a la avalancha del despotismo, apenas si se escuchaba la voz valerosa de Don Miguel

García Granados que desde la Cámara Legislativa fustigaba al tirano y desnudaba la corrupción del régimen.

La "Asamblea Naciónal" que tenía la facultad de elegir presidente, era un organismo de formación compleja; en ella tomaban asiento altos funcionarios del régimen como el Lic. Manuel Echeverría, Ministro del Interior, y el Señor Arzobispo Don Bernardo Piñol, Magistrados y Diputados; a la vez figuraban elementos de la oposición al régimen y partidarios del Mariscal D.J. Víctor Zavala que compartía las excelencias del sistema. Esta integración heterogénea del cuerpo electoral constituyó el error de cálculo de los mentores de la dictadura, lo que se evidenció al momento en que la Cámara de Representantes procedió a verificar la elección, el domingo 17 de enero de 1869. Efectivamente, el Mariscal Presidente Don Vicente Cerna, obtuvo treinta y un votos; el Mariscal Don J. Víctor Zavala, obtuvo veintiún votos; Don Luis Molina tres votos; Don Pedro Aycinena, un voto y Don Manuel Echeverría, un voto .

La Cámara de Representantes declaró electo Presidente Constitución al de la República para el período del 24 de mayo de 1869 al 31 de diciembre de 1872, al Mariscal Don Vicente Cerna en atención a que "reunió la mayoría absoluta de sufragios".

Al final del Acta de Declaratoria de la elección, hay una nota que dice: "Aparecen cincuenta y seis firmas, habiendo sido cincuenta y siete los electores, porque el Señor Representante Don Miguel García Granados se retiró antes que esta Acta se firmase. Machado—Srio. Larrave. Srio".

Dos meses más tarde el Gobierno tuvo informes de que Serapio Cruz se había introducido por la frontera de Chiapas con "una gavilla" de prófugos asaltando los almacenes de Nentón, y que era perseguido por tropas al mando del Corregidor y Comandante de Huehuetenango. Era la primera demostración de protesta armada contra el poder del Mariscal Cerna. Serapio Cruz, había promovido una asonada contra el gobierno, en febrero de 1867 que no prosperó quizá porque el terreno aún no estaba listo para sembrar la semilla de la revolución, terminando con la captura y enjuiciamiento del sedicioso, pero si bien el Mariscal Cerna estaba en condiciones de fusilarlo o eternizarlo en la cárcel, optó por la clemencia dictando el acuerdo de 5 de marzo del mismo año por el cual se permitió que Don Serapio Cruz fuese a residir fuera de la República, "bajo condición expresa de que no volvería a ella sin permiso del gobierno, ni intentaría directa ni indirectamente trastornar el orden, bajo cuyas condiciones se usó con él de indulgencia y lenidad, dispensándole la asonada que promovió en febrero del mismo año".

Cruz había sido soldado de Carrera y gozaba de prestigio en la región Guatemalteca de Los Altos, y debido a ella, lo que el gobierno llamó en un principio "una gavilla", le obligó a suspender las garantías individuales consignadas en la Ley de 5 de diciembre de 1839, a decretar el uso de pasaporte dentro del país, y a movilizar gruesos contingentes del ejército.

Para los primeros días de mayo, Cruz contaba con un contingente de 500 indígenas y unos pocos ladinos, de los cuales 100 estaban armados con escopetas y fusiles, algunos con machetes y cuchillos y los más sin armas. Por esos días apareció por San Marcos, Justo Rufino Barrios encabezando un grupo como de treinta jinetes regularmente armados. Los boletines del gobierno los calificó como salteadores, pero no tardaron mucho tiempo en darse cuenta de que Don Rufino tenía el temple de un caudillo y que las ideas proclamadas por García Granados tenían aceptación entre la masa indígena como en otras capas sociales que cansadas de un régimen estático de treinta años tenía a los guatemaltecos entre el temor y la ruina.

Barrios estableció su Cuartel General en el Departamento de San Marcos, pero era tanta la movilidad de sus tropas que rivalizaban en ello y en valentía con las de Serapio Cruz, lo que ocasionaba grandes contratiempos y contrariedades a los contingentes del gobierno, que se obligaban a trabar combate cuando menos lo esperaban y en sitios tan escabrosos, como que eran escogidos por los revolucionarios.

Para fines del 69 los revolucionarios que seguían en las montañas del Occidente, según el gobierno, aparecieron por Verapaz; simultáneamente, otros grupos asaltaron los cuarteles de Escuintla y el Puerto de San José en la Costa del Pacífico, llevándose armas y municiones sin que pudieran ser alcanzados por las tropas gubernamentales.

Sin embargo, tenía que llegarse el momento en que las tácticas militares del gobierno del Mariscal Cerna, lograran inferir un fuerte revés a los "sediciosos", y esto ocurrió los días 6 y 7 de diciembre del 69 en la plaza de Huehuetenango. Es interesante darse cuenta del contenido del boletín de Noticias No. 15, publicado en la "Gaceta de Guatemala el 16de diciembre que dice:

"En el "Boletín" de ayer se ofreció publicar la nota del Corregidor y Comandante General de Huehuetenango, en que comunica los detalles de la acción del día 6. Dice así:

Señor Mayor General del Ejército de la República. Huehuetenango, diciembre 8 de 1869. Hasta hoy me es posible dar a Us. parte circunstanciado del hecho de armas ocurrido en esta plaza del 6 al 7 del que corre, y del cual di parte a Us. por medio del Comandante General de Totonicapán.

A las seis de la mañana el faccioso Cruz, con una fuerza de cerca de mil hombres, entre mal y bien armados, y un número mayor de indios, atacó esta plaza simultáneamente por todos sus puntos y desde luego comenzaron a incendiar la población por diversas partes, hasta reducirnos a un círculo de fuego y humo en el recinto de la plaza, donde se logró cortar rechazando al enemigo por innumerables claraboyas que se practicaban constantemente por una y otra parte y que defendieron con el denuedo nuestros valientes soldados.

El fuego duró 25 horas, más o menos vivo, sin que durante ese tiempo lograsen los facciosos adquirir ventaja alguna sobre la plaza, pues las trincheras se defendieron con tanta bravura por los jefes y tropa, que aunque rivalizaban todas ellas en provocar para el asalto al enemigo, nunca logró éste presentarse al frente de ellas, y solo peleó en las esquinas y en las claraboyas, exceptuando pocos ratos en que agotaron inútilmente sus esfuerzos porque fueron siempre rechazados, hasta retirarse ayer a las siete de la mañana, casi en fuga, sin que fuese posible perseguirlos por haberse agotado los elementos de guerra de que se disponía.

La facción se halla acampada hoy en Patio de Bolas, inmediata a esta población, llevando consigo algunos de sus heridos, cuyo número se ignora, pero debe de ser muy considerable, pues sólo en la revista de campo se encontraron 47 cadáveres en el interior de la población, y se asegura que durante el combate fueron conducidos muchísimos otros, lo mismo que heridos a los pueblos de Aguacatán y Chiantla, sabiéndose con certeza que en este último enterraron veinte. También se encontraron dos caballos muertos, uno de Ramón Cruz y otro de Rufino Barrios, se les tomaron otros dos, un rifle y una caja de guerra.

Entre los muertos se encuentra el expresado Ramón Cruz, Evaristo Cano, ambos jefes de alta graduación entre ellos; también se asegura que murió el que titulan Coronel N. Polanco. Rufino Barrios fue también herido gravemente y se asegura que murió en Chiantla.

Nuestras pérdidas han sido cuatro soldados muertos; heridos el Capitán D. Fernando Herrera, el Teniente D. Antonio Kopeski y el Subteniente D. Francisco González Mora y los 18 de tropa que menciona la adjunta lista. Al cirujano de tropa D. Mariano Aragón, se lo llevaron los facciosos.

No hay palabras para expresar la horrible crueldad de los que han tenido la osadía de llamarse libertadores; la hermosa Villa de Huehuetenango es hoy un campo de cenizas; más de noventa casas fueron incendiadas, después de un escandaloso saqueo: no respetaron ni al rico ni al pobre, ni aún a sus paniaguados. Asesinaron a la esposa del Capitán Herrera, a otra mujer y a dos criaturas. Lastima profundamente el alma ver llegar a cada momento las familias que huyeron a los montes, reducidas todas a mendicidad. ¡Ojalá todos los pueblos de la República sepan apreciar debidamente, y conservar para siempre en su memoria la libre lección que se les da con un atentado que no tiene igual en nuestra historia, y ni aún podía sospecharse su ejecución en el siglo que cruzamos!

No puedo recomendar a Us. con especialidad a ninguno de mis subalternos e individuos de tropa; porque todos ellos con igualdad pelearon como héroes, sin que desmayara un solo instante su intrepidez, habiéndose hecho acreedores a la gracia del Supremo Gobierno.

Entre los edificios incendiados se halla la iglesia del Calvario, parte del Corregimiento, parte del convento parroquial y toda la Administración de Rentas con los libros y papeles existentes.

Más tarde informaré a Us. todo lo demás que se vaya averiguando y vaya ocurriendo.

Dios guarde a Us. muchos años.

Huehuetenango, diciembre 8 de 1869.

Aquilino Gómez Calonge"".

"El Capitán Calonge comunica también, con fecha del 8, que en la mañana de aquel día había llegado a Huehuetenango el Coronel D. J. Domingo Morales, con quinientos hombres y continuado inmediatamente en persecución de los sediciosos.

La conducta observada por Cruz y los que lo acompañaban en la Villa de Huehuetenango, muestra el verdadero carácter y las tendencias de la sedición. El incendio, el asesinato y el saqueo; he ahí la libertad y el progreso que lleva a las poblaciones; Estos atentados no pueden dejar de recibir la más severa reprobación por parte de cualquier hombre de bien, por más que se ejecuten por los que se suponen defensores de los pueblos.

"El Excmo. Sr. Presidente ha expedido hoy el siguiente acuerdo por el Ministerio de Guerra.

Palacio de Gobierno: Guatemala, diciembre 13 de 1869. Con presencia del parte circunstanciado que ha dado el Capitán Don Aquilino Calonge, Corregidor y Comandante General de Huehuetenango, con fecha 8 del corriente, participando la esforzada resistencia de aquella plaza, que fue atacada el día 6 por el faccioso Don Serapio Cruz, quien no obstante haber incendiado aquella población, fue rechazado con considerables pérdidas de su parte. Por tanto, y deseando el Presidente premiar el mérito y el denuedo del Comandante General de aquel Departamento, oficiales y tropa de su guarnición, en Consejo de Ministros ha tenido a bien acordar:

1º. Líbrese en favor del Capitán Gómez Calonge el despacho de Teniente Coronel efectivo de infantería.

2º. Se concede a los demás oficiales que concurrieron a la defensa de la referida plaza, un ascenso efectivo; y

3º. Se gratifica con un mes de sueldo a los sargentos, cabos y soldados de la guarnición. Comuníquese. (Rubricado por S.E.). Cerezo.

El Gobierno se ocupa en disponer las medidas convenientes para que proporcionen algunos auxilios a los infelices arruinados en Huehuetenango por Don Serapio Cruz y su gavilla".

Don Miguel García Granados que se había ocultado para escapar de la tenaz persecución a que se le había sometido, se vio obligado a pagar una fianza para que se le permitiera salir de Guatemala expatriado, embarcándose en San José el 18 de febrero de 1870 con dirección a cualquier puerto mexicano del Pacífico. Pero una vez en territorio mexicano, García Granados se trasladó a la frontera de Chiapas, se puso en comunicación con Don Rufino Barrios, reclutó la gente que pudo, y comenzó su participación activa en el movimiento armado que ya había tomado las proporciones de un levantamiento general contra el régimen de los 30 años entronizados por el Capitán General Don Rafael Carrera.

Mientras tanto, la prensa oficial desató una campaña difamatoria contra García Granados, coincidente con el viaje que, con pretexto de visita rutinaria, emprendió el Presidente Cerna por los departamentos de los altos. La movilización del Jefe del Gobierno podía dar la medida de la situación. Los periódicos de Honduras y El Salvador siempre estuvieron dispuestos a dar informaciones sobre los sucesos de Guatemala, pero generalmente, sólo reproducían los boletines oficiales, porque no querían tomar partido en aquella contienda o bien porque había cierto temor de que movimientos similares pudieran organizarse dentro de sus territorios.

En Honduras, el General Don José María Medina había sido aliado del General Carrera, y por lógica, lo seguía sien—do de su heredero el Mariscal Cerna. Pero las cosas no iban muy bien para el Capitán General hondureño: la facción de Olancho no había sido sofocada totalmente a pesar de la terrible represión a que fue sometido aquel Departamento. Por otra parte, y esto era altamente preocupante para el Gobierno, había en El Salvador una numerosa emigración, entre la cual figuraban hombres de gran valía y de tendencias liberales reformistas como el Lic. Don Adolfo Zúñiga, que aprovechaba cualquier oportunidad para censurar con acritud y blandiendo argumentos irrebatibles, al gobierno del General Medina.

Parece cierto que el movimiento revolucionario guatemalteco tuvo en Honduras, desde su inicio, una corriente de franca simpatía, aunque ésta no se manifestara públicamente, por las condiciones represivas mantenidas por el régimen. Esas condiciones obligaron a los simpatizantes de Barrios y García Granados a buscar un clima más propicio en el país vecino del Sur y algunos, como el Lic. Don Rafael Meza, dejó su casa solariega de Comayagua, para agregarse con su hermano Marcial, al ejército revolucionario de Don Justo Rufino.

Dos jóvenes hondureños que residían en Guatemala, se iniciaron como fervientes partidarios de Don Miguel García Granados, y cuando, en el Cuartel General de Barrios establecido en San Marcos, se publicó el periódico revolucionario "El Malacate", no tuvieron temor de enviar desde la capital, su colaboración valiosa, sus artículos inspirados en las ideas reformistas y sus críticas severas contra el régimen. Estos jóvenes eran Marco Aurelio Soto y Ramón Rosa. Soto y Rosa con otros jóvenes guatemaltecos formaban esa élite intelectual que, inspirándose en los principios de libertad y justicia, de igualdad ante la ley y de respeto a la calidad del hombre, promovieron y alentaron los fundamentos de la revolución guatemalteca del 71 que con ardor patriótico había proclamado García Granados y de la cual eran brazos ejecutores, los cabecillas Serapio Cruz y Justo Rufino Barrios.

¿Pero cuáles eran en realidad los fundamentos de aquella revolución? ¿Qué perseguía García Granados? ¿Por qué luchaban con denuedo Barrios y Cruz? La respuesta a estas preguntas está en la Proclama del 8 de mayo de 1871, que dice a la letra:

"Miguel García Granados a los guatemaltecos:

Compatriotas:

Perseguido injusta e ilegalmente por el tirano que gobierna la República, me presento hoy ante vosotros, con el objeto de reivindicar mis derechos y combatir una Administración, que oprime a los pueblos y viola diariamente las garantías más sagradas del hombre.

Veinte años hace que combato esa Administración arbitraria y despótica, y si mis esfuerzos no han logrado derrocarla, al menos han contribuido eficazmente a dar a conocer los abusos, demasías y crueldades del sistema dictatorial que nos rige, alentando así a los guatemaltecos a agruparse en derredor de la bandera de la libertad, seguirla si necesario fuera, defendiéndola: de aquí el odio de los tiranos hacia mi persona.

Bien sabéis, compatriotas, que yo vivía tranquilo en la capital de la República. En mi calidad de Representante del pueblo hacia una oposición enérgica, pero legal, a los actos de arbitrariedad e injusticia del Gobierno. Por mucho tiempo éste no se atrevió o no creyó prudente intentar nada contra mi persona, pero el día en que triunfó el General Cerna, creyendo asegurada su dictadura, ese día, digo, se quitó la máscara, y, a pesar de mi carácter de Representante, me mandó a aprehender (en unión de otros señores Representantes), para sumirme en una de las bartolinas del Fuerte de San José, tal vez con el perverso intento de que perdiese allí la vida. La casualidad, o quizá la Providencia, me salvó en ese día.

Compatriotas:

Bien conocéis mis antecedentes y opiniones. Persuadido de que la dictadura no puede nunca hacer la felicidad de los pueblos, y en especial, una dictadura torpe e ignorante, que por el contrario tiene que causarle siempre males infinitos, vengo decidido a luchar hasta derrocarla y plantar en su lugar la libertad, y un Gobierno de leyes que es el único que puede establecer el verdadero orden. Os diré, pues, que es lo que queremos, yo y los patriotas que me acompañan.

Queremos que, en vez de gobierno dictatorial y tiránico, como el presente, se establezca otro que no tenga más normas que la justicia, que en vez de atropellar las garantías las acate y respete, y en una palabra, que en vez de gobernar según su capricho o interés privado, sea simplemente un fiel ejecutor de las leyes, sumiso y jamás superior a ellas; queremos que desaparezca la llamada Acta Constitutiva, que no es sino un documento informe y absurdo, fraguado con la mira de establecer una dictadura, de la cual sacan partido algunas pocas personas que le sirven de agentes y satélites; queremos que haya una verdadera Representación Naciónal, libremente elegida y compuesta de hombres independientes que tengan celo por el decoro naciónal y el cumplimiento de la ley; una Asamblea, en fin, que no sea como la presente, un conjunto, con pocas excepciones, de empleados subalternos del gobierno y de seres débiles y egoístas, que no miran por el bien del país, y sí sólo por sus intereses pecuniarios o privados. Queremos una prensa libre, porque estamos persuadidos de que sin esta institución no hay gobierno bueno posible. Queremos que el Ejército se mejore y se reforme, y no esté basado como el presente, en las arbitrariedades y la injusticia. Queremos que la Hacienda Pública se arregle y el sistema de impuestos se modifique. Existen contribuciones onerosas que pesan de preferencia sobre los pobres y desgraciados. Estas deben desaparecer y sustituirse con otras más económicas y mejor repartidas. Queremos que la Instrucción Pública se generalice y se ponga en relación con las necesidades de la nación a la altura de las instituciones democráticas. Por último, queremos que desaparezca toda especie de monopolios y muy especialmente el del aguardiente, como inicuos y ruinosos que son a la agricultura y al comercio.

Esto es en compendio, compatriotas, lo que nos proponemos, y que con toda lealtad proclamamos llevar a buen fin. Cualquiera otra intención o mira que se nos atribuya es falsa y calumniosa. Repito que mis ideas son bien conocidas y que soy enemigo de utopías, y de ensayos peligrosos.

Guatemaltecos:

Todos los que amáis vuestra patria, todos los que detestáis la tiranía, y deseáis vivir tranquilos, gozando de libertad y regidos por un sistema legal, venid a mí; ayudadme a derrocar una administración tiránica y odiosa que labra nuestra desgracia y es un oprobio para el país. Venid a mí y seréis felices. No temáis, que los que obran bajo mi dirección no cometen desórdenes ni demasías de ninguna clase. Los habitantes pacíficos nada tienen que temer, porque la más estricta disciplina reinará en mis filas. También sabré respetar a los enemigos leales a quienes tal vez un exceso de delicadeza obliga a permanecer al servicio de un gobierno que en el fondo del corazón detestan.

Pero, ¡ay de los hijos desnaturalizados que, sin respetar la santidad de la causa que defiendo, la combatan con armas infames o de mala ley!

Compatriotas:

Si escollo en la empresa y pierdo la vida, la libertad habrá perdido uno de sus más ardientes defensores y contará en su historia un mártir

22

más, esto es todo; pero si la llevo a buen fin, si triunfo, a vosotros tocará la felicidad de vivir bajo un gobierno de leyes que respete vuestra dignidad y garantías; y a mí, el honor de haber capitaneado a los valientes que hayan dado cima a tan noble empresa.

Cuartel General en marcha, mayo 8 de 1871.

MIGUEL GARCÍA GRANADOS".

Esta Proclama provocó la ira del gobierno: se arreciaron los ataques de la prensa oficial contra los cabecillas revolucionarios, se agudizó la persecución de ciudadanos, se decretó un impuesto cuyo monto sería destinado a sufragar los gastos de la tropa extraordinaria, y se continuaron las arbitrariedades, todo lo cual no tuvo otro resultado que el de aumentar el prestigio de la revolución. Para entonces, las brigadas insurgentes se habían extendido hacia Oriente y no eran esporádicos los pronunciamientos en Zacapa, en Chiquimula y Jalapa. Realmente, el gobierno tenía que defenderse en todo el territorio guatemalteco.

La desmoralización de los hombres de la dictadura llegó a su límite, y fue entonces que la revolución le dio el tiro de gracia con el siguiente documento llamado "Acta de Patzicía", que a la letra dice:

"En la Villa de Patzicía, a tres de junio de mil ochocientos setenta y uno, los Jefes y Oficiales del Ejército Libertador, reunidos en Consejo de "motu propio" y

CONSIDERANDO:

1º. Que el gobierno oligárquico y tiránico del Presidente Cerna se ha hecho intolerable a la Nación por sus repetidos actos arbitrarios y de crueldad y por la violación diaria de las leyes fundamentales de la República y en especial de las de garantías individuales.

2º. Que el Presidente Cerna es también usurpador, por cuanto se ha arrogado facultades que la ley de ninguna manera le concede, atacando la Representación Nacional y persiguiendo a sus miembros.

3º. Que ha arruinado la Hacienda Pública y comprometido en lo futuro la independencia del país, contrayendo un empréstito extranjero bajo bases ruinosas y sin facultades para ello, y

4º. Que en tales casos los ciudadanos tienen, no solamente el derecho sino también el deber de resistir la tiranía. Considerando además, que desde el mes de abril hemos empuñado las armas con el loable objeto de libertar la nación de la tiranía que la oprime; todo bien considerado, hemos convenido lo siguiente:

ARTÍCULO I
Desconocemos el gobierno del tirano y usurpador Don Vicente Cerna.

ARTÍCULO II
Nombramos Presidente Provisorio de la República al General Sr. D. Miguel García Granados, ampliamente facultado para organizar el país bajo las bases que el mismo General ha proclamado en su manifiesto el ocho de mayo próximo pasado.

ARTÍCULO III
Queda igualmente facultado para cuando las circunstancias lo permitan, reunir una Asamblea Constituyente que decrete la Carta Fundamental que deba regir definitivamente a la nación.

ARTÍCULO IV
Todos los Jefes y Oficiales nos comprometemos bajo juramento a no dejar las armas de la mano hasta no haber llevado a debido efecto todos los puntos contenidos en esta acta.

General de Brigada, Rufino Barrios. Coronel efectivo, Francisco del Riego. Coronel efectivo, Luis Beteta. T. Coronel efectivo, Juan Viteri. T. Coronel efectivo, Julio G. Granados. T. Coronel graduado, Carlos Camposeco. T. Coronel graduado, F. Ponce. Sargento Mayor graduado, Fernando Carrillo. Capitán Toribio Mazariegos. Capitán, F. Andreu. Capitán, Santos Maldonado. Capitán, Francisco Palacios. Capitán, Nicolás Rodríguez. Capitán, Gregorio Contreras. Capitán, Mario Aguilar. Capitán, Ricardo Méndez. Capitán, Juan Eugar. Diego Mota. Teniente, Faustino G. Cobieces. José Nájera. Manuel E. Ortigaso. Filomeno Fernández Pérez. Agustín Chinchilla. José Víctor Palacios. Julián de León. José Antonio Chinchilla. Carlos Bretón. Joaquín D. Durán. Mariano Carrera. Juan Ortega. J. Tomás Valenzuela. Tomás Mollinedo. Vicente Sandoval. Manuel Toledo. José Menéndez. Timoteo Molina. E. Almorza. Pedro J. Montiel.

Leonardo Orellana. Cayetano Mejía. Rafael Anclu. Manuel Contreras. Ignacio García Salas. Sabino Samayora. Julio Ruiz. Mariano A. Morales. José M. España. Manuel Nájera. Joaquín Reyes. Abelardo Mendoza. J. Gálvez. Carlos Morales. Margarito Castellanos. Antonio Hernández. Manuel Ruano. Trinidad Cóbar. Javier Estrada. J. Francisco Berdugo. Carlos Cóbar. Lorenzo Orantes. Cirilo Orantes. Mariano Ordóñez. José M. Godoy. Félix Soto. A ruego de Balbino Cabrera, Tomás Mollinedo.

Los mismos ciudadanos Jefes y Oficiales arriba firmados, hemos convenido en mandar copia de esta acta a todas las municipalidades de los pueblos y cabeceras de departamentos.

F. Andreu, Srio."

CAPÍTULO 2: DOS HONDUREÑOS EN EL GABINETE GUATEMALTECO

- El Gobierno Provisorio del General Miguel García Granados
- Rosa y Soto: primos talentosos
- Guerra para Derrocar al General José María Medina de la Presidencia de Honduras

La revolución terminó la lucha armada el 30 de junio de 1871, finalizando así la dictadura del Mariscal Don Vicente Cerna que cerraba el capítulo tenebroso abierto en la historia de Centroamérica por la oligarquía conservadora que se mantuvo tiranizando al pueblo guatemalteco por un período de treinta años.

El General Don Miguel García Granados proclamado como Presidente Provisional con amplios poderes por el Acta de Patzicia, asume su cargo y procede a la organización del nuevo gobierno. Se rodea de nuevos hombres, de conspicuos, ciudadanos capaces de responder a las exigencias de la revolución y de echar a caminar los propósitos de reformas contenidos en su memorable Proclama de 8 de mayo, que era, en sí, un respetable programa de gobierno.

No era fácil la tarea: el partido ultramontano aunque herido de muerte todavía tenía arrestos para negarse a sucumbir; en él estaban los ungidos de la sabiduría cuyo prestigio derivaba de lo divino. Tenían que negarse a perder sus privilegios y se resistieron tenazmente a darle validez al análisis que el pueblo comenzó a hacer del sistema carrerista, de las bondades y competencia de sus hombres y aún de las palabras que desde el púlpito repetían sin cansancio los mejores oradores sagrados. Este partido ya no contaba con los talentos de Aycinena y de Pavón que lo mantuvieron en el pináculo carrerista y esa falta de hombres ágiles en los tanteos políticos, le hizo sucumbir al empuje de la revolución.

El General García Granados había militado con los conservadores al lado de Arce y de Arzú, pero como él mismo declara sintió la llama del liberalismo en instantes en que su patria necesitaba con urgencia hombres de temple valeroso para enfrentarse a las arbitrariedades de

27

un régimen corrupto sostenido por las armas y las argucias clericales y monarquistas. Aportaba García Granados a la causa revolucionaria, su talento, su fortuna y su gran prestigio como figura intachable en las campañas por la libertad. El provenía de una familia acomodada que pudo darle una esmerada educación y una sólida formación moral capaz de resistir las tentaciones de la embriaguez de la oligarquía conservadora.

Poseía, además, una energía inagotable y un temperamento político de gran calibre que puso a prueba como alma de la revolución de 71, cuando estaba por rebasar la edad madura, cuando las luchas y los desengaños van creando en el espíritu del hombre un anhelo de tranquilidad y de paz que le tornan indiferente ante el naufragio de las ideas más generosas, y de los más nobles propósitos para el rescate político y el equilibrio social.

Y demostró la estatura de sus principios elevando su figura en medio del turbión revolucionario que no alcanzó a salpicarlo de sangre y conservó muy puro el nombre que puso al frente de aquella conmoción popular que cambió la ruta para Guatemala y para Centroamérica.

La organización del Gabinete de Gobierno fue el primer paso que dio ancho camino a la fe pública en el gobierno provisional. Los hombres escogidos no podían actuar fuera del plan de reformas que la revolución se proponía realizar: así, confió el Ministerio de Gobernación, Justicia y Negocios Eclesiásticos al Lic. Marco Aurelio Soto, y el de Relaciones Exteriores e Instrucción Pública al Lic. Ramón Rosa, ambos hondureños, jóvenes y talentosos que habían colaborado con García Granados desde el inicio de las actividades revolucionarias, identificándose con las ideas y planteamientos reformistas expuestos al pueblo desde las páginas de "El Malacate", periódico que fue el órgano de la revolución, editado en la hacienda de este nombre, propiedad del General Justo Rufino Barrios y situada en el Departamento de San Marcos.

Aquellos Ministros del gobierno tenían plena conciencia de que la revolución había madurado y alcanzado el triunfo en el momento oportuno, en el momento histórico que se precisaba para la realización de un programa de reformas necesarias, y ese momento no podía desperdiciarse. Soto y Rosa, sabían que para realizar el programa de la revolución, era necesario remover hasta el fondo la base del modo de ser tradicional guatemalteco; era necesario cambiar los criterios aplicados al gobierno; que había urgencia de destruir todas las trabas opuestas a la libertad de conciencia, a la libertad institucional sometida a la tutela de la Iglesia y a la libertad moral del hombre anonadada por la fuerza de un déspota que gobernaba con los métodos y los sistemas de la edad media.

Soto tenía la responsabilidad de ordenar el régimen político interior y de buscar el método menos abrupto para cambiar las relaciones Iglesia—Estado. Para ello se requería de un estadista, de un sutil político y de un hombre de convicciones; Marco Aurelio Soto reunía estas condiciones y García Granados no se equivocó al darle tan grandes responsabilidades.

Ramón Rosa tenía a su cuidado las relaciones exteriores y la educación pública. En un ambiente tan tenso como el que agobiaba a Centroamérica, se necesitaba de una diplomacia sutil, de gran habilidad y tacto político. Rosa tuvo que explicar el contenido y alcance de la reforma y el fundamento de la revolución a gobiernos ligados por tratados políticos que se modificaban siguiendo el criterio del más fuerte o del más audaz; gobiernos que se apuntaban recíprocamente, porque, además, sustentaban los mismos principios y perseguían idénticas metas.

Y García Granados encontró en Ramón Rosa al diplomático sagaz inspirado en lineamiento nuevos, en actitudes nuevas que bien planteadas no podían desestimarse por las oligarquías centroamericanas. Con México, había que proceder de otra manera y haciéndolo así, el Doctor Rosa logró limar las asperezas y consolidar las relaciones amistosas entre Guatemala y el gobierno mexicano. En educación, el problema era más difícil y más complicado. Se necesitaba comenzar a formar un nuevo ciudadano, un hombre distinto al que, durante treinta años se había formado bajo el clero de los conventos y las parroquias, cuya acción no llegaba más allá de los patios de las casas grandes. García Granados, a nombre de la revolución había dicho: "Queremos que la educación pública se generalice y se ponga en relación con las necesidades de la nación y a la altura de las instituciones democráticas".

Casi en forma simultánea, el gobierno decretó la separación de la Iglesia y el Estado, y la enseñanza primaria obligatoria, gratuita y laica, medidas que causaron gran conmoción en un pueblo que, si bien clamaba por la libertad y la justicia, no alcanzaba a comprender como el gobierno podía separarse de la Iglesia con la que, según se le había enseñado durante treinta años, era consubstancial. Esta circunstancia hacía más difícil la tarea educativa: comenzaron a organizarse escuelas de primeras letras, a reorganizarse los institutos de segunda enseñanza y a redactarse decretos sobre la Instrucción Pública siguiendo los postulados de la revolución. El Código de Instrucción Pública fue aprobado por el Congreso Legislativo en 1875 siendo Presidente de la República el General Rufino Barrios y Ministro de Instrucción Pública, el Doctor Marco Aurelio Soto.

Cuando el General Barrios fue elegido Presidente Constitución al y asumió el poder, el Doctor Ramón Rosa dejó las carteras ministeriales de Relaciones Exteriores y de Instrucción Pública, nombrando el Presidente para desempeñarlas, a su Ministro de Gobernación Doctor Marco Aurelio Soto, que casi llegó a tener el rango de Ministro General, ya que sólo quedaban en otras manos la de Guerra, y la de Hacienda y Fomento. Rosa prosiguió como Catedrático en la Escuela de Derecho de la Universidad y como colaborador más importante del periódico "El Guatemalteco", desde cuyas páginas prosiguió divulgando las ideas revolucionarias en sustanciosos artículos editoriales que reflejaban la voz del Gobierno, aunque algunas veces expresaban el punto de vista de aquel ilustre estadista.

Ramón Rosa, no obstante que pertenecía a la élite de la revolución, se manifestó en ocasiones opuesto a los métodos empleados por el General Barrios para realizar la reforma. En sus escritos llamaba la atención del gobierno sobre el hecho de que la revolución se había presentado al pueblo ofreciendo un cambio político y una reforma administrativa, lo cual se estaba cumpliendo, pero Rosa urgía también una reforma social, porque ésta, sostenía, debe ser una consecuencia inmediata de la reforma política. El

General Barrios no era hombre para aceptar críticas de nadie, y Rosa era demasiado orgulloso para someterse a las órdenes del gobernante, de manera que optó por retirarse del Gabinete al entregar la presidencia provisional el General García Granados, con quien había colaborado por más de un año en el manejo de la administración pública.

Marco Aurelio Soto tenía tanto talento y habilidad política como su primo hermano Ramón Rosa, pero era más diplomático y más vanidoso, lo que no define que siempre obedecía las órdenes de Barrios; al contrario, su presencia cerca del presidente, tuvo gran influencia en las decisiones tomadas por el gobernante tanto en el orden interno como en lo internacional. Soto conocía al General Barrios más íntimamente que lo conocía Rosa; a Soto le tocó salvar dificultades originadas por el carácter impulsivo del gobernante; su habilidad política pudo mantener cierto equilibrio en las relaciones con los gobiernos de Honduras y El Salvador, favoreciendo la paz pública muchas veces amenazada, y en estos trajines de gabinete, entendió pronto cuales eran las intenciones y los deseos del General Barrios con respecto a Centroamérica, y con frecuencia detuvo el propósito intervencionista del Presidente, aconsejando métodos amistosos en el planteamiento de problemas políticos que eran comunes a los cinco países istmeños.

Hasta aquí hemos enfatizado sobre política guatemalteca interna, más como la revolución del 71 tuvo que proyectarse hacia Honduras y El Salvador, primero y luego a Nicaragua y Costa Rica, vamos a referirnos en que forma y por qué motivos comenzó la que podríamos llamar intervención del gobierno revolucionario en estos países.

Los restos del ejército guatemalteco vencido por las tropas revolucionarias buscaron las fronteras de Honduras y El Salvador para ponerse a salvo de las persecuciones, venganzas y ultrajes que podían ocasionarles los vencedores, hechos que no pueden negarse por ampliamente comprobados, porque no era posible para los caudillos revolucionarios detener o parar en seco aquella lógica secuela que siempre aparece en las luchas populares, por más justas y hermosas que sean las doctrinas y los ideales que se persigan con la lucha armada.

El historiador Durón refiere que el Presidente de Honduras General Don José María Medina, hizo la guerra al Presidente de El Salvador Lic. Don Francisco Dueñas en 1871, para detener y repeler al General Don Florencio Xatruch que, con el auxilio de éste, había cruzado el río Goascorán al mando de 300 hondureños y 700 vicentinos, tomando la plaza de Nacaome y proclamándose Presidente el 26 de marzo de aquel año. Xatruch fracasó en su asonada, pues luego de llegar a Tegucigalpa, en la aldea de Támara fue abandonado por sus tropas, viéndose obligado a regresar a El Salvador por el lado de Intibucá. Entre tanto, las tropas hondureñas al mando de los Generales Juan López y Santiago Gonzáles, alcanzaban una victoria decisiva sobre las fuerzas de Dueñas, en la plaza de Santa Ana, el 10 de abril del mismo año de 71.

A raíz de esta victoria, el General Gonzáles entró en San Salvador y organizó un nuevo gobierno con el apoyo directo del Presidente Medina. ¿Pero qué objeto perseguían estas sangrías entre centroamericanos? ¿Qué ideales, qué doctrinas defendían aquellos caudillos? Ciertamente, no se defendían ideales, no se guerreaba ni por objetivos económicos, de expansión territorial o de restauración unionistas. Medina como Gonzáles estaban clasificados por los líderes, que deseaban recoger las banderas de Morazán, como prototipos de la reacción, y en este entendido, lo que se buscaba era la estabilidad y consolidación de los regímenes personalistas.

Lo interesante es que con cada movimiento armado aparecían las proclamas, los manifiestos y las cartas públicas, en las que se hablaba de la libertad, del progreso y del bienestar de los pueblos, pero no se decía en que forma o bajo que programa iban a obtenerse aquellos atributos. El pueblo peleaba, porque el caudillo lo empujaba a la lucha; moría defendiendo al General, pero ignorando la bandera que le iba a liberar del caudillismo que había llegado a ser una forma de vida a la que se le tenía acostumbrado.

Pero, con el surgimiento revolucionario en Guatemala, la política tomó otro rumbo, porque comenzaron a moverse otros intereses que levantaban un estandarte distinto y prometían muchas cosas, para destruir un sistema que permanecía estancado y no prometía nada nuevo. Los emisarios de la revolución comprendieron que el salvadoreño Gonzáles era más vulnerable que el Presidente Medina, que la revolución ya tenía la neutralidad de México y por tanto, sin temores a la espalda, convenía asegurar la inmovilidad de El Salvador ya que Medina aliado firme de Carrera y del régimen que le dejara a Cerna como herencia, era difícil de convencer con promesas. Pero triunfante la revolución guatemalteca y deseosos sus caudillos de extender su influencia política y militar hasta Honduras y El Salvador, comprendieron que para lograr su objetivo era indispensable provocar un rompimiento entre Medina y Gonzáles, por tanto, se acercaron al gobernante salvadoreño tomando como coyuntura el reclamo del pago de los gastos hechos por el gobierno de Honduras para colocarlo en el poder, pago que Gonzáles no deseaba hacer, y no pudiendo negar descaradamente el compromiso, volvió sus armas contra su protector, dio auxilios al Lic. Céleo Arias para que subiera al poder en Honduras e hizo causa común con Guatemala que estaba urgida por derrocar a Medina.

Burgess, explica así la situación que en 1872 se hacía sentir en estos tres países:

"No tardó en hacerse manifiesto que para poder vender definitivamente la revolución del Oriente de Guatemala, era necesario que se realizara un cambio en el Gobierno de Honduras. Las autoridades de aquella República eran a la sazón francamente conservadoras. Cuando una facción alzada era batida en territorio de Guatemala, cruzaba la frontera, se reorganizaba en territorio de Honduras y volvía a atacar, apoyada e instigada por el presidente de aquel país.

El Obispo de Teya, expulsado de Guatemala el 17 de octubre, se había refugiado en Honduras y estaba ayudando a los rebeldes en todo cuanto podía. Los sucesos que ocurrían en El Salvador complicaron todavía más la situación. Allí, como en Guatemala, el Partido Liberal había tomado el poder en 1871 gracias a una revolución victoriosa. El Salvador, como Guatemala, estaban luchando contra la reacción clerical y encontraba las mismas dificultades en sofocar, merced a la ayuda que el Gobierno de Honduras brindaba constantemente a los facciosos. De manera que El Salvador y Guatemala resolvieron aliarse y declararle la guerra al General José María Medina, Presidente de Honduras.

Granados se puso a la cabeza del ejército de Guatemala y llamó a Barrios a ejercer la Presidencia de la República durante su ausencia. También auxilió a El Salvador con seiscientos Remington. Medina fue derrotado en poco tiempo gracias al superior armamento de los aliados. La campaña fue, pues, de corta duración y Céleo Arias, dirigente liberal de Honduras, fue colocado en el poder. Durante los primeros días de junio de 1872 se llegó a un entendido, en la ciudad de Gracias, Honduras, entre Granados, Presidente de El Salvador y el recién establecido gobierno de Arias en Honduras, por el cual los tres países se aliaron para mantener en ellos el régimen liberal" .

El siguiente Decreto justifica tanto nuestros puntos de vista expuestos anteriormente, como la apreciación que hemos transcrito de Burgess.

La declaratoria de guerra rezaba como sigue:

"Decreto No. 57. Teniendo en consideración que el actual Presidente de Honduras, Don José María Medina, se ha convertido en Jefe de los reaccionarios contra los principios e instituciones liberales implantados en esta República y la del Salvador; que ha acogido los restos de las facciones que han perturbado este país, promoviendo a empleos militares a los principales cabecillas; que ha negado bajo pretexto frívolo a entregar las armas naciónales que llevaron a Honduras los mismos facciosos; que procurando disimular sus intenciones agresivas se ha declarado en estado de guerra defensiva a fin de desorientar a los gobiernos contra los cuales prepara fuerzas y de frustrar su concierto y defensa común; que además, el Gobierno de la República del Salvador, habiendo declarado la guerra al Gobernante de Honduras fundado en causas semejantes a las ya expresadas, ha requerido el auxilio que debe prestarse al de esta República con arreglo al artículo 13 del Tratado de Amistad y Alianza celebrado el 24 de enero del corriente año; por tanto, siendo necesaria la guerra y debiendo conducir en persona las operaciones del Ejército, en uso de la autoridad que me compete, he tenido a bien decretar y DECRETO: Artículo 1o. Se declara que la República de Guatemala está en estado de guerra con el Gobierno de Honduras. Artículo 2o.

Debiendo tomar el mando en Jefe del Ejército, durante mi ausencia, queda encargado de la Presidencia del Gobierno el Teniente General Don J. Rufino Barrios, delegándole las amplias facultades de que me hallo investido. Artículo 3o. Los Ministros del Despacho, en lo que a cada cual le concierne, ejecutarán el presente Decreto. Dado en Guatemala, a ocho de mayo de mil ochocientos setenta y dos.

MIGUEL GARCÍA GRANADOS

El Ministro de la Guerra
J. Víctor Zavala".

El historiador Durón refiere los hechos que se han señalado arriba, de la manera siguiente: "El Presidente Gonzáles entró en choque con Medina, y dio auxilios al Lic. Céleo Arias para que subiera al poder en Honduras. Este inauguró su gobierno como Presidente Provisorio en Candelaria el 12 de mayo de 1872. Las fuerzas salvadoreñas que en su apoyo invadieron por Nacaome, tomaron Tegucigalpa y Comayagua. Las que entraron por Candelaria, al mando del mismo Presidente Gonzáles, ocuparon la ciudad de Gracias, que a su aproximación, había evacuado Medina. A esta ciudad llegó también con sus fuerzas el General Don Miguel García Granados jefe de la revolución liberal que triunfó en Guatemala el 30) de junio de 1871 y Presidente de aquella República. Allí fijaron los tres presidentes García Granados, Gonzáles y Arias las bases de unión y alianza de los tres gobiernos. El primero regresó a Guatemala sin haber tenido exigencia alguna; el segundo tuvo exigencias indebidas a que se resistió Arias, y volvió a El Salvador. Pero dejaron fuerzas para auxiliar a Arias, las de Guatemala al mando de Solares y las de El Salvador al mando de Espinoza. Medina, evitando un encuentro con éste, trató de recobrar Comayagua, y la atacó el 27 de mayo, pero fue rechazado después de veinte horas de combate, dirigióse a Trujillo, en donde se embarcó en la goleta española Rosario para reaparecer en Omoa el 13 de junio. Arias entró a Comayagua, y el 19 participó a los presidentes de Centroamérica y gobiernos extranjeros que la guerra de El Salvador y Guatemala, aliados, y la revolución armada que se levantó a la vez en el interior hicieron desaparecer el gobierno de

Medina, quien, violando la Constitución, había prorrogado y reasumido en su persona el poder supremo.

Medina ocupó Santa Cruz de Yojoa, y habiendo avanzado sobre Santa Bárbara fue derrotado el 26 de julio por los Generales Solares y Espinosa. Después de esta derrota ya no tenía que esperar y huyó hacia Omoa. Allí encontró que el General Juan Antonio Medina, uno de los jefes enviados contra él, había tomado el castillo y se había proclamado Presidente, pero el segundo de este jefe, Brigadier Longino Sánchez, hizo fracasar el nuevo movimiento revolucionario, desconociéndolo, y capturó al expresidente D. José María Medina y a otras personas, menos al autor del movimiento, que logró escaparse. Los prisioneros fueron conducidos a Comayagua, a donde llegaron el 9 de agosto. El 16, creyéndose asegurada la paz, emprendieron su regreso los ejércitos auxiliares" .

Hemos transcrito los párrafos anteriores porque a raíz del derrocamiento del General José María Medina por la intervención armada de El Salvador y Guatemala, se inició en Honduras el caos en que habrían de caer las instituciones que vino a rescatar el gobierno provisional del Doctor Marco Aurelio Soto. Vale decir que Medina, ya fuera violando la Constitución como decía el Doctor Arias, ya fuera echando mano de los famosos plebiscitos que tan de moda parecen estar en nuestros días para resolver con ese fraude problemas de política estudiantil, o bien por otros medios poco recomendables, había mantenido el orden y la tranquilidad pública perdidas con el asesinato del Presidente Santos Guardiola.

No se puede ser demasiado severo al enjuiciar a Medina; es preciso reconocer que era el Caudillo más popular y querido en aquel medio casi colonial, casi civilizado que le ofrecía el panorama hondureño de la década del 860. Tampoco puede negársele el esfuerzo que hizo por levantar el país de la postración económica en que se encontraba, muy a pesar de que estaba siempre rodeado de lobos disfrazados de corderos; el liberalismo triunfante en Guatemala y El Salvador en 1871, no podía tolerar la presencia de Medina en el poder, tildado como estaba de conservador; tampoco podía tolerar García Granados que en Honduras se diera trabajo y asilo a los carreristas y cernistas derrotados por la revolución, pero hay que pensar que éstos eran amigos de Medina; eran los que le habían ayudado a escalar la presidencia y por un elemental sentido de gratitud, tenía la obligación de socorrerlos.

Por otra parte, las armas con que incursionaban los emigrados por el Oriente guatemalteco, no las había dado Medina; no podía darles armamento, porque no lo tenía de sobra, pues escasamente conservaba el necesario para su propia seguridad, de manera que la imputación que le hiciera García Granados, carece de veracidad. La realidad era que ya se había pensado en someter a Honduras para ampliar la influencia guatemalteca y asegurar el éxito de cualquiera intentona de restauración del régimen federal que los mismos guatemaltecos, inclusive García Granados, habían desbaratado en 1939. Revísese cuidadosamente la historia y se nos dará la razón.

Pero no faltará quien se pregunte: ¿Qué tiene que ver estos relatos con el gobierno de Marco Aurelio Soto? Es fácil responder, para justificar la forma en que llegó a Honduras el confidencial Ministro de Gobernación y Relaciones del General Barrios, es indispensable ubicarnos en el medios en que tuvo que desenvolverse. Porque no se trata de analizar los hechos de modo que resulte todo a nuestro saber y deseos; tienen que ser analizados, desmenuzados, en la época en que ocurrieron estos hechos y, para ello, resulta indispensable puntualizar los acontecimientos que ocasionaron el eclipse de un caudillo como el General José María Medina. Ya veremos más adelante que hizo Medina en el poder y cómo lo utilizó.

CAPÍTULO 3: LA LLAMA DE LA GUERRA CIVIL DEVORABA A HONDURAS

- El General José María Medina y sus Relaciones con los Gobiernos Centroamericanos
- El General Ponciano Leiva y su Gobierno
- El Doctor Marco Aurelio Soto Llega a Honduras

El Doctor D. Céleo Arias pertenecía al Partido Liberal y una vez en el gobierno, se propuso realizar algunas reformas tímidas comenzando por convocar una Asamblea Naciónal Constituyente por decreto de marzo de 1873. Para ese entonces había sido elegido Presidente Constitución al de Guatemala el General Justo Rufino Barrios cuya gran ambición era restablecer la Unión de Centroamérica y ejercer la mayor influencia en los países que deberían formarla.

Sin embargo, la Asamblea Constituyente no pudo reunirse en el tiempo señalado, porque en el mes de junio del mismo año, una invasión de revolucionarios guatemaltecos y salvadoreños alteró la paz, ya que se proponían derrocar los gobiernos que regían sus respectivos países tomando a Honduras "por base de sus operaciones" Arias ordenó que se persiguiera a los revoltosos que venían al mando de Enrique Palacios con la protección del Presidente de Costa Rica General don Tomás Guardia.

Tan pronto se presentaron los facciosos en territorio hondureño, dos de los antiguos Ministros de Medina que estaban en la Isla de Utila, se declararon en ejercicio del Poder Ejecutivo. Ellos eran el Licenciado Don Manuel Colindres y Don Rafael Padilla. Ambos tomaron la plaza de Trujillo y en acuerdo con el Teniente Coronel Betancourt, se levantaron en Omoa contra el gobierno.

Arias por decreto del 17 de junio, asumió la dictadura y dio autorización omnímoda a los Comandantes de Armas de los Departamentos de Occidente y Sur para que procedieran a la defensa y seguridad de sus jurisdicciones. Nuevamente Guatemala invade Honduras con el pretexto de proteger al gobierno de Arias, pero en realidad con el propósito de asegurar la caída del Presidente que ya estaba acordada por los gobernantes vecinos. Nuevamente el caos volvió a entronizarse en nuestro desventurado país. Hubo levantamientos en contra de Arias en varios puntos del territorio; se luchaba en la costa norte para desbaratar la intentona de Palacios; hubo luchas en Omoa, Puerto Cortés y San Pedro Sula, pero para octubre, se había develado aquella "revolución" restableciéndose una paz precaria que no tardaría en desaparecer.

Entre tanto, los liberales guatemaltecos y salvadoreños habían buscado un sustituto de Arias: el 16 de julio de 1873, cuando todavía se peleaba en las plazas del Norte, Alejandro Cousin, representante del Presidente Gonzáles de El Salvador, visitó a Don Ponciano Leiva en su residencia de Santa Cruz de Yojoa, firmando ambos un convenio por el cual Leiva aceptaba la presidencia de Honduras bajo la tutela y apoyo de los gobernantes de Guatemala y El Salvador con quienes se comprometió a marchar de acuerdo. Al mismo tiempo se hizo una excitativa al Doctor Arias para que dejase el poder depositándolo en Leiva, que era persona de confianza.

Pero Arias se negó rotundamente. Logró que se reuniera la Constituyente que había convocado en marzo y se preparó para lo peor. Entre tanto Barrios y Gonzáles se reunieron el 1o. de noviembre de 1873 en el pueblo de Chingo, y allí suscribieron el siguiente Tratado:

"1º. Los gobiernos de Guatemala y El Salvador se comprometen a auxiliar al Señor Leiva con todo su poder e influencia para que sea proclamado Presidente Provisorio de Honduras. Tan pronto como esto tenga lugar, ambos gobiernos reconocerán la Administración del Señor Leiva como el gobierno legítimo de Honduras.

2º. Los gobiernos de El Salvador y Guatemala se comprometen a auxiliar al Señor Leiva, para que concluya la facción reaccionaria, a ayudarlo en cuanto tienda a la buena Administración de Honduras y a sostenerlo en su gobierno, debiendo en todo caso concurrir El Salvador y Guatemala por mitad del número de fuerzas y elementos que se necesiten, en la inteligencia de que, cuando los auxilios se presten para contrarrestar una facción exterior, los gastos serán comunes; más, cuando sea para combatir alguna insurrección interna, entonces Honduras resarcirá a cada gobierno los gastos que hubiere hecho.

3º. El Señor Leiva se compromete a que su gobierno seguirá la política de los de El Salvador y Guatemala, a fin de que las tres repúblicas unidas marchen en perfecto acuerdo, y que Honduras se gobierne conforme a los principios e instituciones que rigen en El Salvador y Guatemala. En virtud de esto, las tres partes contratantes se obligan a prestarse mutuo auxilio y apoyo en común seguridad, comprometiéndose particularmente a celar sus respectivas fronteras, desarmar y concentrar a los emigrados que pasen de una a otra, según lo pida el gobierno interesado, quedando establecido que las fuerzas de éste pueden perseguir a los facciosos en el territorio de cualquier de las tres repúblicas, y que el gobierno de aquella en que esto se verifique, tiene el deber de secundar y ayudar a las fuerzas del que esté combatiendo alguna facción. El Señor Leiva se compromete igualmente a emplear todos sus medios de acción o influencia pública y particular y los recursos naciónales para combatir y extirpar la facción reaccionaria hasta su completa debelación y aprobar los actos del gobierno del Señor Arias, salvo aquellas de manifiesta inconveniencia.

4º. No siendo justo ni oportuno que el ex—Presidente Medina continúe por más tiempo prisionero, incomunicado, sin que se le forme causa, el Señor Leiva se compromete a ponerlo en libertad, exigiéndole previamente una fianza de cincuenta mil pesos y la hipoteca de sus propiedades en garantía de que vendrá a residir a la capital de Guatemala, y de que no se mezclará en los asuntos políticos de las tres repúblicas. En fe de lo cual, y de que las tres partes cumplirán religiosamente lo estipulado en este convenio, firman el presente por triplicado, en Chingo, a dos de noviembre de mil ochocientos setenta y tres. (f)Justo Rufino Barrios. (f) S. Gonzáles. (f) Ponciano Leiva".

Se deduce del convenio de Chingo que tanto Barrios como Gonzáles habían perdido la confianza en el Doctor Arias además de que ambos le achacaban impotencia para sofocar la "facción reaccionaria" de Enrique Palacios considerándolo, aunque sin declararlo, consentidor de aquel movimiento que amenazaba con

41

derrocarlos. Injusta y falaz resulta esta acusación. Si Arias hubiese simpatizado o siquiera permitido que la facción usara a Honduras como trampolín para invadir a Guatemala o El Salvador, estaba de su mano proporcionarles los auxilios necesarios y no se habría aprestado a defenderse; no se habría peleado en las plazas del Norte del país ni habría dictado otras providencias que dieran en tierra con aquel movimiento. Es más creíble que Arias no se dejó manejar ni por Barrios ni por Gonzáles, porque estaba más interesado en reorganizar a Honduras tan necesitada de la mano de un estadista para salir de aquella situación tremenda en que la habían hundido las intrigas de sus vecinos poderosos. Arias quiso armarse para que se le respetara y Barrios con Gonzáles tenían la consigna de que se mantuviese inerme, débil, anarquizada para poderla manejar a su conveniencia, a lo que Arias no se prestó.

Desde ese momento perdió la simpatía de aquellos gobernantes que proclamaban el liberalismo; Arias era también liberal. ¿Cómo entonces podía tolerar la reacción conservadora de Enrique Palacios? Es creíble, igualmente que Gonzáles ya no soportaba la mano de Barrios que le pesaba demasiado al pueblo salvadoreño y que, diciéndose liberal, fuese en esencia un conservador, un íntimo conservador que por interpósita mano, permitió el desembarco y paso por el territorio salvadoreño de grupos rebeldes con la idea de que estos pudieran progresar en Honduras y causaran a Barrios algún descalabro importante que él, Gonzáles, podría aprovechar oportunamente. Pero Arias sucumbió heroicamente y Leiva subió al poder con el aplauso de sus padrinos.

Poco le iba a durar a Leiva la luna de miel con aquel presidente ambicioso y soberbio como era el General Barrios acostumbrado a que se le obedeciera, según afirman los propios historiadores guatemaltecos. No importaba que una Convención Naciónal le hubiese nombrado Presidente, cargo del que tomó posesión el 2 de febrero de 1875, bajo el imperio de la Constitución de 1865 que la misma Convención declaró en vigor. Barrios ya tenía su carta de triunfo en el General José María Medina a quien se había dado libertad de acuerdo con el Convenio de Chingo. Fue más cordial el Presidente Gonzáles con quien el General Leiva siempre marchó de acuerdo procurando restañar las heridas que las contiendas habían causado al país y tratando de gobernar de acuerdo con la idiosincrasia del hondureño que, al parecer, sentíase agotado con la pesada carga de una lucha interminable.

La armonía entre Leiva y Gonzáles disgustó al General Barrios que si había aceptado la iniciativa de Gonzáles para concurrir a las conferencias de Chingo en noviembre anterior por considerarse insuficientemente preparado, ahora disponía de implementos y tropa bien armada como para imponer al salvadoreño las condiciones que él dictara. A mediado de 1875, el Doctor Marco Aurelio Soto en su carácter de Ministro de Relaciones Exteriores de Guatemala, con instrucciones del General Barrios, envió a los gobiernos centroamericanos una nota excitándoles para que pusieran sus empeños en la restauración de la patria grande. El Presidente Gonzáles al parecer, no encontró satisfactoria la forma en que Soto planteaba la cuestión y contestó con evasivas que en verdad eran una objeción a la idea de la unión centroamericana.

Pero hay un trasfondo en todo este lío político de supremacía: según Paul Burgess "El gobierno de El Salvador no hizo ningún intento por cumplir el Convenio de Chingo. Lejos de cooperar con Guatemala, era cada día más ostensible que El Salvador veía venir la guerra con Guatemala y se preparaba para ella"; entre tanto, Barrios no había olvidado que Gonzáles, sea directa o indirectamente como es nuestra opinión, había permitido que Enrique Palacios organizara una especie de gobierno guatemalteco en el exilio, sino que, como afirma Burgess, "El gobierno de El Salvador no solo permitió la organización de este gobierno dentro de sus fronteras, sino ayudó a los revolucionarios en todo lo que le fue posible".

Con estos antecedentes, Barrios incitó al General José María Medina para que organizara un ejército con su ayuda y fuera él quien asumiera de nuevo la Presidencia de Honduras. Medina, dice el historiador Durón, olvidando los derechos de gratitud, se levantó en Gracias contra el gobierno el 16 de diciembre de 1875. Durón sigue diciendo: "El 15 de enero de 1876, después de seis días de combate, derrotó en La Esperanza a las fuerzas de Leiva, lo que le facilitó la entrada a Comayagua. Leiva había salido de esta ciudad después de depositar, el 13 de enero, el poder en el Diputado Designado Don José María Zelaya. En Yoro lo reasumió por decreto del 3 de febrero. Entre tanto, el General Don Enrique Gutiérrez se hallaba en Goascorán con los Generales Pablo Nuila y Domingo Vásquez, y allí se incorporó a sus fuerzas un auxilio de 400 hombres que, al mando del Coronel Fernando Figueroa, enviaba a Leiva el gobierno salvadoreño. Estos con un total de 800 hombres, avanzaban hacia Comayagua. Las fuerzas de Medina, que en número igual, salieron a su encuentro por Lamaní, comandadas por los Generales Juan Antonio Medina y José María Barahona, los encontraron el 22 en El Naranjo, y a las tres horas de combate fueron derrotadas. Leiva, restauró así su autoridad, y volvió a Comayagua".

Pero Medina era hombre tenaz; regresó a Occidente por La Paz y llegó a Gracias en donde esperó la llegada de una división guatemalteca que le enviaba el General Barrios. Entre tanto, el Presidente Gonzáles había terminado su período y se había electo para sucederle al Señor Don Andrés Valle, "rico comerciante y finquero de Santa Ana" a quien Gonzáles recomendó para el cargo, sabedor de que no tenía ninguna experiencia política y de que por ello, le sería manejable. El nuevo Presidente, hizo regresar a El Salvador el contingente que llevaba Figueroa, quedando Leiva sin el apoyo que Gonzáles le había prestado. El objetivo de Barrios se había logrado: Honduras estaba nuevamente en llamas devorada por la guerra civil.

¿Qué podía esperarse de esta situación? Nada que fuera constructivo. Con la guerra todo se paralizó: el comercio, la agricultura, la marcha del Estado. Se aumentaba la deuda pública y los empréstitos forzosos; el pueblo se empobrecía cada día más y el hambre, la enfermedad y la muerte amenazaban decididamente los hogares hondureños. Medina obtenía el préstamo de la tropa en Guatemala, aunque naturalmente, tenía que pagarlo cuando fuera tiempo; los comerciantes de las ciudades principales no veían prosperar sus negocios y huían a las montañas o emigraban a El Salvador y Nicaragua para ponerse a salvo de la "revolución" y para alivio de males, las tropas chapinas de Solares empleaban como método el saqueo y la destrucción de la pequeña propiedad. Esta desorganización estaba ya muy cercana del caos.

Pero Barrios que no quitaba el dedo del renglón, convocó al Presidente de El Salvador a reunirse nuevamente en Chingo y allí celebraron el siguiente convenio:

"I. Los gobiernos de Guatemala y El Salvador mandarán a Honduras un ejército de mil hombres, cada uno, a las órdenes del señor Licenciado Don Marco Aurelio Soto, con el fin de terminar la guerra civil que existe en esta República.

II. Ambos gobiernos emplearán su influencia con los contendientes a efecto de que depongan las armas y las entreguen al señor Soto, persona que da garantías a todos; más, si no fuesen atendidos los buenos oficios de ambos gobiernos, dicho señor Soto obrará conforme lo demanden las circunstancias.

III. El señor Soto hará todo lo que crea conveniente en el carácter que asuma, para obtener la cesación de la guerra civil, debiendo a lo más tardar, en el plazo de tres meses, contados desde el día en que pise territorio hondureño, dar una amnistía y convocar a los pueblos de Honduras a que elijan libremente el gobierno que deba ejercer el Poder Ejecutivo por el término que las leyes designen.

IV. Es convenido que tanto el gobierno de El Salvador, como el de Guatemala, aumentarán o disminuirán en igual número sus fuerzas expedicionarias sobre Honduras, hasta donde lo exijan las circunstancias y lo indique el señor Soto. Estando presente el señor Licenciado Don Marco Aurelio Soto, manifestó: deseoso ardientemente de servir a Honduras, su patria, en las aflictivas circunstancias en que se encuentra, y evitar a la vez la desunión que con los acontecimientos de Honduras pudieran causar entre El Salvador y Guatemala, acepta este Convenio en la parte que le corresponde y se compromete a cumplir como caballero, con el objeto de restablecer la paz y asegurar la tranquilidad de Guatemala y El Salvador, estableciendo el orden de cosas en que no puedan los enemigos de ambos países provocar inquietudes ni hostilidades, dictando al efecto las medidas más eficaces. Firmado en Chingo, a los quince días del mes de febrero de mil ochocientos setenta y seis. J. Rufino Barrios. Andrés Valle. Marco A. Soto" .

¿Era el segundo Convenio de Chingo un mea culpa del Presidente Barrios por la penosa condición a que había llegado Honduras con el nuevo gobierno de Medina? ¿Era acaso, un arrepentimiento por las tropelías que las tropas de Solares habían cometido en su territorio? De ninguna manera. Para nosotros, cualquiera que fuese el argumento que se ponga en contrario, el segundo Convenio de Chingo, tuvo como causa principal, que Barrios se dio cuenta que en aquella anarquía no había un hombre capaz de merecerle confianza y apoyo para proseguir con su propósito de Unión Centroamericana. Bastante problemas tenía con don Andrés Valle, manejado por el General Gonzáles para permitirse el lujo de no poner orden en Honduras y colocar en la presidencia de nuestro país a un hombre de su confianza capaz no sólo de enderezar el rumbo, sino de colaborar sincera y decididamente en la cruzada de reconstrucción centroamericana.

El General Medina hizo reclamos al Presidente Barrios por el Convenio de Chingo, lo que demuestra su inconformidad y su independencia, pues si es verdad que había convenido con aquel mandatario que marcharía de acuerdo con él en todo cuanto fuere saludable para las amistosas relaciones, también es cierto que no estaba dispuesto a servir de peón de los intereses del mismo Barrios que intentaba derrocarlo. Al tiempo que esto ocurría, el Presidente Leiva envió a Guatemala al General Don Enrique Gutiérrez para comunicarle al Doctor Marco A. Soto "que estaba dispuesto a confiarle el poder constitución al' no obstante, el General Medina, disgustado por el tratamiento recibido a últimas horas de parte de Barrios, entró en pláticas y llegó a un acuerdo con el General Indalecio Miranda, a la sazón Jefe de las fuerzas hondureñas auxiliares de Guatemala, por el cual "Miranda se proclamaría Presidente de El Salvador al triunfar en San Miguel y marcharían de acuerdo. En efecto, Miranda se proclamó y empezó a funcionar como Presidente; pero Barrios hizo surgir a Zaldívar".

Durón sigue diciendo: "El General Medina, por su parte, procuraba que el Presidente de Honduras fuera el Licenciado Manuel Colindres, que había figurado en la facción del Sherman, que era uno de los ministros actuales en el Gabinete del señor Gómez, y en favor del cual contaba con las simpatías del General Don Tomás Guardia quien estaba para volver a la presidencia de Costa Rica, del Doctor Zaldívar, Presidente de El Salvador y del Licenciado don

Buenaventura Selva quien era adicto a Guardia y aspiraba a la presidencia de Nicaragua, para lo que se trataba de derrocar al Presidente don Pedro Joaquín Chamorro. Pero Barrios trastornó, los planes de Medina, declarándose a favor del Doctor Soto a quien le dijo: "Ya sabe usted que nunca he querido que usted se separe de mí; pero ahora estamos en peligro si ponen a Colindres en Honduras. Usted tiene que sacrificarse por su país, por mí, que soy su amigo, por nuestro partido y por Guatemala, que es también su patria. Es necesario que usted vaya a Honduras a deshacer esa coalición de los cachurecos".

Al General Medina le fallaron todos los aliados con que contaba para ejecutar su plan, inclusive el General Tomás Guardia, y echando el último arresto de su habilidad política, escribió al General Barrios manifestándole que en vista de los propósitos del Doctor Soto de organizar un gobierno de conciliación naciónal, él, Medina, no sería obstáculo, para lo cual proponía que se haría cargo interinamente del poder para asegurar el buen éxito de la elección del Señor Soto, quien debería venir a Honduras para hacerse cargo del Ministerio General del Gobierno. En efecto, Medina asumió el poder, sin contar con la reacción adversa del General Barrios que no aceptaba otro mandatario que no fuese Don Marco Aurelio.

El historiador Durón, tantas veces citado, desenreda esta maraña política, en la forma siguiente: "Después dijo Medina a Barrios que estaba de acuerdo en conceptuar al Señor Soto como la persona más a propósito para gobernar el país en las actuales circunstancias; pero que desearía que ese resultado se obtuviese como consecuencia de la elección del pueblo hondureño. Barrios, le contestó que no tenía confianza en que la elección se practicara teniendo el gobierno empleados que habían tratado de comprimir a viva fuerza las manifestaciones pacíficas que los hondureños habían hecho en favor de Soto, lo que sí era grave tratándose de emitir una simple opinión, más lo sería cuando se tratase de una elección definitiva; por ello la elección debía ser presidida por un hombre imparcial, como lo sería el señor Soto, que estaba llamado al gobierno por comisiones de hombres notables de distintos partidos y por Actas, que garantizaba su imparcialidad, y que contaría con el apoyo decidido de los gobiernos de Guatemala, El Salvador y Costa Rica. Y le anunciaba que el Doctor Soto vendría pronto a presidir esa elección, después de haber dado una amnistía general y restablecido el orden y la confianza del país" .

En vista de los hechos y ante las presiones que recibía cada vez más fuertes, a Medina no le quedó otros recursos que el de emitir el decreto siguiente:

JOSÉ MARÍA MEDINA,

Presidente Provisorio de la República de Honduras Considerando: que por decreto del 12 del corriente, el encargado del gobierno señor Licenciado Don Crescencio Gómez, me ha conferido el Mando Supremo de la República por los motivos que el mismo decreto expresa.

Considerando: que si bien se me ha considerado como Presidente, en virtud de la revolución, en el manifiesto de 11de junio expresé de una manera terminante que no volvería a ejercer el mando del Ejecutivo, cuyas protestas no me veo en el caso de quebrantar; y

Considerando: que la República no puede estar acéfala porque sería entregarla a los horrores de la anarquía; y que para que cese este peligro, es necesario que se haga cargo del gobierno un conciudadano que por sus luces y patriotismo sea digno de ponerse al frente de los destinos de los hondureños; y que estas cualidades las reúne el señor Licenciado Don Marco Aurelio Soto, quien ha sido proclamado por una parte de la sociedad:

DECRETA:
Artículo 1º.— Se le encarga el Gobierno Provisorio de la República al ciudadano Licenciado Don Marco Aurelio Soto.
Artículo 2º.— Una Comisión que se nombrará al efecto pondrá en manos del señor Soto el presente decreto.
Dado en Erandique a 21 de agosto de 1876.

JOSE MARIA MEDINA   LEON GROS BURDET".

Según el Diario de Don Enrique Guzmán, y según las acotaciones hechas a la Biografía del Doctor Soto ya citada, por el Doctor Don Esteban Guardiola, Soto llegó el día 26 de agosto a Amapala desembarcando a las tres de la tarde acompañado del Doctor Ramón Rosa, del Presidente de Costa Rica General Tomás Guardia y de los doctores Céleo Arias y Adolfo Zúñiga, que regresaban de la emigración.

A pesar de que en el Convenio de Chingo, Guatemala y El Salvador estaban obligados a enviar una fuerza protectora de 1000 hombres cada uno, el Doctor Soto llegó a Amapala sin otro séquito que el ya mencionado, prestando su juramento como Presidente Provisional ante el Alcalde Municipal del puerto y contando con el respaldo de las autoridades que en él había. Allí comenzó su enorme labor administrativa, aunque carecía de los fondos que la Hacienda Pública debería tener para iniciarla. Cierto es que el Doctor Soto, traía el dinero necesario para semejante labor de reconstrucción naciónal que derivó, en breve tiempo, en la reforma liberal de 1876.

Debemos dejar bien establecido que una vez que Soto y Rosa desembarcaron en suelo patrio, sus compromisos previos con Barrios quedaron inoperativos. Tal como hemos dicho en capítulo anterior, el Soto y Rosa de Guatemala con el Soto y Rosa de Honduras no responden a una conducta y actuación idéntica. Esta afirmación la expresa también el historiador Durón, uno de los más eficientes colaboradores y amigo confidencial de los dos prohombres hondureños. Así se expresa Don Rómulo: "El Dr. Soto no tenía compromiso alguno con el Presidente de Guatemala, alianza ni pacto de ningún género, ni verbal ni escrito. El Dr. Soto era amigo del General Barrios y amigo de Guatemala. A nada más estaba obligado. Cumplió como Gobernante y como amigo".

También debemos dejar claro que en Guatemala, Soto era una persona importante, un Ministro de Estado ágil, hábil tanto para resolver asuntos administrativos como políticos; era uno de los ideólogos de aquellos gobiernos, condescendiente con los giros temperamentales de Don Justo Rufino, sutil con sus caprichos y resuelto a la aplicación de los acuerdo tomados con el mandatario. En Honduras, era el personaje más importante; el centro de las adulaciones y las críticas, el responsable de la acción del gobierno y, por consiguiente, el árbitro del destino de la Nación. Soto sabía esto muy bien y sabía a la vez que aquí, su actitud como funcionario no estaba supeditada ni al capricho ni al deseo personal de ningún superior, de suerte que una vez consolidado el régimen que de provisional pasó a constitución al, llegó el distanciamiento con el General Barrios por asuntos que no podían resolverse sino de acuerdo con los intereses naciónales hondureños.

Al día siguiente, 27, se emitía el Decreto de Inauguración del Gobierno Provisional por el cual asumía la Presidencia Provisional y nombraba al que sería su brazo derecho, al Dr. Ramón Rosa, como su Secretario General. A continuación el referido decreto:

"Decreto de Inauguración del Gobierno Provisional del Doctor Marco Aurelio Soto

MARCO AURELIO SOTO, proclamado por los pueblos de Honduras Presidente Provisional de la República, y llamado al ejercicio del Gobierno Supremo por Decreto de 21 del corriente.

Considerando: Que los pueblos de Honduras, en actas y representaciones me han proclamado Presidente Provisional de la República.

Considerando: Que el ex—Gobernante Provisional, General Don José María Medina, se ha adherido al voto espontáneo de los pueblos, llamándome al ejercicio del Poder Ejecutivo en su Manifiesto de 18 del corriente y en Decreto de 21 del mismo mes; y

Considerando: Que los más vitales intereses de los hondureños hacen necesario el establecimiento de un nuevo Gobierno que asegure, con firmeza la paz de la República, y promueve su bienestar y progreso;

POR TANTO

DECRETA:

Artículo 1°.— Acepto el poder que me confiere la voluntad de mis conciudadanos, y en consecuencia asumo, desde hoy, el Gobierno Provisional de la República.

Artículo 2°.—Organizo el Gobierno Provisional nombrando Secretario General del Despacho, al Señor Licenciado Don Ramón Rosa, hondureño de reconocida ilustración y patriotismo.

Artículo 3º.— El Gobierno ejercerá las facultades discrecionales que sean necesarias para mantener el orden público.

Artículo 4º.—Oportunamente el Gobierno convocará a los pueblos para que elijan la persona que, de un modo definitivo y constitución al, deba encargarse de la Presidencia de la República.

Artículo 5º.— El Gobierno llama a los hondureños que, por motivos políticos permanezcan, en la actualidad fuera de su patria, y les ofrece seguridad y protección.

Dado en el puerto de Amapala, a veintisiete de agosto de mil ochocientos setenta y seis.

MARCO A. SOTO

El Secretario General Ramón Rosa".

CAPÍTULO 4: MEDINÓN ERA EL CULPABLE

- Panorama Socio—Económico Político Encontrado por Soto al Ascender al Poder
- Parque Central construido por el gobierno del Doctor Soto.

El caos y la inestabilidad encontradas por Soto al desembarcar en Amapala eran evidentes; pero la intensidad de sus matices variaba. Con esto queremos decir que si la vida política hondureña se había tornado en un campo de Agramante, en que como dice Heliodoro Valle, "subían y bajaban los presidentes, morían los presidenciables y nacían otros con más apetito de mando y con ignorancia total de los problemas colectivos, en que los verdes y los rojos iban de norte a sur disputándose las últimas migajas del macabro festín; y nadie podía refrenar al galope de los caballos enardecidos por el olor de la pólvora...", en que las intervenciones políticas de nuestros vecinos, apoyando a uno u otro candidato al poder eran cosa aceptada y reciprocada, la vida económica y social del país, aún con las limitaciones impuestas por la inestabilidad política, continuaban su curso.

Según lo anterior, el panorama de Honduras que encontró el Doctor Soto no podía ser más sombrío y desconsolador y, para alivio de males, toda la culpa de aquel desastre se le achacaba por nuestros historiadores al General Don José María Medina. Tal apreciación nos lleva a suponer que quienes así opinan se entusiasmaron más con la filiación política de los gobernantes que con las realizaciones logradas por ellos, dando a entender, casi, que la palabra liberal siempre significa progreso y evolución y la palabra conservador o cachureco es siempre símbolo de atraso, de estancamiento y de negaciones.

Estos analistas se explican por el hecho de que la mayoría de tales historiadores han militado o han sido simpatizantes de las corrientes liberales que en forma diluida o deformada llegaban hasta Honduras.

Pero la realidad histórica escapa a análisis simplistas y mecánicos. Basta citar el desarrollo del Ecuador bajo el conservador y ultracatólico García Moreno, a los de la oligarquía chilena bajo Montt. En Honduras ocurrió algo similar. El desarrollo económico moderno de nuestro país en el siglo XIX se inicia con un régimen que ha sido identificado con las tendencias conservadoras: el de José María Medina. En honor a la verdad debe decirse que Medina gobernó bien hasta 1872, año en que comenzó la intervención en la política interna de Honduras de los gobiernos liberales de Guatemala y El Salvador. Basta decir que la obra del ferrocarril naciónal fue acariciada y planteada por el liberal José Trinidad Cabañas con la mira de iniciar el desarrollo del país, ésta fue una realización tangible del cachureco José María Medina. Cabañas siguiendo la corriente del pensamiento económico liberal europeo del siglo XIX, aprovechó sus contactos con intereses económicos norteamericanos por medio de su representante Mr. E. Geo Squier, Cónsul General en Centroamérica y quizá la obra se habría llevado a la realidad, si los intereses en jaque y la rivalidad anglo—norteamericana así como los de Carrera, no se hubiesen interpuesto en el camino.

Fue Medina como gobernante quien dictó el acuerdo memorable de 1866 mediante el cual se otorgaban plenos poderes a Carlos Gutiérrez y Víctor Herrán, Ministros hondureños en Londres y París respectivamente, con el objeto de negociar y firmar cualquier convenio a fin de construir un ferrocarril que debería partir de Puerto Cortés para ter—minar en la costa Sur, conectando la vertiente del Caribe con la del Pacífico. Mediante la autorización decretada por el gobierno de Medina, se celebró un contrato con la firma bancaria de Bischoffóheim & Goldschmidt en Londres el 25 de octubre de 1867, de conformidad con el cual esta firma lanzó bonos por un valor nominal de un millón de libras esterlinas en Londres y París. El producto se destinaba a la construcción del Ferrocarril Interoceánico y sus intereses y principal estaban especialmente garantizados con un primer gravamen sobre el ferrocarril proyectado y sus productos y también con primera hipoteca sobre todos los terrenos y bosques de caoba del Estado de Honduras.

En 1872 se suspendieron los trabajos del ferrocarril y se rescindieron los contratos del mismo a causa de la inexistencia de fondos públicos, pues estos se dedicaban a sofocar los intentos por derrocar a Medina. La deuda externa contraída por la nación fue creciendo, debido a varios factores; el atraso en los pagos de capital e intereses significó que éstos se fueron acumulando, y para 1875, la deuda total por principal e intereses ascendía a 6.527.393 libras esterlinas y la suma pagada a los contratistas del ferrocarril alcanzaba a 689.745 libras esterlinas. A esto debe añadirse la venalidad y corrupción de los delegados hondureños Gutiérrez y Herrán, y un mantenimiento inadecuado de la vía férrea, además de los intereses guatemaltecos que no veían con buenos ojos que Puerto Cortés se constituyera en rival del puerto de Santo Tomás. A pesar de todo esto, pudo construirse el ferrocarril desde Puerto Cortés hasta Pimienta.

Debe recordarse que Honduras fue el primer país de Centroamérica en iniciar la construcción de una línea ferrocarrilera. Esta preocupación por desarrollar la infraestructura era común a todos los gobiernos americanos, desde los Estados Unidos a la Argentina, y como es sabido, todos construyeron estos ferrocarriles, bien total o parcialmente, con fondos ingleses.

Por otra parte, Medina comenzó a proteger la agricultura y la ganadería mediante decretos acertados para su tiempo, a estimular al pequeño propietario y a buscar la forma de mejorar los caminos y abrir nuevas rutas de comunicación; esto lo hizo con los propios recursos del país que si no eran abundantes, bastaban para sostener con decoro el gasto gubernamental. Pero cuando vino la intervención de los vecinos todo se paralizó, porque las rentas ya no se aplicaban al sostenimiento de escuelas ni al pago de los servidores públicos, sino a la compra de armas y al sostenimiento de las milicias que daban respaldo y seguridad al régimen.

De ninguna manera queremos decir que el país estaba bien organizado a partir de 1872, o que las leyes fiscales eran apropiadas para la recaudación de las rentas, o que los servicios del Estado funcionaban satisfactoriamente. Esto nadie puede asegurarlo. El país estaba en una pobreza desconsoladora; no había patrimonio ni comercio ni inversiones públicas, de manera que, como se dice ya, desde 1872 para acá, hasta la llegada del Doctor Soto, la economía fiscal estuvo en quiebra y el capital privado puede decirse que se ocultó por temor a las exacciones y a la inseguridad pública.

Entonces, lo que estaba en ruinas era la Hacienda Pública, no la economía privada. Al instalarse el gobierno del Doctor Soto, el propietario y el capitalista volvieron a disfrutar de un clima de garantías y pusieron a trabajar de nuevo su dinero. Esto explica el crecimiento progresivo de las rentas públicas, el aumento de los presupuestos del Estado y el resurgimiento del comercio y otros renglones productivos que hicieron posible la inversión pública en obras de positivo beneficio naciónal.

Otras referencias a la economía del período son las siguientes: Héctor Pérez Brignoli en su artículo—introducción intitulado "La Reforma Liberal en Honduras" dice: "En el momento de la independencia la economía hondureña producía básicamente para la subsistencia. Las actividades de exportación incluían la minería, especialmente en la zona de Tegucigalpa, y que no lograba reponerse de una decadencia secular; en la costa norte, cortes de madera, en su mayor parte clandestinos; en Olancho y el Sur una ganadería que se comercializaba en Guatemala, San Salvador o Nicaragua, o por mar en la ruta de La Habana; en los Llanos de Copán las actividades tabacaleras. A lo largo del siglo XIX, ninguna de estas actividades logró desarrollar una economía de exportación de importancia.

Entre los obstáculos para ello cabe mencionar, en primer término, el problema de las comunicaciones y el transporte. Una geografía difícil, que no ofrecía ríos navegables, obligaba a utilizar el transporte a lomo de mula, imposibilitando la integración entre las diferentes regiones. Sólo en los litorales Atlántico y Pacífico la situación se tornaba más favorable, pero lejos de propender al desarrollo regional equilibrado, esta situación agudizó los conflictos e intereses contradictorios. La Costa Norte, con el paulatino desenvolvimiento de los cortes de madera, se integra mucho más a Belice y la economía inglesa del Caribe, que del resto del país. Era una situación que se perfilaba desde fines del siglo XVIII y que se acrecentará notablemente con la instalación de las compañías fruteras a fines del siglo XIX. Por otra parte, casi todo el comercio de importación, y en menor medida el de exportación, se efectúa por Omoa y Trujillo. Es un comercio de cabotaje, de pequeñas balandras y goletas que vinculan estos puertos a Belice, y eventualmente a La Habana. Esto da la idea de su reducida importancia.

El costo de los transportes impedía decididamente la exportación agrícola y la ganadera se circunscribía al ganado en pie, y en menor medida los cueros. Las guerras civiles, con su secuela de destrucción se unieron a las dificultades geográficas. Las "pacificaciones" significaron casi siempre arrasar con bienes y ganados, si se lograban salvar acaso las vidas humanas. Texiguat en 1844 y Olancho en 1856 son sólo ejemplos conocidos de esto. La minería tropezaba con los rendimentos decrecientes y una técnica absolutamente rudimentaria. Fue de todos modos, la única actividad de exportación de la zona central. En medio de este panorama, el progreso económico de la Reforma Liberal intentó atacar los obstáculos fundamentales. Si el éxito fue muy relativo debe atribuirse básicamente a contradicciones geográficas absolutamente desfavorables" .

No obstante las verdades declaradas por el Señor Pérez Brignoli, cabe puntualizar que en ciertos aspectos el enfoque parece ser comparativo con la utilización de los métodos modernos de nuestros días; Soto hizo el gran esfuerzo por enderezar la situación echando mano a lo que le ofrecía su tiempo; no podía adelantarse a usar métodos que no estaban a la orden y disponibilidad de ningún país americano, ni aún los Estados Unidos de América, de manera que debemos aceptar que, para su época, la Reforma implantó en Honduras los sistemas que entonces eran universalmente aceptados.

Conviene para terminar la descripción del estado económico de Honduras inmediato a la llegada del Doctor Soto, conocer la voz oficial. El 21 de enero de 1875, el Presidente General Don Ponciano Leiva, en su Mensaje al Congreso Naciónal declara: "Descuidada la Administración de las rentas públicas por causa de la situación anormal en que estuvo el país, e insuficientes las ramas en que consisten, y pesando sobre el Estado, además de la deuda extranjera, la interior, que se eleva a una cifra de consideración, como veréis por el conocimiento que se os presentará, y esto sin contar aún las pérdidas que aún no se han reconocido, las condiciones del Tesoro Naciónal son muy desventajosas".

De manera que, para dar al Gobierno medios suficientes de conservar el orden y la paz, y promover algunas mejoras morales y materiales es urgente que el Soberano Congreso emita las disposiciones que crea conducentes para atender las necesidades de la Administración Pública en todas sus ramas, haciendo subir, si es dable, el monto de las rentas al valor del presupuesto que el Ejecutivo ha formado, no con arreglo a los preceptos constitución ales, porque esto sería incongruente, sino calculando los sueldos y gastos indispensables para que la Administración pueda marchar con regularidad y llenar sus altos fines en beneficio de la sociedad".

Si en materia económica el país estaba en harapos debido a las causas que se han venido señalando, en materia social se desenvolvía en un ambiente que poco podía diferenciarse del período colonial de principios del siglo XIX. La influencia religiosa o más bien dicho clerical, era poderosa y decisiva; sacerdotes casi ignorantes, intransigentes y fanáticos ejercían su predominio casi imposible de salvar. En sus manos se concentraba la enseñanza pública como la privada; una educación empobrecida a fuerza de ser mística; costumbres timoratas, recogidas hasta lo último y fiscalizadas por el confesionario; tremendas reprimendas desde los púlpitos y censuras agobiantes mantenían a la sociedad, fuese del nivel alto, mediano o bajo, atada al carro de las supersticiones y ligada a los dictados del párroco o del confesor que siempre dictaba las reglas.

Los dogmas mantenían dentro de una aureola casi divina al clero, que se elevaba entre la razón y la inteligencia; y estos predicadores de la fe cristiana, aliados fuertemente con el militarismo Montañez y plagado de vicios y ambiciones que imponían sus mandatos con la arrogancia de la fuerza bruta, mantenía a raya cualquier manifestación renovadora, cualquier intento modificador de las costumbres, cualquier trasgresión como era la delictuosa costumbre de leer libros prohibidos. Si bien se carecía de una aristocracia claramente definida, había un estrato social que se estimaba como más alto, más culto y más rico; este sector social, también, por lo general, hacía causa común con el militarismo y con el clero. ¿Qué podía esperarse de una sociedad integrada en esta forma? Se necesitaba un esfuerzo muy grande y una decisión firme, para romper el sistema semi feudal que imperaba en nuestro país a la llegada del Doctor Soto.

CAPÍTULO 5: DIECIOCHO REALES EN LA CAJA DE ADUANA DE AMAPALA

- La Economía Hondureña del Período
- Disposiciones de carácter económico dictadas por el Gobierno
- Moneda
- Labor Hacendaria del Gobierno del Doctor Soto
- Comercio
- Deuda Pública

Desde el período colonial la economía hondureña se veía aquejada por la exportación de plata y oro en pasta. Esto significaba que el numerario existente era, por una parte escaso, y por otra muy diverso, ya que circulaban monedas de distintas naciónes. Para ello, Soto se empeñó para que el cuño naciónal, que por azares de las guerras centroamericanas se encontraba en la República de El Salvador, fuera devuelto, lo que hizo posible que se acuñase moneda propia. A la vez se dictaron medidas para impedir o al menos limitar la fuga de metales preciosos. Como el mismo Soto declara, el propósito de estas medidas era el estimular la acumulación de capital, que lejos de ser remitido al exterior, fuera invertido en el país. "Su circulación salvará a los agricultores, al comercio y al Estado de las grandes crisis que se experimentan por falta de numerario.

Existiendo esto en cantidad proporcionada a las necesidades particulares y públicas, no hay duda de que la agricultura ganará mucho poseyendo nuevos elementos para desarrollarse; el comercio progesaría también, porque en vez de extraer plata en pasta y moneda efectiva, con cuya exportación muchas veces pierde por la diferencia de los valores al cotizarse en los mercados, tendrá por precisión que exportar productos agrícolas que le proporcionen el beneficio de una buena venta en el extranjero, y la ganancia en el retorno de mercadería destinada al consumo del país; y en suma acrecentándose de esa suerte la riqueza de los particulares, se aumentará el material imponible y será seguro el progreso de las rentas públicas" .

La Memoria de Hacienda, Crédito Público y Guerra de 1879 dice que el 12 de setiembre de 1876 se había emitido un decreto en el que "se previene que los derechos sobre importación, exportación, etc., se paguen, en su totalidad, en moneda efectiva". El mismo año del 76 un decreto oficial señalaba que la plata había sufrido una "notable" depreciación "que, con el detrimento de la industria minera y del comercio del país, ha sufrido la plata bruta en los mercados de Europa".

La situación monetaria del país era caótica al grado de que circulaba moneda cortada o hecha con punzones defectuosos y de un porcentaje de plata tan bajo que se gastaba pronto, y para distinguir su denominación había que hacerle una o varias horadaciones.

Al año siguiente, 1877, llegaron a Amapala cuarenta y cinco bultos que contenían el cuño de la República, que era devuelto a Honduras por gestiones del gobierno del Dr. Soto hechas por medio de Don Cruz Lozano, su Ministro Residente ante el gobierno de El Salvador. Este cuño fue trasladado a la ciudad de Tegucigalpa e instalado en la antigua Casa de Moneda

Entretanto, para utilizar la maquinaria de acuñación, el 27 de junio de 1878 se firmó en la ciudad de New York un contrato entre el señor Roderico Toledo, Comisionado del gobierno de la República de Honduras y el señor George F. Downing, por el cual éste se comprometía a venir por el término de dos años a la ciudad de Tegucigalpa, en su calidad de Ensayador, para ocuparse de la Casa Naciónal de Moneda en todas las operaciones de la acuñación de moneda.

El Señor Downing salió de New York para Honduras el primero de julio del mismo año y el 9 de agosto el gobierno emitió un acuerdo nombrándolo Superintendente de la Casa Naciónal de Moneda.

Al parecer, el Señor Downing sí satisfizo las aspiraciones del gobierno, pues el 26 de setiembre de 1878 el Secretario General del Gobierno, Dr. Ramón Rosa, con instrucciones del Presidente de la República, Dr. Soto, celebró con Don Juan Connor una contrata por la cual dicho señor se comprometía a hacerse cargo de la acuñación de la moneda de oro, plata y cobre durante el tiempo que durara el mandato del Dr. Soto, en la fábrica que el Gobierno había resuelto establecer en la ciudad de Tegucigalpa, obligándose a dar a la moneda el tipo y ley que al efecto se fijaran en el respectivo decreto.

Esta contrata fue aprobada por el Congreso Naciónal en Decreto No. 19 del 24 de marzo de 1879.

Rosa, en la Memoria presentada al Congreso Naciónal en 1879 se expresaba así: "De grande utilidad se ha considerado el establecimiento de un Cuño Naciónal. Honduras, es por excelencia país minero, y a la mano están los metales para la acuñación: ésta trae la ventaja de impulsar la explotación de las minas. La acuñación de moneda naciónal evitará las pérdidas que muchas veces produce la extracción de la plata en pasta, y dará en cambio, numerario suficiente para todas las transacciones.

Hoy el comerciante, el agricultor, el industrial aún poseyendo crédito y propiedades ven paralizadas o entorpecidas sus transacciones o empresas a causa de las constantes crisis que ocasiona la falta de dinero en el mercado.

El Gobierno se propone que las condiciones de las monedas de la República sean tales que permitan una moderada circulación fuera del país, para que en el interior quede siempre el numerario suficiente para las transacciones. Acuñar mejor moneda que la que corrientemente circula en Centroamérica, es indebido porque habría pérdida con su total exportación, y porque no se llenaría el objeto de que haya el dinero circulante necesario en el país... Para las pequeñas transacciones se acuñarán monedas de cobre de un centavo y medio centavo con la ley de 1.000 milésimos y peso de 4.50 y 2.25".

El Decreto No. 46 de 1879 establecía la Casa Naciónal de Moneda, localizada en Tegucigalpa, para la acuñación de monedas de oro, plata y cobre; además establecía que el sistema monetario sería decimal y la unidad de peso de plata de cien centavos.

En la Memoria presentada por el Secretario de Estado en el Despacho de Gobernación, Justicia y Fomento al Congreso Legislativo en 1881, se incluyen estas estadísticas: en ellas se señala que desde la instalación de la Casa de la Moneda (1879) hasta ese año del 81, se había fabricado y puesto en circulación la cantidad de $65.884,45 centavos, descompuesta así:

En piezas de 5 centavos	$ 102.80 centavos
En piezas de 10 centavos	$ 1,683.90 centavos
En piezas de 25 centavos	$ 44,192.75 centavos
En piezas de 50 centavos	$ 19.905,00 centavos

Además, se había acuñado moneda de cobre por un total de $3.461,73. La misma Memoria se mostraba satisfecha con la producción de la Casa de la Moneda, ya que manifestaba que si bien el mantenimiento de la referida dependencia implicaba fuertes gastos para el Gobierno y que además lo producido era insuficiente para afrontar todos los gastos del Estado, su existencia quedaba ampliamente justificada "con los beneficios que proporciona el establecimiento", pues estimulaba la inversión para ensanchar la industria además de poner a circular el numerario requerido para mejorar las transacciones evitando con ello los inconvenientes que su falla suele acarrear al comercio, la agricultura y la industria.

En 1883 el Ministro de Fomento informaba que en los talleres de la Casa de la Moneda se había construido una máquina destinada a la acuñación de pesos fuertes, citaba lo acuñado desde el 1o. de mayo de 1879 hasta el 31 de diciembre de 1882, que ascendía a $171.301,87 1/2 centavos, "cuya cantidad ha venido a salvar al país de una crisis monetaria, que, al ocurrir, habría paralizado el curso de los negocios, pues el comercio, a falta de productos exportables, ha extraído, casi en su totalidad la moneda extranjera que teníamos en circulación" .

Los Señores Agurcia y Soto y A. José Esteban Lazo, ex—Director de la misma Casa de la Moneda en 1889 se extendió esta contrata por diez años. Estando la Casa de Moneda en arrendamiento a Agurcia, Soto y Lazo, se acuñaron por primera vez en la República monedas de oro, siendo por lo tanto imposible encontrar la cantidad de cada una de ellas acuñada .

Vallejo, en su Primer Anuario Estadístico, incluye estos datos:

"El cuadro de las acuñaciones de plata desde el año económico de 1879, es como sigue:

1879	19.932.00
1880	44.283.00
1881	26.093.00
1882	76.314.00
1883	88.290.00
1884	80.000.00
1885	108.414.00
1886	42.800.00
1887	71.978.00
1888	59.000.00
1889	126.069.00

Total de acuñación de plata:743.173.00

En cuanto al cobre, ha sido comprado en el exterior, su acuñación ha sido como sigue:

1881	2.772.00
1882	1.323.21
1883	
1884	244.82
1885	1.720.00
1886	1.542.73
1887	—
1888	—
889	

Total de acuñación de cobre: 8.614.33
Las acuñaciones de oro han sido las siguientes:

1888	788.00
1889	330.00

Quizá la primera preocupación del gobierno del Doctor Soto fue el arreglo de la Hacienda Pública. Ya se ha detallado en el capítulo precedente las disposiciones dictadas por el Gobierno Provisional para regularizar el gran problema monetario y ahora trataremos de las medidas inmediatas y a largo plazo que se tomaron para darle a la Hacienda Pública el orden y eficiencia requeridos para la realización de obras urgentes de beneficio público. El Dr. Pérez, ya citado afirma que "la reorganización fiscal buscaba asegurar recursos al Estado sin entorpecer la expansión de la producción", y esta intención la confirma el propio Presidente en su mensaje dirigido al Congreso Extraordinario el 27 de mayo de 1877 en la ciudad de Comayagua, dando a conocer cuánto se había ya puesto en marcha en el breve período de nueve meses comprendidos entre el 27 de agosto de 1876, al 27 de mayo de 1877.

Soto declaraba que la Hacienda Pública la había encontrado, al ascender al poder, "en completa desorganización". Cuando Soto arribó al Puerto de Amapala, encontró en la Aduana de este Puerto la cantidad de diez y ocho reales. Se vio en la necesidad de disponer de fondos propios y de los que obtuvo bajo su responsabilidad personal para poder hacer frente a las necesidades más inmediatas y perentorias para echar las bases iniciales del proceso de reforma y dejar atrás la anarquía, el caos económico y político, el fanatismo.

En decreto dado el 28 de agosto de 1876 se suprimieron todas las contribuciones extraordinarias y forzosas a que habían apelado los dirigentes políticos, tanto los que detentaban el poder como los que trataban de conquistarlo. Las exacciones que se habían impuesto a pueblos y ciudades fueron abolidas.

Uno de los ingresos principales del Estado de Honduras ha sido el monopolio de la renta de aguardiente; la administración del Doctor Soto, durante el año 1876 emitió una Ley Orgánica relativa a esta fuente de ingreso, disponiendo que quedaba eliminado el sistema de remates aplicado desde tiempo muy lejano, estableciendo el precio fijo de 12 centavos por botella en que se compraba el aguardiente, suprimió el impuesto de patente para la venta de licores importados, reemplazándolo con un 50 o/o sobre los derechos de importación de licores extranjeros. Esta Ley emitida el 1o. de diciembre de 1876, estableció el sistema de patentes por el cual el Gobierno compraba el aguardiente a los destiladores autorizados y el propio Gobierno establecía los puestos de venta o estancos a nivel naciónal y por su cuenta, quedando así el Estado como intermediario entre el productor y el expendedor de la bebida. También prevenía la Ley que en los casos en que no hubiere en algún lugar un puesto patentado, el propio Gobierno vendería el aguardiente por cuenta directa por medio de sus Agentes, regulando a la vez la función que sobre la materia deberían cumplir las Administración es de Rentas del país.

En la Memoria de Hacienda, Crédito Público y Guerra de 1879, se detallan los ingresos percibidos por el Estado por concepto de la renta de aguardiente, informando que en 1877 el movimiento general de Ingresos y Egresos fue de 191.125.473 pesos con 4 centavos y el producto líquido 101.334.723 con 8 centavos; en 1878 el movimiento general de Ingresos y Egresos fue de 270.395.503 con 8 centavos y el Producto Líquido de 147.086.12 y 3/8 centavos. De estos ingresos un 20% aproximadamente correspondieron a la renta de aguardiente.

Otro renglón importante era la Renta de Tabaco que se manejaba irregularmente, pues no tenía un control eficaz ya que en unos departamentos de la República su venta era libre y en otros, se hacía bajo contratos fiscales y aún sujeta a remates, dando como resultado que el Fisco o no tenía ingresos o si los había eran irrisorios. Por otra parte, el cultivo del tabaco estaba gravado por gobiernos anteriores, con un impuesto de dieciséis pesos por cada ocho mil matas. Esto, lógicamente, lejos de fomentar su cultivo, lo obstaculizaba.

Ante esta realidad, Soto dictó la Ley Transitoria de Tabaco el 28 de diciembre del 76, en la que establecía la obligación de entregar al Gobierno las existencias de tabaco en rama y puros de Copán y que los Intendentes de Hacienda con el producto de esos artículos pagaran a los interesados su valor a precios satisfactorios; la misma ley suprimió el impuesto sobre la siembra del tabaco y creó la Factoría encargada de la administración general de la renta, estableciendo que las cosechas de la planta deberían ser compradas a precios equitativos por cuenta del Gobierno quien distribuiría la especie en el interior del país por medio de los Intendentes de Hacienda y abastecería el mercado extranjero. Tales disposiciones venían a fortalecer el sistema de Estanco en beneficio del Estado.

El resultado de tales medidas se reflejó en el aumento de los ingresos al Fisco, pues entre marzo de 1877 a enero de 1879, produjo una renta de 119.936.3/4 centavos.

La exportación de ganado en pie que se hacía desde tiempo de la colonia a Guatemala, El Salvador, Nicaragua y Belice, también fue regulado por el Gobierno del Doctor Soto, anteriormente los ingresos por este concepto, eran muy reducidos, pero la legislación estatal hizo que sólo durante 1877 el Estado percibiera 24.095.32 1/2 centavos y en 1878, ingresaran al Fisco 78.046.426 centavos.

Otros renglones como la exportación de madera y la venta de pólvora no estaban reglamentados, pero el Gobierno emitió acuerdos con el objeto de regularizarlas. La pólvora terminó siendo estancada y vendida exclusivamente en las Agencias Gubernamentales. Sin embargo, conviene tener presente que a todas estas disposiciones encaminadas a fortalecer los ingresos fiscales, se oponía tenazmente el contrabando, hecho todo un sistema en la región atlántica, especialmente en el sector de Río Tinto y La Mosquitia, herencia que dejaran los colonizadores ingleses; igualmente en las Islas de la Bahía, el contrabando parecía incontrolable.

El Doctor Soto atribuía este fenómeno o actividad ilegal "a la incompleta acción administrativa causada por las grandes distancias, a falta de buenos caminos y vías telegráficas", pero para contrarrestar en lo posible aquel permanente perjuicio a la Hacienda Pública, el Gobierno adquirió una balandra para patrullar el comercio de cabotaje y tenía en proyecto la compra de dos vapores destinados al mismo objeto.

El impuesto de Alcabala creado durante el régimen colonial, obstaculizaba el desarrollo del comercio, pues la Ley de Recursos Fiscales decretada por el Congreso Naciónal en 1875 gravaba con el 6%, "la traslación del dominio de bienes raíces, muebles, semovientes, bienes inmuebles, ya se tratase el traspaso a título oneroso, o bien a título gratuito". Soto, por decreto de 6 de noviembre de 1876, abolió este impuesto de 6% de Alcabala terrestre.

Es importante consignar que en lo relativo a las maderas, desde la época del General Morazán los gobiernos habían otorgado concesiones para cortes de madera en la zona atlántica, tales concesiones aportaban ingresos insignificantes al erario público. El gobierno del Doctor Soto "notificó a los hondureños y extranjeros que tuviesen concesiones y contratas celebradas con el Gobierno sobre cortes y exportación de madera, para que dentro de un plazo de treinta días, las presentaran al Administrador de los puertos de Trujillo y Omoa, a fin de que estos funcionarios reportaran al Gobierno Central el estado y validez de esas concesiones, sobre las obligaciones contraídas por los favorecidos y el tiempo de duración de las mismas, así como el correspondiente impuesto que pagaban al Fisco.

Para tener una idea de la efectividad de las medidas hacendarias adoptadas por el gobierno del Doctor Soto desde su iniciación hasta que dejó el poder en 1883, damos a continuación los Presupuestos con que contó el Estado en aquel período:

1875—1876	331.949.00	pesos
1876—1877	331.949.00	pesos
1877—1878	—	
1878—1879	—	
1879—1880	988.012.00	pesos
1880—1881	988.012.00	pesos
1881—1882	775.410.50	pesos
1882—1883	775.410.50	pesos

Los datos anteriores son tomados literalmente del Anuario Estadístico correspondiente al año de 1889, publicado por el Doctor Don Antonio R. Vallejo, y constan en la página 294, de la obra que fue publicada en Tegucigalpa en 1893.

Pérez Brignoli, varias veces citado, hace sobre esta materia la siguiente apreciación: "No existía uniformidad ni coordinación en las diferentes Oficinas de Hacienda. En lo referente a los sistemas de contabilidad, las cuentas tienen distintas separaciones en las oficinas y distintas denominaciónes, algunas de ellas absurdas; por otra parte, la manera de llevar las cuentas es desigual, o sujeta más o menos, a la antigua rutina de contabilidad que no puede dar la claridad y exactitud debida".

En medio de todas estas limitaciones se desarrollaba la administración pública y la percepción de ingresos. No obstante, en el término de un año (1877 a 1878), los ingresos del Estado habían aumentado de manera significativa, como lo ilustra la siguiente estadística.

Movimiento General de Ingresos y Egresos habidos en las Oficinas de Hacienda Productos Líquido de las Rentas
en 1877
533.467.55—7/8
402.452.93—3/8

Diferencia entre ingresos y productos líquidos
131.014.62—1/2

Movimiento General de Ingresos y Egresos habidos en las Oficinas de Hacienda (1878).

Productos líquidos de las rentas
en 1878
1.189.546.85
692.753.50—5/8

Comparando el producto de 1877, de 402.452.93 3/8 centavos con el de 1878 de 692.793.50 5/8 centavos, se observa un aumento de 290.340.57 3/4 centavos. El Ministro de Hacienda afirmaba que esa diferencia "importa más que el producto de todas las rentas que había en el país antes de establecerse la actual administración pues en la Memoria presentada al Congreso, en enero de 1875, por el Honorable Secretario de Hacienda de aquella época, consta que el producto total de las rentas se calculaba en 259.032, que el presupuesto de gastos ascendía a 331.949 y que resultaba un déficit de 72.917".

Otro importante juicio sobre el estado hacendario del período en que gobernó el país el Doctor Don Marco Aurelio Soto, es el contenido en el Estudio Económico de dicha administración, y que aparece en la Biografía del Doctor Marco Aurelio Soto, escrita por el historiador Doctor Don Rómulo E. Durón. De este importante y juicioso estudio transcribimos, por considerarlo de importancia y difícilmente superable, lo siguiente:

El Doctor Durón afirma que el presupuesto era de $ 300.000.000, pero que las rentas apenas producían $ 259.032.00, parte en papeles del Estado. Los ingresos que obtuvo el Estado durante la administración Soto fueron los siguientes:

Año económico de 1877	$	402.452.93
Año económico de 1878	$	692.793.50
Año económico de 1879	$	685.004.34
Año económico de 1880	$	772.168.59
Año económico de 1881	$	902.006.53
Año económico de 1882	$	1.032.344.40

Durón señala la forma en que esos ingresos fueron invertidos. "Las rentas se invirtieron en obras públicas y en los diferentes servicios de la Nación... Sólo el aumento de $ 290.340.57 que hubo de 1876 a 77, es mayor que el producto de las rentas de 1875, en tiempo del gobierno del Señor Leiva, que tenía que llenar el déficit con empréstitos".

Afirma Durón que las rentas se invirtieron en obras públicas y en los diferentes servicios de la Nación... El Presidente Soto no decretó empréstitos voluntarios ni forzosos. Pagó todos los servicios públicos. Hizo justicia a los pobres, que habían sido tratados como esclavos por muchas Administración es pasadas, que los hacían trabajar de balde, o les quitaban sus bestias sin remuneración alguna. Dejó pagados a todos sus empleados.

Los informes del Director General de Rentas, junto con la Memoria de Hacienda de 1882, relativos a las cuentas del año económico cerrado en 31 de julio de 1883, dan una idea más concreta de la forma en que los ingresos fiscales fueron invertidos.

En el primer informe se lee lo siguiente:

"1°.— Los $578.609.33 3/4 de la deuda flotante, de que se dio cuenta en 1880, han sido amortizados en su totalidad.

De esta suma sólo $132.908.46 21/4 representaba la deuda efectiva contraía por el Doctor Soto.

El resto corresponde a la deuda antigua amortizada con valor de $445.700.87 1/2.

1. Documentos de la deuda antigua,
pagados a Don Archibaldo Smit $ 4.000.00
id. a los señores Williams Guild &
de Belice   31.200.00
Ultimo resto de la deuda inglesa   21.475.00
Valor de los vales y cupones de la
deuda convertida amortizada   115.000.00
Valor de la deuda antigua amorti—
zada por el Doctor Soto   617.375.87 1/2
2. La comparación de la deuda actual
con los valores activos arroja una
diferencia de   2.490.24
3. Los edificios naciónales comprados
por el gobierno del Dr. Soto para
el servicio público, representan
el valor de   124.274.61 1/2
4. Valor de 1704 millas que mide
la red telegráfica a $ 200.00 cada
una, inclusive maquinaria,
útiles y materiales   340.800.00
5. Valor del Cuño con todos sus ense
res y demás obras con exclusión
del edificio, según valúo del Director   125.000.00
6. Administración de Correos,
gastos de organización, muebles
y costo de estampillas tiradas   15.000.00
7. Armamento, parque, materiales
y efectos militares existentes
 en almacén   350.000.00
8. Construcciones y reparaciones
del cuartel de San Francisco, La
Universidad y Casa de Moneda   30.000.00

9. Carretera, valor de
los instrumentos y gastos   40.090.21 5/4
10.Valor de las estatuas
de Morazán, Cabañas, Valle
y Reyes. Ornamento de plazas,
jardines, &, lo cual está concluido
en abril próximo   60.000.00
11.Hospital General   40.007.00
Botica del Hospital (principal y
costo)   6.000.00
12.Biblioteca (según valúo del
Director).   5.111.33 1/2
13. Archivo Naciónal (según valúo del
Director)   11.283.00
14. Oficina de Estadística (según valúo
del Director)   4.928.00
15. Imprenta Naciónal (según valúo del
Director)   13.572.00
16. Existencia en papel y útiles de
escritorio en la Dirección General de
Rentas   2.000.00
17. Gastos en planteles para la peniten—
ciaría, Escuela de Artes y Granja
Modelo   3.000.00
18. Códigos, libros y textos para las
escuelas, existentes en la
Administración de Rentas   14.603.00
19. Subvención para el
Cabildo del Valle   900.00
20. Valor de los baños de Santa Lucía   360.00

Suma.$ 1.817.595.51 1/4

En ese detalle no se incluye $ 75.000.00 gastados en la reparación y sostenimiento del Ferrocarril, ni los gastos hechos en la reparación de los edificios públicos en Amapala, Trujillo, Puerto Cortés, etc.

"Rebajada la suma de $ 1.817.595.51 1/4 que arroja el resumen anterior, de los $ 4.486.770.31 5/8, que suman las rentas todas que manejó el gobierno del Doctor Soto, quedan $ 2.669.174.80 3/8, que se invirtieron en los gastos de la Nación, en la vida de ésta, en mantener el orden y la paz, en fomentar la instrucción pública, en dotar a la Universidad y el Colegio de un Gabinete de Física y de Química, en el pago de los empleados, cuyos sueldos quedaron cubiertos hasta el último mes, en subvenciones de vapores, y en las demás mejoras emprendidas en todo el país, durante cerca de 7 años... Repartidos esos $ 2.669.174.80 en seis años, toca a cada uno un promedio de $ 444.862.46 2/3".

"Añádase a esto que el Doctor Soto no vino a continuar la obra de Gobierno alguno anterior, sino a crear su propia obra, la obra de la regeneración de Honduras, sin tener en torno más que las deplorables condiciones en que el país quedó por consecuencia de la anarquía que lo devoraba; y que no habiendo hallado bases para el establecimiento de un gobierno, él las dejó, y bien cimentadas, de manera que sus sucesores, contando con ellas, no tuvieron que hacer otra cosa que continuar sobre lo hecho. Y que las bases eran lo que debían ser, lo acredita la sola circunstancia de haberse elevado el producto de las rentas, posteriormente, hasta tres millones de pesos, a pesar de que muchas disposiciones administrativas dictadas por el gobierno del Dr. Soto fueron encaminadas con perjuicio del plan a que obedecían y del objeto a que se encaminaban".

"Conclusión: El gobierno del Doctor. Soto, no con los $259.032.00 nominales que contra un presupuesto de gastos de $300.000.00 producían las rentas en tiempo del Sr. Leiva, sino con los 18 reales que encontró en la Caja de la Aduana de Amapala, el 27 de agosto de 1876, fundó la Hacienda Pública en Honduras".

Una reforma al sistema tributario nacional, implementada por Soto fue la siguiente: Las rentas del Estado eran mínimas en parte debido a que los impuestos establecidos se pagaban en gran parte con papeles de crédito que los contribuyentes obtenían "a un tres, a un cuatro y a un cinco por ciento" (Soto, Marco Aurelio. Mensaje que el Presidente Provisional de Honduras... dirigió al Congreso Extraordinario de la República, solemnemente instalado el día 27 de mayo de 1877, en Durón, Rómulo E. Biografía del Doctor Marco Aurelio Soto. Tegucigalpa, Tipografía Naciónal, 1944), en vez de dinero en efectivo, y que sin embargo los funcionarios de Hacienda tenían que recibirlos como efectivo por todo su valor nominal. No sólo el Fisco salía perjudicado con esta situación, sino también aquellos pequeños comerciantes que se veían precisados a vender sus documentos de crédito por un valor muy inferior a su valor real, obteniendo una amortización indirecta muy baja, mientras que aquellos grandes comerciantes dedicados a la importación y exportación, no sólo eran pagados íntegramente en sus documentos de crédito con una completa y directa amortización, sino que también se aprovechaban para adquirir, a precios muy inferiores a los verdaderos, los papeles de crédito de los comerciantes minoristas. Para remediar esa situación, se emitió el decreto de 12 de septiembre de 1877, por el que se establecía que los derechos sobre la introducción y exportación, lo mismo que los demás impuestos ordinarios, se pagaran en su totalidad, en moneda efectiva y que los papeles de crédito contra el Estado dejaran de amortizarse en las oficinas de hacienda, "hasta tanto que el Gobierno hiciese una reforma en el sistema rentístico del país, y diese un arreglo conveniente a la deuda interna".

La Memoria de Hacienda de 1879 a que nos hemos referido anteriormente, en forma objetiva reconocía que "El Gobierno no puede asegurar que la Hacienda Pública está definitivamente organizada, ni que los rendimientos de las rentas alcanzan para atender a los muchos y cuantiosos gastos que reclama la situación del país, pues aquí se necesita crearlo todo... La cuestión financiera entre nosotros está en el período de transición. Se ha empezado a desarraigar los sistemas, hábitos y rutinas que producían el estatus quo, que hacía, si se quiere, imposible el progreso natural que deben tener los productos de la renta. Pero la obra apenas está iniciada en medio de mil y mil dificultades. Su iniciación no ha podido hacerse por leyes, en lo que es posible perfectas y de un carácter definitivo, sino por disposiciones de carácter transitorio, que adolecen de todos los vicios y defectos consiguientes a los arreglos administrativos que se verifican para operar una transición radical y costosa".

Tampoco descuidó el Gobierno lo relativo al comercio y su incremento, pues si en verdad las medidas que se dejan apuntadas se referían al aspecto hacendario y fiscal, todas estaban encaminados a favorecer el comercio tanto interior como exterior. Sobre el particular, el Ministro Doctor Don Ramón Rosa, se expresaba así en la Memoria de Hacienda presentada al Congreso Naciónal en 1880: "¿Cuál ha sido desde la independencia acá la suerte de nuestro pequeño comercio? La más triste, por no decir angustiosa. El comercio se ha limitado a vegetar en la indolencia, a vivir encerrado en un pequeño círculo vicioso. Ha traído mercaderías del extranjero para el consumo improductivo del país: lentamente ha realizado sus mercaderías para poner en caja peso por peso en la compra de algunos marcos de plata en pasta o de letras sobre Londres, etc., para por este medio hacer frente a los pagos de Europa. He aquí pura y simplemente todo el mecanismo de nuestras transacciones comerciales. En espera tan reducida, ¿qué progresos notables ha podido alcanzar el comercio? ¿qué beneficios positivos ha podido dar al país? Casi ninguno. Con la venta de sus mercaderías sólo ha satisfecho económicamente a consumos improductivos: la pieza de manta que se vende es un valor que se consume y que no reaparece bajo otra forma. Con guardar en caja el numerario, producto de la venta, no se logra más que sustraer de la circulación un valor que podría dar vida a la industria, a las transacciones, y en último análisis, ganancias al mismo comercio que lo retiene. Con la exportación del dinero efectivo y de las platas en pasta, el comercio por lo común pierde en el cambio por letras o por el metálico en que debe efectuar sus pagos, y además deja en el país crisis constantes ocasionadas por la falta casi absoluta de numerario. He aquí descritas las operaciones de nuestro comercio, que, bajo el dominio de una rutina infructuosa, no ha podido tener ni consistencia ni prosperidad".

Se observa en este párrafo, que el reducido volumen de comercio que se realizaba no causaba la reinversión de las ganancias obtenidas, las que o eran acaparadas o remitidas al exterior, con lo que se hacía virtualmente imposible una suficiente acumulación de capital como para dinamizar la economía, creando nuevos renglones productivos y expandiendo los ya existentes.

Para el segundo semestre de 1882, el valor principal de las mercaderías importadas por el puerto de Amapala ascendió a $401.453.00 y el de los derechos fiscales a $182.660.37; la exportación en el mismo semestre alcanzó $164.964.65 y el valor de los derechos $1.691.01. En septiembre y octubre del mismo año de 1882 la importación por el puerto de Trujillo ascendió a $118.211.57 y los derechos fiscales a $8.390.33; la exportación alcanzó a $245.755 y el valor de los derechos a $31.379.33. Por Puerto Cortés y Omoa, de marzo a noviembre del citado año, se importó por valor de $422.247.46, ascendiendo los derechos a $85.620.05. Por los mismos puertos y en el mismo tiempo, se exportó por valor de $542.751.82, importando los derechos $9.060.65.

El valor total de la importación para 1882 alcanzó a $1.806.968.00. La exportación alcanzó en el mismo año $2.265.651, habiendo un saldo favorable de $458.682.

Estas medidas fueron complementadas con la emisión de la Ley Orgánica del 15 de marzo de 1877, que establecía la libertad de la siembra de tabaco, con el objeto de estimular su producción; prescribía la compra de la planta exclusivamente por parte del Estado; autorizaba la exportación del tabaco por cuenta de los particulares en aquellos casos en que el Gobierno no pudiera comprar todo lo producido. Se celebró una contrata con el cubano Santiago Palacios, a fin de establecer en Santa Rosa de Copán una fábrica de puros y cigarrillos.

Toda esta legislación de carácter económico, por sí sola no iba, automáticamente, a aumentar la producción y los ingresos gubernamentales. Era necesario crear un aparato burocrático eficiente, compenetrado del espíritu que animaba a estas leyes, que cumpliera e hiciera cumplir estas medidas. En otras palabras, era necesario crear una administración pública moderna y eficiente. Atendiendo a este imperativo, el 22 de febrero de 1877 se creó en Tegucigalpa una Escuela de Contabilidad de Hacienda, que, en palabras de Soto, prometía "para dentro de poco, buenos agentes para el desempeño de los cargos fiscales".

Con respecto a la deuda interna, para julio de 1878 se habían amortizado $ 131.196.96; el sistema que hasta entonces imperaba, por el cual se admitían papeles de la deuda en el pago de algunos impuestos, fue erradicado mediante decreto de 28 de octubre de 1878, por el cual se convertía en un solo papel la deuda interior, amortizándola de una manera gradual. Para verificar la conversión fue necesario mandar a hacer a los Estados Unidos los títulos de la deuda con sus correspondientes cupones.

Esta reforma beneficiaba por igual al Estado y a los acreedores, por cuanto sus vales tendrían de ahora en adelante un valor reconocido y no un valor ilusorio, como ocurría en el pasado. Así lo reconocía el Congreso en su contestación al Mensaje Presidencial de Soto de 1879: "El decreto emitido para amortizar continua y gradualmente la deuda interior, garantiza el pago a los acreedores de la Hacienda Pública, consultando la exhautez relativa de los productos fiscales. El plan de esa ley entraña además de un fondo de justicia, una combinación original y acertada en el terreno económico".

Para julio de 1881 se había emitido en vales de la deuda convertida, la cantidad de 1.000.000. Para diciembre de 1880 el Gobierno había amortizado en efectivo, en órdenes contra las aduanas y en cambio por Billetes del Tesoro la suma de 445.700.87.

En lo que respecta a las deudas contraídas con anterioridad a 1876, se emitieron Billetes del Tesoro amortizables por las aduanas en un ciento por ciento de los derechos de importación. Hasta julio de 1880 se había hecho una emisión de billetes de 150.820, habiéndose amortizado hasta diciembre de 1880 40.282 pesos.

La deuda flotante comprendida desde agosto de 1876 hasta diciembre de 1880, incluía 578.609.33. De las deudas de los gobiernos anteriores se había amortizado la cantidad de 445.700.87; sustraída esta cantidad de la deuda flotante además de 60.000.00 pesos por existencias en valores y especies fiscales hasta diciembre de 1880, la deuda que había sido contraída por la Administración de Soto en cuatro años y cinco meses de ejercer el poder, llegaba a 72.908.46. Para principios de 1883 se habían amortizado $115.000 de la deuda convertida la que quedó reducida a $885.000 pesos, "casi la mitad de lo que importaba toda la deuda interior, contraída por los gobiernos anteriores al 27 de agosto de 1876".

Soto emitió Billetes del Tesoro con el fin de pagar en parte la deuda contraída durante su administración. Su circulación se limitó a $1.000.000 y al ser amortizados en su totalidad, circulaban como papel moneda.

La deuda flotante ascendía para 1880 a $578.609. Esta suma había sido amortizada para 1883, debiendo únicamente $244.694, cantidad que resultaba $204.694 de libramientos contra las aduanas y 40.000 que correspondía al saldo de diversos acreedores, deuda contraída básicamente para tener abastecidos los depósitos de licores, pólvora y tabaco. Con satisfacción justificada podía decir Soto que "el Gobierno nada debe; durante mi administración se han pagado $617.365.87 de la deuda naciónal; y en valores positivos y en obras de progreso queda más de $ 1.200.000 a beneficio del país" .

Finalizamos este capítulo con el juicio del escritor Medardo Mejía contenido en su trabajo inédito "Historia del Pensamiento Económico de Honduras", Tomo II que dice: "El verdadero creador de la Hacienda Pública, ya que él conocía que el Estado no podía marchar sin este nervio de tanta vitalidad para el desarrollo del mismo; así aumentó las rentas fiscales, las que llegaron a ser suficientes para cubrir el gasto del Gobierno y construir obras de beneficio comunal; consolidó la deuda pública y creó los medios para amortizarla".

CAPÍTULO 6: SOTO LE APUESTA AL CAFÉ

- Política Agraria de la Administración Soto
- Aspectos Ganaderos

A menos de un año de asumir el poder, la Administración Soto emitió el 29 de abril de 1877, un decreto que tenía por objeto fomentar la agricultura.

Las medidas tomadas por Soto para desarrollar la agricultura, tenían como propósito vincular a Honduras a los mercados consumidores internaciónales, tanto europeos como norteamericanos, por medio de la exportación de productos agrícolas primarios. Debe recordarse que la segunda mitad del siglo XIX es el inicio de la división internaciónal del trabajo, lo que significaba la asignación de funciones económicas específicas a diversos países: el papel de unos era el de ser países exportadores de manufacturas y el de otros de vendedores de productos agrícolas, ganaderos y/o minerales. Es pues dentro de ese contexto que debemos analizar las medidas dictadas por Soto para promover la agricultura naciónal, particularmente de los cultivos de café, caña de azúcar, jiquilite (del que se extrae el añil, predecesor de los colorantes sintéticos desarrollados por Alemania a principios del XX), y cacao.

Ramón Rosa consideraba que la agricultura era la "principal fuerza matriz de nuestro engrandecimiento naciónal". Soto compartía esas inquietudes. Citando nuevamente a Rosa, éste afirmaba: "El gobierno del Señor Soto comprendió desde el principio la importancia de tan legítimas exigencias. Notó que debía operarse un cambio en el orden político, pero un cambio que refluyese en beneficio de los intereses económicos del país, y primordialmente de la agricultura".

El primer considerando del decreto arriba citado sostenía que era la agricultura "el único ramo de industria que, por ahora, está llamado a asegurar la prosperidad de la República".

Nuestra afirmación en el sentido de que la Administración Soto tenía como meta de su política agraria la de fortalecer una clase terrateniente hondureña, no era un fenómeno aislado. En Hispanoamérica, desde México a la Argentina, los gobiernos de ideología liberal de la segunda mitad del siglo décimo nono, dictaron una serie de leyes que tenían por objetivo debilitar el sistema de propiedad comunal de la tierra, ya fueran sus propietarios las comunidades indígenas o las órdenes religiosas, confiscando sus propiedades inmuebles para venderlas a bajo precio a particulares con medios económicos suficientes como para adquirirlas. Un documento muy revelador (y muy poco conocido), es la carta dirigida por Marco Aurelio Soto a Rómulo E. Durón en 1906, en la que dice: "Cuando fui Presidente de esa República procuré convertir la propiedad comunal en privada, por medio de la Ley de Agricultura. Siempre he opinado que la propiedad en común es estéril, infecunda, inútil y hasta nociva... Una vez que están abolidos los ejidos, es necesario sustituir la propiedad comunal condenada por la ciencia y la experiencia, por la propiedad particular, más productiva siempre" .

En esa misma carta, Soto incluía un proyecto de Ley para que Durón lo presentara a la Legislatura. En él incluye el concepto de "lotes de familia", inspirándose, como lo reconoce, en el homestead norteamericano. De acuerdo a su proyecto, "todo hondureño casado, o todo hondureño u hondureña que tenga familia, ya legítima, o reconocida conforme a la ley, tienen el derecho de que el Poder Ejecutivo les dé un lote de tierra naciónal, donde ellos designen, o un lote de tierra ejidal o comunal, si la hubiere en el pueblo de donde sean vecinos". Como puede apreciarse, este proyecto significaba el traspaso de la tierra comunal a manos privadas, creando, tal como se había hecho en la Francia napoleónica, una clase de pequeños propietarios. "El objeto que, a mi juicio debemos proponernos, al presentar a la Legislatura el proyecto de ley sobre "Lotes de Familia", decía Soto, es beneficiar, principalmente la clase pobre de nuestro pueblo, que es la más numerosa, pero, a la vez, el de resolver, de acuerdo con la ciencia, la cuestión de ejidos, generadora en nuestro pueblo de tantos males, de tantos disturbios, de tantas discordias, de tantas desgracias, y de tanto atraso en nuestra incipiente industria agrícola. Convertir la propiedad comunal, absurda e inútil, en propiedad privada patrimonial es, a mi juicio, una solución de inmensa utilidad para Honduras.

También esa ley tendrá su importancia social. ¿Cómo no ha de ser justo que los hondureños tengamos unos cuantos palmos de tierra en donde levantar nuestra casa, fundar nuestro hogar...?

El decreto citado anteriormente, de manera explícita afirmaba: "El Gobierno toma la industria agrícola bajo su especial protección. Revela en forma elocuente las intenciones y políticas del Gobierno con respecto a las formas de tenencia de la tierra, el control de mano de obra y el tipo de cultivos que debían fomentarse. El segundo considerando, que literalmente reza: "Que el comercio mientras carezca de productos agrícolas destinados a la exportación, permanecerá estacionario, y las más veces, en estado de verdadera decadencia, en atención a que se sostiene de una manera artificial proporcionando el consumo improductivo de mercaderías extranjeras, sin tener en compensación los consumos reproductivos que puede y debe dar la industria agrícola" , refleja el intento por dinamizar la agricultura, vinculándola a los mercados internaciónales, tanto europeos como el norteamericano, echando las bases de una agricultura de exportación que permitiera equilibrar la balanza entre importaciónes y exportaciónes. Era, en otras palabras, el intento deliberado, de vincular la economía hondureña a la economía mundial, al "orden neocolonial", como lo llama el historiador argentino Helperin Donchi, a la división internaciónal del trabajo.

Debemos tener en cuenta que el aumento en el nivel de vida de los consumidores europeos y norteamericanos sirvió como estímulo en los países productores de materias primas para dedicar mayores extensiones de tierra al cultivo de productos agrícolas. El avance de la Revolución Industrial en Europa y Norteamérica, que implica una creciente demanda de minerales ferrosos y no ferrosos, hace que se vuelvan a explotar depósitos abandonados en épocas anteriores y que se exploren yacimientos potenciales. Pero esto será abordado con más detalle en otro capítulo.

¿Quiénes, dentro de la estructura social hondureña de la época, debían tener a su cargo el desarrollo de estas actividades agrícolas? El mismo decreto lo dice en su artículo primero: "Los empresarios de industria", esto es, la clase terrateniente naciónal. Para estimular su desarrollo, se dictaron una serie de medidas "liberales", y generosas, tales como el otorgamiento en propiedad de terrenos naciónales, "expidiéndoles gratis sus correspondientes títulos". El artículo segundo estipulaba que en aquellas tierra comunales o ejidales en que los empresarios agrícolas decidieron cultivar, las Municipalidades "tendrán la precisa obligación de vender por su justo precio los referidos terrenos a los agricultores, o de dárselos a censo, si es que no optaren por verificar la venta".

Pero además era necesario disponer de una fuerza de trabajo segura, con la que se pudiera contar. Como dice el historiador sueco Magnus Morner, "el aumento en la demanda por las materias primas y productos agrícolas de América por parte de los países más desarrollados de Europa, y Norte América produjo ganancias a algunas haciendas por primera vez en toda su historia. Consecuentemente, la demanda por mano de obra aumentó, como también la tentación de explotar más duramente a la fuerza de trabajo disponible... Legislaciones ambiguas y vagamente redactadas, así como las prácticas administrativas sancionaron varios sistemas de trabajo y arrendamiento en América Latina, los cuales favorecían sin excepción a los grandes poseedores de tierra a costillas del trabajador. A cambio de permitir que los trabajadores cultivaron algún lote de tierras, los hacendados obtenían una fuerza de trabajo muy barato" .

Para ello era necesario, antes que nada, conocer cuál era la fuerza laboral existente; es por eso que el artículo 10 establecía que los Gobernadores Políticos "darán órdenes o instrucciones a los Gobernadores de círculo, a las Municipalidades y las comisiones que tengan por conveniente nombrar, para que, en cada pueblo, formen un conocimiento completo de los individuos aptos para el servicio de jornaleros; y en vista de dicho conocimiento, los Gobernadores Políticos y de círculo, las Municipalidades y Alcaldes Auxiliares proporcionarán eficazmente a los agricultores el número de jornaleros que necesiten para el sostenimiento de los trabajos de sus fincas".

Se establecía también que los trabajadores que fueran colonos de una finca o jornaleros de permanencia diaria y constante en ella "podrán ser exceptuados por el Gobierno del servicio militar ordinario y los cargos concejiles, entendiéndose que sea necesario para el mantenimiento de los trabajos de sus fincas". El artículo 12 establecía que las autoridades locales, a pedimento de los agricultores, extenderían registro de matrícula a los colonos o trabajadores permanentes de las fincas. Pérez Brignoli interpreta esta medida "como una coacción indirecta para asegurar mano de obra a los agricultores" .

Un estímulo adicional era la exención de impuestos de exportación para el café, azúcar, añil y cacao .

Como puede notarse, toda esta legislación tendía a desarrollar un sector empresarial agrícola hondureño; era un intento por modificar las relaciones de producción precapitalistas, modernizando la explotación del agro bajo líneas capitalistas. El artículo 17 tenía por objeto difundir una economía monetaria en el medio rural. Es por eso que decía: "Al individuo o sociedad que, en el país, con fondos propios o con capitales extranjeros, funde un banco agrícola, se acordará los mayores privilegios conducentes a favorecer y ensanchar el establecimiento de tan importante institución" . Estas facilidades se hacían extensivas, no sólo a los naciónales, sino también a los extranjeros.

Cabe ahora preguntarse hasta que, punto esta legislación modificó la agricultura naciónal y las relaciones económicas entre distintas clases sociales relacionadas, de una manera u otra, con esta actividad. El documento intitulado "Situación de la agricultura del país" es muy significativo. Su contenido, producto de la pluma de Ramón Rosa, trasluce optimismo en el futuro. "La confianza ha renacido, el trabajo ha aumentado la riqueza particular y pública, y las capitales han salido de sus cajas para fecundar los campos que hoy forman el sustento de considerables empresas agrícolas... Si los hábitos de orden en los pueblos y una política justa y protectora en el Gobierno han dado por resultado la vida y crecimiento de la agricultura, ésta, en cambio, con sus ramificados y legítimos intereses, es y será una garantía para el orden social, un elemento de estabilidad para el Estado, y un poderoso auxiliar para el sostenimiento del crédito público".

Se detalla, en el documento aludido, a las distintas regiones del país y los cultivos sembrados en cada una. "En la parte Norte de la República..., se completan ya en grande escala los frutos del plátano, del coco, del coyol, del cacao, del cerezo, y de otras valiosas plantas frutales. Por doquiera se han ensanchado las plantaciones de éstas, y dos vapores, subvencionados por el Gobierno, hacen constantemente el comercio de frutas entre los Puertos Atlánticos de Honduras y los mercados de los Estados Unidos. Juzgamos aproximadamente que los valores que importa este tráfico, que día en día se robustece y aumenta, no bajarán en este año (1890), de $ 400.000.

El comercio de frutas, especialmente bananos, continuó creciendo. Con anterioridad a 1876 los niveles de exportación representados por este rubro eran muy bajos y su cultivo, con propósitos comerciales, estaba confinado a las Islas de la Bahía. Al aumentar la demanda en los mercados de los Estados Unidos, el cultivo se extendió al Litoral de la Costa Nore, y para 1880 llegaban regularmente seis navíos a los puertos del Caribe hondureño para trasladar la producción de bananos al puerto de New Orleans. El volumen creciente de exportación representado por el banano se refleja en este dato: únicamente durante el año de 1880, y en las Islas de la Bahía, las ventas al exterior de frutas ascendió a 155.375.35 centavos. Es de hacer notar que en esta época eran naciónales quienes se dedicaban al cultivo, limitándose el papel de los extranjeros a la compra de la fruta y su venta en los mercados norteamericanos. El enclave bananero como tal aún no había hecho su irrupción.

El año de 1882 fue un mal año para la agricultura del país debido a la falta de lluvias que originó una escasez de víveres al grado que fue necesario importar maíz desde California y se eximió de derechos de importación a los alimentos importados.

En el departamento de Colón se estableció una compañía extranjera, la compañía de Fibras de Nueva York y Honduras, dedicada a la industrialización de la pita, en tierras cedidas por el Gobierno a esa empresa. El secretario de la misma reportaba desde Iriona en estos términos: "La concesión con que hemos sido favorecidos puede llegar a ser un gran venero de riqueza... El distrito comprendido en la concesión es a mi juicio la parte más fértil y más rica de Honduras".

Aparte del comercio de frutas, tan expedito en la Costa del Norte por la facilidad de las comunicaciones fluviales y marítimas, y la proximidad de excelentes mercados, podemos agregar que las poblaciones de la Costa del Sur no permanecen extrañas al interés que en el país hoy despierta la industria agrícola. El cultivo del jiquilite (índigo), por muchos años abandonado, ha vuelto a recuperar su puesto, y se desarrolla notablemente. Por el puerto de Amapala ha comenzado a hacerse la exportación de número considerable de sacos de excelente añil. Honduras posee en el Sur vastos terrenos muy propios para una grande producción de añil; y este precioso artículo... Puede, sin duda, constituir por sí solo un verdadero patrimonio para los pueblos que se asientan en las márgenes del Choluteca y del Goascorán, y que tienen a un paso, por Amapala y Puertos Menores, la exportación de sus productos.

La zarza de Honduras, que está reputada como una de las mejores del mundo, es también un artículo llamado a figurar por el valor de sus productos. El Gobierno ha dictado medidas conducentes a la conservación y ensanche de los zarzales, y a su más amplia y beneficiosa explotación. El hule será objeto de análogas medidas."

El resto del documento trata sobre el cultivo del café y sus posibilidades como principal producto de exportación de la economía naciónal. Debe recordarse que todos los países centroamericanos estaban tratando de impulsar este cultivo, unos con mayor éxito que otros. Costa Rica había sido la primera nación del Istmo en fomentar una economía cafetalera y su ejemplo fue seguido por los gobiernos de Guatemala y El Salvador. "Hacia 1880 la caficultura se había establecido firmemente en la economía guatemalteca, y ésta estaba en camino de centrarse en torno a un solo producto comercial, el café" .

Nuestra tesis es que mientras en Costa Rica, El Salvador y Guatemala se consolidó con éxito una clase de grandes terratenientes naciónales dedicados al cultivo del café, básicamente con fines de exportación, en Honduras este intento, que contaba con auspicios gubernamentales, no tuvo éxito, debido a la irrupción de capital foráneo que dedicándose al cultivo del banano, gracias a las ultra generosas concesiones otorgadas por los gobiernos hondureños de fines del XIX y primeras décadas del XX y a su control de los mercados internaciónales, desplazaron a la incipiente clase de empresarios agrícolas hondureños. Tal como sostiene Torres Rivas: "Los cinco países experimentaron la influencia liberal, aunque en distinto grado. En todos se produjo el conflicto, pero el desenlace de esa revolución fue violento en Guatemala, y en El Salvador y Pacífico de Costa Rica; más o menos profundo en sus resultados en estos tres países y notoriamente incompleto o frustrado en Honduras y Nicaragua".

El mismo autor afirma que en Honduras y Nicaragua, a diferencia de Guatemala, El Salvador y Costa Rica, "no se consolidó..., una base económica naciónal ni una burguesía cafetalera, sino una oligarquía terrateniente y adicional".

Para explicar esta "desviación" del modelo de desarrollo liberal—cafetalero que siguen las otras tres naciónes, Torres Rivas dice: "Ninguno de los dos países constituyeron en la segunda mitad del siglo XIX una estructura productiva similar a la de Guatemala, El Salvador, ni tuvieron condiciones sociales y políticas favorables para su desarrollo, como en Costa Rica... Por otro lado, fueron las provincias más castigadas por la guerra civil, que favorecía así la inestabilidad política por la dispersión de sus grupos humanos en un territorio relativamente extenso y mal comunicado. No se pudo imprimir un impulso vigoroso a la agricultura de exportación, probablemente porque la reforma liberal fue tardía e incompleta y no alcanzó a crear las condiciones dadas en el resto de Centroamérica y esto, a pesar de que el agobio de la herencia colonial era relativamente menor".

Rosa calculaba, en base a los precios que por entonces se pagaba por el café hondureño, "que ha alcanzado en Londres las mejores cotizaciones (últimamente 18 a 19 pesos el quintal)", y en forma realista teniendo en cuenta las fluctuaciones en el precio de este cultivo, que en dos años el valor de las exportaciónes del café "pagará casi la totalidad de nuestras importaciónes, quedando nuestros demás valores exportables, plata y oro en pasta, maderas de construcción y de tinte, frutas, añil, ganado, quesos, zarza, cueros, etc., como un sobrante invertible casi exclusivamente en la formación de nuevas empresas agrícolas e industriales, y en el aumento de las transacciones del gobierno".

Claramente se observa las esperanzas que la Administración Soto cifraba en el desarrollo de una economía cafetalera naciónal, como pilar de un continuo desarrollo. "El día feliz en que nuestros cálculos se realicen, en que el café proporcione al país todos los rendimientos indicados, la agricultura tendrá una base inconmovible, y estará asegurado el bienestar de Honduras".

En la Memoria de Fomento, Agricultura y Comercio presentada al Congreso en 1879, aparece un acápite intitulado "Medidas especiales para favorecer la industria y la agricultura", en la que se detallan las iniciativas llevadas a cabo por la Administración Soto para el fomento de diversos cultivos, tales como el tabaco, habiéndose establecido "en la ciudad de Santa Rosa una manufactura de tabaco que ha servido no sólo para la mejor elaboración de dicho artículo, sino también, como escuela práctica en donde han adquirido o perfeccionado sus conocimientos algunos manufactureros del país en el ramo de tabacos". Con respecto al café, se detalla que en Sabanagrande van a ser distribuidas 1723 manzanas de tierra bajo el convenio de que sean dedicadas al cultivo de ese grano.

Reproducimos a continuación la estadística publicada en 1880 que indica el número de árboles de café, que trasplantados y en almácigo había en diversos puntos del país en ese año.

Depto.	Cafeto trasplantado o en Hacienda	Cafeto en Almácigo	Totales
St. Bárbara	851.814	223.285	1.075.099
Copán	518.029	335.295	853.324
El Paraíso	427.700	216.150	643.850
Tegucigalpa	282.996	911.1701.	194.156
Olancho	200.715	87.716	288.431
Comayagua	192.262	1.128.383	1.320.645
Choluteca	168.951	1.139.976	1.308.927
Yoro	283.319		283.319
Gracias	132.664	88.185	220.849
La Paz	44.450	47.126	91.576
Roatán	500	300	800
Totales	3.103.410	4.177.586	7.280.986

Luis Mariñas Otero ha designado al siglo XIX como "la edad del cuero" dentro de los ciclos económicos por los que el país ha cruzado. No obstante, de que, para las últimas décadas de ese siglo, había disminuido en forma relativa la importancia del sector pecuario, seguía siendo aún un importante renglón de exportación. Uno de los factores que había reducido su importancia dentro de la economía hondureña era el hecho de que en su época de mayor auge se había exportado, en forma indiscriminada, a Guatemala, El Salvador, Cuba, sin tener en cuenta (creyéndose que el auge sería permanente), que al venderse ganado hembra se reducía en forma considerable la capacidad de reproducción de los hatos ganaderos.

Para evitar una disminución aún mayor de esta fuente de riqueza, la Administración Soto, por decreto de 15 de febrero de 1877, duplicó el impuesto de extracción, aumentándose la vigilancia sobre la cantidad de reses exportadas, modificando el impuesto sobre el destazo, y el impuesto aplicado a los exportadores se hizo extensivo a los consumos particulares.

Estas medidas rindieron sus frutos. Para 1879, con optimismo declaraba Soto "La riqueza pecuaria es una de las principales de la República. Evidente es que nuestros ganados tienen demanda y consumo productivo fuera del país" .

La exportación de ganado hacia Cuba había aumentado. El hecho de que las autoridades de esa Isla declararan libre, por un año, la importación de ganado, sirvió de estímulo para un aumento en la exportación hondureña.

Para evitar el destazo de ganado hembra se dictaron varias medidas, siendo una de ellas la de duplicar el derecho de destazo sobre ganado hembra, quedando lo recolectado en calidad de impuesto, para el fondo de Instrucción Primaria. El ganado vacuno hembra que se exportara pagaría 16 pesos por derecho de exportación, y el ganado macho exportado por Trujillo e Iriona sería gravado con cinco pesos y por los demás puntos de la República con 4. Se estableció una Granja Modelo y Juntas de Fomento para favorecer la industria ganadera en los departamentos y para preparar técnicas agropecuarias con conocimientos modernos en esas materias.

CAPÍTULO 7: SOTO INVITA AL CAPITAL EXTRANJERO

- Antecedentes Mineros en Honduras
- Impulso Dado a la Minería por el Gobierno del Doctor Soto
- Un Novedoso y Acertado Juicio de Kenneth V. Finney sobre esta Materia

Es evidente que durante el régimen colonial y especialmente durante la segunda mitad del siglo XVII y todo el siglo XVIII, la explotación minera constituyó la principal fuente de riqueza de la Provincia de Honduras. Se habían fundado en aquella época importantes beneficios como los de Santa Lucía y Guasucarán en el hoy Departamento de Francisco Morazán; los de Guayabillas y San José de Yuscarán, en El Paraíso: Clavo Rico y El Corpus en Choluteca; San Andrés, en el Departamento actual de Lempira y Opoteca, en el de Comayagua. Aún en el cerro de Sapusuca (hoy El Picacho), se explotaba un rico filón de plata cuyo hallazgo determinó la fundación del Real de Minas de San Miguel Tegucigalpa, contiguo al pueblo de indios llamado Teguycegalpa por el conquistador Don Pedro de Alvarado en su famoso Repartimiento hecho al momento de la fundación de la ciudad de San Pedro de Puerto Caballos en 1536.

El monto de los diezmos percibidos por la Corona española y el indispensable "quintado" de la plata, justificaron la creación de las Casas de Fundición que por orden real se establecieron en las principales poblaciones de la Provincia, así como también el establecimiento de curatos beneficiados para la administración espiritual de los vecinos, cosas de las que no podían disfrutar otros pueblos precisamente por la falta de recursos para sostener a los ensayadores y a los párrocos.

Los mineros hondureños pudieron abandonar los primitivos métodos en el beneficio de la plata casi a finales del siglo XVI; por entonces fue introducido aquí el sistema de amalgamación inventado en México por Bartolomé de Medina, minero, y el mercurio se constituyó en materia prima insustituible, por lo que los reyes de España lo estancaron para beneficio de la Corona en 1559.

Separadamente de los beneficios mineros, los castellanos explotaron las arenas auríferas de los ríos de Olancho, especialmente, del Guayape y del Guayambre, cuyas pepitas fueron y son ahora, codiciadas por los "güirises" y joyeros por su kilataje y bella apariencia. Pero al iniciarse el siglo XIX, la industria minera vino a menos; algunos suponen que este decaimiento se originó por la dificultad de conseguir el azogue, que unas veces provenía de Almadén en España y otras de Guancavélica en el Perú y, cuando se conseguía, los precios eran tan elevados que no daban el rendimiento apetecido; otras opiniones parecen revelar que la falta de braceros atajó el auge minero. Cualquiera que hubiese sido la causa, para el año en que se proclamó la Independencia de Centroamérica, la minería casi estaba extinguida en Honduras.

A raíz de 1821, los propietarios de minas productivas cerraron sus operaciones; la inseguridad pública, la amenaza constante de las convulsiones internas y disputas internaciónales mantuvieron en zozobra al inversionista y aunque la mina de por sí es fuente de riqueza, ésta no se produce si no hay una inversión que garantice el pago de los obreros, el mantenimiento de los planteles, el transporte del metal a los mercados y el rendimiento de ganancias que toda empresa comercial persigue. Por estas circunstancias sólo quedaron beneficiando pequeñísimos filones, muy discretamente trabajados, los "gambusinos'" y los "güirises", formando en realidad un patrimonio familiar de alguna monta, pero no una fuente de riqueza naciónal.

Fue el gobierno reformista y visionario del Doctor Soto el que reabrió el capítulo minero en Honduras. Se ha acusado al Dr. Soto de haberse enriquecido con este renglón, pero debe considerarse que su capital personal no provino de las arcas naciónales, sino de sus acciones como socio de una fuerte empresa minera establecida en el país. Si bien se ve, ¿cómo podía enriquecerse el Dr. Soto extrayendo del fisco hondureño tan gruesas sumas de dinero? En un país en donde no había orden fiscal, carente de ingresos y urgido de inversión pública, ¿de dónde podían sacarse miles de pesos para hacerlos ingresar al capital privado del Presidente? Hay que ser realista y no acusar impunemente a Soto.

Por razones bien conocidas el Gobierno tuvo que buscar en el extranjero el capitalista que estuviese interesado en invertir para explotar un renglón tan productivo como la minería. Pero no fue fácil encontrar esos capitalistas; el Gobierno se vio precisado a desplegar una campaña muy activa en los periódicos norteamericanos, especialmente de New York, anunciando los incentivos que estaba dispuesto a conceder al capital extranjero que invirtiera en esta empresa; José Martí fue uno de los más encendidos escritores que plantearon en Norte América los propósitos del Gobierno de Honduras, al igual que lo hacían aquí en los periódicos naciónales el Dr. Don Adolfo Zúñiga, el Dr. Ramón Rosa, el Dr. Rómulo E. Durón y tantos otros hombres importantes que rodeaban a Soto y que tenían fe en que las minas vendrían a ser un renglón fiscal de alguna significación.

El Dr. Soto hizo en el siglo pasado, lo que en este siglo hacen todos los gobiernos: invitar al capital extranjero para que invierta en Honduras y con más visión que éstos, no quiso solicitar ni un solo préstamo, quizá por lo desastroso que había resultado al Presidente General Medina, el empréstito para la construcción del ferrocarril interoceánico. Soto emitió un Código de minería con atractivos para el inversionista sin dejar de considerar lo que debería entrar en las arcas naciónales por concepto de impuestos. El Gobierno tuvo que dar concesiones a las compañías mineras, al igual que se han dado concesiones a las bananeras y a otras empresas de capital mixto que se asientan en el país en nuestros días. Y esto no es extraño, ni raro, ni censurable; el ciudadano que va a invertir en un negocio, antes de sacar el dinero, revisa las seguridades de su inversión. ¿Quién presta dinero a interés sin garantía hipotecaria? ¿Qué prestamista o qué Banco invierte su dinero sin cobrar el interés o tener garantía de su inversión? Esto es así porque es el juego aceptado universalmente.

Pero, con el propósito de hacer más clara la conducta del Gobierno de Honduras presidido por el Doctor Soto en lo que se refiere al renglón minero, vamos a transcribir algunos párrafos del importante trabajo de Tesis del Doctor Kenneth V. Finney, intitulado "Precious

Metal Mining and the Modernization of Honduras: in quest of El Dorado".

El trabajo de Finney publicado en 1973 es muy poco conocido en Honduras por lo que consideramos de importancia darlo a conocer en algunos de sus párrafos; a la vez, nosotros hemos intercalado algunos comentarios y acotaciones que juzgamos necesarias. Para quien quiera conocerla en toda su extensión, puede solicitarla en microfilm en la Biblioteca de la Universidad Naciónal Autónoma de Honduras, Colección Hondureña, Finney dice:

"El Presidente Provisional Marco Aurelio Soto, en su discurso a la Sesión Especial del Congreso el 27 de mayo de 1887, claramente refleja, la declinación de la minería. Habiendo hecho exilar a sus rivales en la arena política, este "caudillo liberal" decidió implantar el orden del caos resultante de casi medio siglo de guerra civil y anarquía. En este discurso, esbozó los detalles de su política económica. Habló en detalle acerca del comercio, plantaciones de tabaco y haciendas ganaderas, pero no mencionó la minería. (Gaceta de Honduras, 20 de junio 1877, pp. 3—4).

Quince años más tarde, ni Marco Aurelio Soto ni muchos de sus contemporáneos hondureños podrían haber omitido la industria minera en una discusión de la economía del país. Entre 1880 y 1900 Honduras experimentó un auge minero de considerables dimensiones que rehízo su configuración económica dentro de un modelo similar al que había obtenido en el período colonial. El oro y la plata eclipsaron a la ganadería y al corte de maderas y temporalmente superó el cultivo del tabaco y los embarques de fruta como el principal producto de exportación de Honduras. Gambusinos y mineros procedentes de los Estados Unidos y sus territorios especialmente los de Nevada, Colorado, Dakota y California, de Inglaterra, Francia y aún Alemania recorrieron las faldas montañosas de la vertiente del Pacífico y las frías aguas auríferas de Olancho, cada quien buscando su Dorado.

Marco Aurelio Soto dio el primer paso para revitalizar el sector minero emprendiendo una campaña periodística poco después de ascender al poder. El periódico La Paz, en una serie de editoriales reprendía a los capitalistas locales por permitir que las doradas oportunidades naciónales se les escaparan de las manos. Los editores invariablemente escogían a la industria minera como el tema con el cual denunciar las viejas formas y para exaltar los nuevos métodos que se desarrollaban en el exterior. Su selección de la minería no puede ser atribuida a una escogencia al azar por parte de periodistas ocupados, sino más bien a su firme convicción de que el destino económico de Honduras descansaba en la minería de oro y plata. En más de una ocasión afirmaron que sólo los metales preciosos ofrecían suficientes atractivos como para atraer a los capitalistas y obreros especializados de Norte América y Europa.

Finney habla de que un Pantaleón Collier, quien residía en Yuscarán, organizó una compañía accionista, denominada Sociedad Minera de Yuscarán, en marzo de 1878. "Debido a que la Ordenanza de la minería (el código minero que había retenido Honduras después de la Independencia) no incluía la capitalización corporativa, el Presidente Soto emitió una dispensa especial bajo la cual esta compañía podía ser formada". (Gaceta de Honduras, 24 de marzo 1878, p. 2. Gaceta de Honduras 30 de marzo, 1878, p.4. Este incidente probablemente atrajo la atención de Soto a los inconvenientes de las regulaciones hondureñas referentes a la minería y lo estimularon para buscar su reforma inmediata).

Los editores de La Paz entusiastamente respaldaron esta nueva compañía minera. La alta calidad de los accionistas, afirmaban, aseguraba el éxito de la empresa (La Paz, 24 de Marco Aurelio Soto y la Reforma Liberal de 1876 marzo, 1878, p.2). Los accionistas incluían a muchos prominentes hondureños. Abelardo Zelaya era un comerciante hondureño, dueño de haciendas y magnate minero de primer orden. Sirvió como Ministro de Hacienda bajo el Presidente Soto y Bográn. Daniel, Alecio, J. Camilo y Simón Fortín eran todos los miembros de una familia de élite de Yuscarán. Daniel fue el Gobernador en el Departamento de El Paraíso por muchos años. Mónico Córdova fue un destacado comerciante y Alcalde de Yuscarán. El mismo Soto era el principal accionista. (La Paz, 31 de diciembre, 1881, p.4).

El Señor Finney afirma que la compañía sólo tuvo un éxito moderado debido a que los accionistas no pagaban sus cuotas en forma regular. Sin embargo, los directores declararon varios pequeños dividendos antes de que la compañía fuera legalmente disuelta en 1884. La Paz, 25 de agosto, 1878, p. 1; 1 de setiembre, 1878, p. 2; 8 de diciembre, 1878, p. 2; 2 de marzo, 1879, pp. 2—3; 6 de marzo de 1880, p. 4; 3 de julio, 1880, p. 2; 14 de diciembre, 1881, p. 4).

Los editores excitaban a la compañía a que se hiciera propaganda a sí misma y a Honduras en San Francisco y New York enviando muestras de oro y a gente experta y que trajera a un reconocido ingeniero de minas para que produjera resultados favorables (24 de marzo, 1878, p. 1. La Paz).

El Presidente Soto inmediatamente comprendió los méritos de la sugerencia hecha por el periódico. él ya estaba convencido de que la industria minera podría revitalizar la economía hondureña, y los reportes de especialistas extranjeros traídos para analizar y reportar sobre el potencial minero de Honduras podía atraer asistencia extranjera (La Paz, 25 de agosto, 1878, p. 1).

A mediados de 1878, aún amigo de Soto, Roderico Toledo, hizo un viaje a New York para establecer una línea de vapores en la Costa Norte de Honduras. The New York and Honduras Company, The New York and Honduras Company Incorporated Under the Laws of Connecticut (New York: Beadle and Broun, 1879); Gaceta de Honduras 13de mayo, 1879, p. 1).

Soto comisionó a Toledo para que contratara varios técnicos para el Gobierno. Entre otros, Toledo contrató a Reinholt Fritzgartner como Comisario Hondureño de Minería. Fritzgartner era un minerálogo y geólogo prusiano que tenía títulos de la Universidad de Tubingen (Wurttenberg), la Escuela Politécnica (Stuttgart) y la Escuela de Minas de Freiberg. Fritzgartner inició sus deberes tan pronto como llegó a Tegucigalpa. Realizó una inspección capital. Para mediados de 1879 había reunido una exhibición minera en la capital, lo que se constituyó en una atracción local La Paz, 4 de agosto, 1878, p. 4).

El Presidente Soto pronto brindó a Fritzgartner con una audiencia más amplia para su exhibición mineral. Honduras había sido invitada a participar en la Exposición Universal celebrada en París en 1878. Soto envió a Luis Bográn, entonces Gobernador Político del

Departamento de Santa Bárbara, para que representara a Honduras en la Exposición de París. La Paz, 12 de mayo 1878, p. 2). Gaceta de Honduras, 15 de mayo, 1878, p. 2; Carta del Ministro de Gobernación a Nicolás Bográn, 8 de mayo, 1878, en Archivo Naciónal de Honduras, Ministerio de Gobernación, Libro 82, Notas del Ministerio de Gobernación (1878—1880).

La principal misión de Bográn en París era refinanciar el Ferrocarril Interoceánico. El viaje a París fue anterior al renacimiento del interés minero en Honduras.

La idea de darle publicidad a los recursos naturales de Honduras a través de una exhibición de feria capturó la imaginación del Presidente Soto. Poco después de que Bográn se embarcó para Europa, el Presidente anunció planes para la Primera (y única) Exposición Anual Hondureña. Se circularon órdenes a todos los gobernadores departamentales para enviar a Tegucigalpa muestras de depósitos minerales, productos agrícolas y forestales y muestras de artesanías locales. (Gaceta de Honduras, 15 de junio, 1878, p.3).

Los directores de la Feria nombraron a Fritzgartner para que se encargara de la sección geológica y mineralógica de la exposición (La Paz, 16 de setiembre, 1878, p. 4). Su selección probó ser afortunada, ya que Fritzgartner tuvo éxito en atraer a Julius J. Valentine. Julius J. Valentine y sus cuatro hijos, Ferdinand C., Washington S., Louis y Lincoln, habían operado un negocio de exportación—importación alrededor de la ciudad de New York hasta que el desastre del mercado en la mitad de la década de los setentas hizo que su compañía quebrara (Carta de Edith Valentine a William A. Prendergast, 30 de noviembre 1944, New York and Honduras Rosario Mining Company, Archivo de la Compañía, Sección Gordon). Entre los técnicos que Roderico Toledo contrató en su visita a New York en 1879estaba el Dr. Ferdinand C. Valentine, contratado como el intérprete y traductor oficial del Gobierno, quien de común acuerdo también prestaría sus servicios médicos al ejército hondureño por su sueldo mensual de cien pesos (Gaceta de Honduras, 15 de agosto, 1878, p. 3).

Ferdinand hizo el viaje a Honduras vía Panamá acompañado por su padre, madre y cuatro sirvientes. Julius J. Valentine vino para evaluar la posibilidad de establecer un banco de descuento e intercambio en Honduras. (La Paz, 30 de junio, 1878, p. 4). El encontró el clima social y político de Honduras muy receptivo para los empresarios norteamericanos. Casi tan pronto como los neoyorquinos llegaron a Honduras, se encontraron incluidos en las actividades sociales de la pequeña élite de Tegucigalpa...Julius, por supuesto, no tuvo problema en enlistar el apoyo del Presidente Soto para su esquema bancario una vez que hubo penetrado este estrato superior de la sociedad hondureña (La Paz, 30 de junio,1878, p. 4). Poco después de la llegada de los Valentine, el Presidente Soto inauguró la Primera Exposición Anual Hondureña de Tegucigalpa. Los directores de la feria solicitaron a Julius y Ferdinand que sirvieran como miembros de los jurados (lbid, 16 de setiembre, 1878, p.4). Aquí los Valentine se asociaron con el Dr. Fritzgartner, y pronto los convenció de que su futuro se encontraba en las minas de Honduras (New York and Honduras Company, pp. 20—23). Estas páginas de este folleto que promovía la compañía de vapores de Roderico Toledo contienen una carta de Ferdinand C. Valentine a Toledo que fue publicada como un testimonio del potencial exportador de Honduras. Julius calladamente olvidó su plan para fundar un banco en Honduras y empezó a inquirir acerca de depósitos minerales promisorios en la vecindad.

Talvez no era coincidencia que el Presidente Soto y su primo, Enrique Gutiérrez, poseyeran una mina llamada Rosario, situada cerca de San Juancito, una corta distancia norte y este de Tegucigalpa. Soto y Gutiérrez de tiempo en tiempo habían hecho trabajar la mina empleando técnicas primitivas, pero ahora deseaban entrar en un arreglo para explotarla seriamente. Así, cuando Julius regresó a New York, llevó consigo una colección de muestras extraídas de la Rosario, testimonio de las riquezas de la mina descritas por Fritzgartner y una comisión de Soto para formar una compañía para trabajar la mina. (The New York and Honduras Rosario Mining Company, Annual Report, 1879). De regreso en Manhattan, Julius Valentine contactó varias familias moderadamente ricas de New York y las invitó para que se le unieran en abrir la mina Rosario. Acordaron otorgar suficiente dinero para investigar las perspectivas de la mina (New York Honduras annual Report (1879), p.33). Con este dinero,

Julius contrató a Charles Otto Wederkinch y lo envió a Honduras para examinar la mina a cabalidad. (Ibid, p. 6. Kenneth H. Matheson, "History of Rosario Mining, Honduras, Central America, "The Mines Magazine (junio, 1961), pp. 35—36).

Wederkinch viajó a Honduras, examinó la Rosario y regresó con un reporte altamente favorable. Sobre la base de este reporte, Julius y sus amigos se reunieron el 18 de noviembre de 1880, para incorporar la New York and Honduras Rosario Mining Company. El recién electo Consejo de Directores envió a Wederkinch de regreso a Honduras con $ 750.000 en acciones de diez dólares para negociar con los propietarios Soto y Gutiérrez para el título de la Rosario. Wederkinch fácilmente obtuvo el título y pronto regresó a New York. El Consejo lo nombró Superintendente de los trabajos de la compañía en San Juancito y lo enviaron de nuevo a Honduras vía San Francisco con algunos mineros y algo del equipo minero requerido.

El Presidente Soto, como principal accionista de la compañía lo que demuestra el documento reproducido en la Revista Ariel de junio 1973, p. 23—24, que dice: "La mina del Rosario pertenecía al Presidente Soto y el General Gutiérrez, de Honduras, pero, recientemente, una Compañía ha tomado parte en ella, con arreglo a las leyes del Estado de Nueva York... La mencionada Compañía quedó organizada el 2 de diciembre, en la forma siguiente: Presidente, Mr. W. T. Mavem, comerciante; Vicepresidente, Mr. Isidoro Valentine, banquero y corredor; Tesorero, Mr. B.E. Shong; Secretario, Mr. Jean P. Kraner. El capital de la Compañía, es de 1.500.000 dividido en 150.000 acciones de a 10 cada una, estando suscritas ya más de dos terceras partes de las que se han ofrecido en venta", también trató de sostener la compañía durante la crisis provocada por la muerte de Wederkinch. Ofreció a su asistente, H.W.M. Cole, asistencia técnica basado en su experiencia con la mina y ayudó a levantar la moral de los hombres de la compañía de otras formas (La Paz, 1o. de junio, 1881, p. 4).

Soto otorgó a la Compañía las siguientes exenciones por un período de veinte años, o sea hasta 1900: 1) respecto a impuestos sobre maquinaria, equipo o materiales necesarios para las operaciones diarias de un campo minero; 2) impuesto de exportación sobre los minerales; 3) todos los impuestos municipales y naciónales de cualquier tipo. (La Gaceta, 29 de julio, 1877) "En 1897, el Secretario de Hacienda de Honduras descubrió que el Presidente Soto había descuidado el publicar esta exención de impuestos en el periódico oficial tal como es requerido por ley. Fue publicada diez y siete años más tarde como una curiosidad".

La racionalización de Soto para esta exención de impuestos es de alguna importancia. El escribió en el prefacio a la concesión que la minería "si ejercitada conforme los principios de la ciencia y usando técnicas eficientes, formará un elemento de verdadera riqueza para la República". Debido a que esta compañía "es la primera que se ha organizado en el exterior con e objetivo de explotar nuestras minas" y "el buen éxito de esta compañía en la actividad que va a iniciar podría ser los medios de formar nuevas compañías extranjeras dedicadas a trabajar varias otras minas de este país", encontró que era su deber "prestarle todas las facilidades posibles con el fin de que no encuentre obstáculos que podrían impedir la organización de sus trabajos". (La Gaceta, 29 de julio, 1897, pp. 316—317).

El claramente esperaba atraer inversiones adicionales de capital a las minas hondureñas asegurando el éxito de "El Rosario" como la compañía llegó a ser conocida.

Dos años más tarde Soto demostró que su posición pro— capitalista no surgía de un estrecho interés propio (en el sentido de que brindó favores sólo a compañías en las que tenía considerables inversiones). El 18 de noviembre de 1882, extendió todos los privilegios otorgados a la New York and Honduras Rosario Company a cualquier establecimiento minero "formal" que operara en el país. (La Gaceta, 8 de diciembre, 1882). Además de exonerar a las compañías de cualquier tipo de impuestos, del acuerdo otorgábales derechos de requisición de madera y agua. A su vez les imponía varias obligaciones; no podían vender los artículos sujetos a impuestos que importaran bajo la exención; tenían que construir bodegas seguras para el almacenamiento de pólvora; y tenían que registrar su compañía con el Gobernador Político cada cuatro meses. El propósito detrás de la disposición de registro no es hecha explícita en el acuerdo, pero el intento era probablemente de proveer al Gobierno con estadísticas. En todo caso esta cláusula no fue aplicada.

El Presidente Soto, mientras tanto, había tomado otra acción importante conductiva a estimular la formación de compañías mineras en larga escala. La formación de la Sociedad Minera de Yuscarán, el interés de los Valentine en la mina de El Rosario; y el inicio de varios otros proyectos mineros condujeron a Soto para comisionar un código minero completamente revisado. El nuevo código minero hondureño, que entró en vigencia el 1o. de enero de 1881, erradicó muchos obstáculos a la minería moderna (esto es, de finales del siglo diez y nueve) que estaban inherentes en la vieja legislación española contenida en las Ordenanzas de la minería. El nuevo código, sin embargo, no era una pieza original de legislación.

Adolfo Zúniga, Jerónimo Zelaya y Carlos Alberto Uclés, que redactaron el código, se basaron bastante en el Código Chileno de Minería de 1872 y en menor grado en los códigos mineros Francés y Belga. Esta codificación sirvió para regularizar las operaciones de las pocas empresas mineras activas y para proveer un ambiente legal favorable para atraer capital adicional y mineros extranjeros a Honduras.

En su forma acabada, el código contenía diez y ocho títulos substantivos de los cuales en los primeros nueve señalaban formas y medios de obtener posesión de una mina y sus accesorios. "Una parte principal de esta sección establecía las condiciones bajo las cuales el título a una mina podía prescribir y pasar a otro minero. De acuerdo a esta sección, el Gobierno esperaba que los mineros trabajaran sus minas en vez de especular con ellas. Los títulos 10 al 14 trataban sobre condiciones de trabajo, estableciendo guías salariales y estableciendo condiciones utópicas de trabajo. El resto de los capítulos —quince al diez y ocho—establecían las regulaciones del aspecto corporativo y de negocios de la minería de conformidad con los arreglos de capital del siglo diez y nueve, estableciendo provistos para corporaciones, hipotecas e innovaciones similares en los negocios.

El código es breve. En su totalidad abarca solamente algunas treinta páginas. Zúñiga, Zelaya y Uclés explicaron que creían prudente el dejar la mayoría de la legislación específica referente a la industria minera a la "discreción prudente del poder ejecutivo" Código de minería, pp. III—V). Por lo tanto, ellos no intentaban elaborar un código minero comprensivo. Como será visto, los Ejecutivos Hondureños encontraron amplia oportunidad de usar este poder discrecional para intentar estimular la industria minera.

Mientras el Presidente Soto y sus funcionarios se ocupaban de eliminar cualquier impedimento legal que pudiera poner en peligro la naciente industria minera, unas pocas compañías mineras, ampliamente dispersas, empezaban la siempre formidable misión de establecer un campo minero operativo. El Cónsul Francés en Honduras, Francois Gaubert, interesó a algunos de sus compatriotas en las minas de oro que había comprado en fecha anterior cerca de Santa Cruz, Departamento de Santa Bárbara, Gaubert formó la Societe Anonyme des Mines de Santa Cruz. La compañía francesa fue de crisis en crisis casi sin ser observada por el resto del país. Los franceses nunca realmente resolvieron los problemas técnicos de propulsar sus trabajos, ya que localizaron sus molinos demasiado lejos del Río Chamelecón que cruzaba cerca de su mina para utilizar el poder del agua. También encontraron severa escasez de mano de obra.

Finney establece que la compañía (Rosario) envió a New York un poco menos de dos mil dólares y medio de lingotes de oro y plata en 1882. El año siguiente, el valor del mineral enviado se quintuplicó a casi $ 13.000 pero aún el énfasis era aún en desarrollo, no en producción. Sin embargo, el siguiente año, la compañía empezó la producción en serio: mineral por valor de casi $ 150.000 llegó a New York procedente de San Juancito. (Lozano, Julio. La Industria Minera en Honduras, p. 13). A pesar de sus responsabilidades como superintendente de la Rosario Company, Thomas R. Lombard inició actividades mineras independientes. Después de ocho meses de haber llegado a Honduras, Lombard le solicitó a Soto el que le otorgara título a seis de las más famosas minas coloniales localizadas en Yuscarán: Comunidad, Guayabillas, Sacramento, Santa Cruz, San Miguel y Flores. La concesión otorgada a Lombard le otorgaba propiedad provisional de las seis minas y sus accesorios por el período de dos años. El Título permanente a las minas dependía de que organizara por lo menos una compañía y empezara la explotación de una de sus minas. Soto también le concedió los mismos privilegios impositivos "otorgados a la New York and Honduras Rosario Mining Company". (La Gaceta, 31 de mayo, 1882).

En septiembre de 1882, Lombard fundó la Yuscarán Mining Company con un capital nominal de $ 5.000.000 para operar la mina Comunidad... Lombard convenció a Soto de que Honduras necesitaba una "organización sistemática" en la forma de "un sindicato de caballeros americanos, con el principal objetivo de abrir los distritos mineros", pero sin miedo de aprovechar otras oportunidades industriales que pudieran surgir. (Lombard, Thomas Russell, The New Honduras: Its Situation recurces, opportunities, and prospects concisely stated from recent personal observation. Chicago, Brentano's, 1887, pp. 89—92). Lombard pronto formó el Central American Syndicate con el Presidente Soto como Presidente y Lombard como el Representante Hondureño. Fusionó su Yuscarán Mining Company bajo este Sindicato y se preparó para empresas aún mayores.

Alrededor de mediados de 1883, Lombard obtuvo una concesión sumamente extraordinaria, aún para los niveles hondureños. Lombard recibió permiso para establecer "molinos" a gran escala para procesar minerales en los departamentos de Tegucigalpa, El Paraíso y Choluteca. Se le otorgó además un monopolio por quince años para procesar todos los metales producidos por empresas mineras que no contaran con facilidades para procesar sus propios minerales. Esta disposición, de haberse implementado, hubiera eliminado todos los molinos procesadores que no fueran los del Sindicato. También, las compañías formadas por Lombard para implementar las concesiones otorgadas iban a disfrutar de la acostumbrada exención de impuestos. Cuarto, Lombard, podía reclamar todas las minas descubiertas por los agentes de las compañías procesadoras y de reducción que él formara. Además, Lombard podía reclamar cinco minas abandonadas en los departamentos de Tegucigalpa, El Paraíso y Choluteca. Quinto. las compañías tenían la prerrogativa de exigir cualquier tierra que pudiera ser necesitada para la construcción de los molinos. Sexto, la concesión abolía todos los cobros por servicio de muelle para los barcos usados para traer a Honduras los materiales necesarios para construir los molinos. Séptimo, Lombard adquiría el derecho de patentar todo equipo introducido en el país para uso en los molinos. Y finalmente, el Sindicato Centroamericano tenía la obligación de establecer, dentro de un año a contar de la fecha de publicación de la concesión, el primero de los tres molinos en el Departamento de El Paraíso, dentro de dos años otro en el Departamento de Tegucigalpa, y dentro de tres años el tercero en el Departamento de Choluteca. Mientras tanto, sin embargo, de surgir una demanda importante en alguno de los tres departamentos mencionados y si los mineros congregados alrededor de este nuevo centro minero solicitaran una planta procesadora, el Sindicato estaba obligado a establecerlo y si fallaba en hacerlo el Gobierno estaba en libertad de autorizar a cualquier otra empresa para establecer tal molino, pero hasta en tanto, cualquier otra persona e intereses estaban estrictamente prohibidos para procesar minerales en los tres departamentos (Gaceta de Honduras, 24 de julio,1883, p.3).

"Los detalles de esta concesión han sido mencionados en detalles para mostrar la magnitud de la empresa proyectada por Lombard y la generosidad de la Administración Soto". (Gaceta de Honduras, 14 de agosto, 1883, p.3;16de agosto, 1886, p. 4; 23 de agosto, 1886, p. 3).

Finney afirma que Miguel Luis Aguilera, refugiado cubano que había adoptado la naciónalidad norteamericana, recibió de Soto una concesión sobre la mina Boquín cerca de Salamá, Olancho, a mediados de 1882. En noviembre formó la Chicago Honduras Mining, Milling and Commercial Company, con un capital nominal de $ 3.000.000. También obtuvo concesiones en Mangulile en el Departamento de Colón y en Vijao en Olancho. Ninguna de estas compañías obtuvo resultado concreto, aunque la Chicago Honduras Mining, Milling, and Commercial Company hizo un esfuerzo serio para explotar la mina Boquín pero el fraude, la enfermedad, y otras dificultades empantanaron la empresa.

"Algunos meses antes de dejar la Presidencia, el Presidente Soto dirigió su mensaje anual al Congreso Hondureño. Al contrario de su discurso de 1877, el de 1883 dedicó atención considerable a la industria minera. Recomendó a los diputados presentes que "la minería debía ser nuestra principal industria naciónal". Esta industria, dijo, ya no significaba un juego riesgoso, gracias al progreso de la ciencia y la ingeniería. Los desarrollos modernos la habían transformado en una sólida inversión comercial. Pero señaló que "esta industria estando casi moribunda en nuestra República, no podría revivir por sí misma ni llegar a ser robusta usando únicamente recursos locales. El capital local disponible a los empleados en las minas era por entero demasiado escaso, y las técnicas seguidas eran anticuadas y obsoletas". (La Gaceta, 2 de marzo, 1883, p. 1).

Soto indicó a los diputados de los medios por los que creía Honduras podía superar este obstáculo a su progreso. Seis compañías extranjeras, respaldadas por un capital nominal de $ 213.000.000 había sido formado para operar las minas de Tegucigalpa, Yuscarán, Santa Bárbara y Juticalpa (Finney afirma que por la información que ha acumulado, había siete y no seis compañías mineras, operando en Honduras). Estas compañías y su capital nominal eran las siguientes:

1.New York and Honduras Rosario Mining Company	$ 1.500.000
2. Yuscarán Mining Company	$ 5.000.000
3. Republic of Honduras Campbell Re—ducton Company	$ 10.000.000
4. Chicago Honduras Mining, Milling, and Commercial Company	$ 3.000.000
5. Olancho Syndicate Limited	$ 2.000
6. Honduras Mining Syndicate	$ 2.000
7. Societe Anonyme des Mines de Santa Cruz (en francos)	4.000.000

(Ver Gaceta de Honduras, 2 de marzo, 1883, p. 1).

"Soto y sus sucesores pusieron gran fe en la habilidad de generosas concesiones para atraer empresarios extranjeros e inducir un auge minero".

Finney sostiene que los problemas de Soto con Barrios se debieron al liderazgo de la proyectada Unión Centroamericana, "y Barrios lo obligó a renunciar a principios de 1883". En los días anteriores a su marcha, el Congreso le otorgó poder irrestricto para negociar un arreglo de la deuda naciónal, y, entre otras cosas, otorgar concesiones mineras. En 1885, sin embargo, el Congreso se retractó y "declaró nulos todos los contratos negociados por el Dr. Soto en New York". Los diputados tomaron esta acción debido a que las compañías habían fallado en sus obligaciones contractuales, pero la acción tiene todas las características de un ataque personal al ex—Presidente por la Administración Bográn y el nuevo Congreso". (Gaceta, 15 de abril,1883, p.1; 27 de julio, 1885, p. 4).

El sucesor de Soto, Luis Bográn, aceleró el auge minero con todos los medios a su alcance. Por ejemplo, bajo su lema no oficial de "Paz, Progreso y Caminos" Bográn completó varios proyectos de construcción de caminos tales como la terminación de la carretera del Sur empezada bajo Soto. En realidad fue concluida durante la Administración Sierra. Bográn pudo haber hecho más de no haber sido por los intentos del ex—Presidente Soto de derrocarlo. Vez tras vez expediciones filibusteras que se alegaba financia das por Soto zarparon de New York, Charleston o New Orleans. (La República, 1 agosto, 1885, pp. 1—2; julio 24,1886, p.2). p. 30—31 Tesis).

Finney cita un despacho de Daniel W. Herring, Cónsul de Estados Unidos en que reportaba al Departamento de Estado que Bográn había apropiado 35.000 dólares "para la apertura de caminos de tierra, pero la mencionada cantidad será necesariamente aplicada a la defensa del país contra los esquemas revolucionarios del Sr. Soto". (p. 31). También afirma Finney que como Bográn no tenía más alternativa que seguir las políticas de Barrios y sus intentos de unión forzosa, "estos intentos unionistas gastaron fondos muy necesitados en una aventura militar no fructífera".

Finney sostiene que Bográn liberalizó algunas de las obligaciones de las compañías mineras escritas en el Código de minería emitido durante la administración Soto (p.32) "la más importante de estas liberalidades extendía el período en que una compañía podía dejar su mina no operativa sin peligro de que fuera declarada legalmente abandonada (Código de Minería de 1885, p. 10, pie de página 1 y 2).

CAPÍTULO 8: LA IMPORTANCIA DE LAS CARRETERAS

- Política de Infraestructura
- Caminos
- Vía Férrea
- Transporte Marítimo
- Correo
- Telégrafos
- Cables

Los formidables obstáculos impuestos por la orografía hondureña han constituido siempre un obstáculo importante para la integración y desarrollo del país. Eso explica parcialmente nuestro retraso y falta de constitución de un verdadero mercado naciónal. Ese valladar también ha afectado la formación de un efectivo sentimiento de pertenecer a un país y a un ente colectivo.

Soto y Rosa estaban compenetrados de lo que la geografía hondureña significaba como factor importante en el proceso de modernización del país. En circular dirigida por Ramón Rosa a los distintos Gobernadores Políticos del país en 1876, los excitaba para que en su carácter de Inspectores de las vías de comunicación de sus respectivos departamentos supervisaran que las Municipalidades se ocuparan de conservar, reparar y mejorar los caminos. La circular incluía numerosas razones que justificaban no sólo la vigilancia que debían ejercer los Gobernadores Políticos sino también la labor de concientización que debían realizar:

"Honduras, sin buenos caminos, a pesar de sus valiosas riquezas naturales no puede tener agricultura, industria ni comercio, no puede ser un país organizado y rico, y no siéndolo sus habitantes considerados individualmente, o formando Nación, no podrán tener verdadera independencia y libertad... para sacar a esta República de su tradicional abatimiento, causado en su mayor parte por la falta de vías de comunicación, sin las cuales Honduras no pueda aprovechar por sí su grandes recursos naturales, ni tener inmigración que le proporcione brazos, capitales, hábitos de trabajo, enseñanza práctica de las artes y de las ciencias, y usos de la vida civilizada de que tanto necesitan nuestros pueblos para despojarse de sus viciosas costumbres coloniales".

En su primer mensaje como Presidente Provisional, en 1877, Soto esbozaba los procedimientos administrativos que tomaría el nuevo gobierno para la construcción y mantenimiento de caminos: La Secretaría de Fomento tendría a su cargo exclusivo la dirección superior de construcción y mejora de caminos y las municipalidades por su parte se encargarían de la reparación y mejora de sus respectivos caminos vecinales. Los ingresos por concepto de contribución de caminos ingresarían a las rentas del Estado para así formar un fondo anual del cual pudiera disponer la Secretaría de Fomento.

Por acuerdo de 28 de noviembre de 1877 se estableció una subvención de fomento consistente en un 10% sobre los derechos de introducción. Hasta el 31 de julio de 1878 esa subvención había producido la cantidad de $ 5.483.69 pesos. Como ya hemos anotado en capítulo anterior, el impuesto de 6% de alcabala terrestre fue suprimido, por constituir un obstáculo para el desarrollo del comercio.

Por decreto emitido en julio de 1881 se inició la apertura de la carretera del Sur para facilitar la exportación de minerales de la zona central y para estimular el comercio de importación—exportación a través de Amapala, el que se designó como puerto mayor mientras que San Lorenzo quedó como puerto menor. Para 1883 se había construido hasta el Cerro de Hule, labor que no será finalizada hasta la administración de Sierra.

Como se ve, el gobierno del Doctor Soto tan interesado en el desarrollo agropecuario del país, tan dedicado a fomentar el patrimonio minero y los renglones de exportación, estuvo consciente de que para obtener los beneficios que se proyectaban, era indispensable formar lo que hoy se llama "infraestructura", consistente, esencialmente, en las comunicaciones. No se estilaba entonces hacer "estudios de factibilidad" como actualmente y, por consiguiente, los dineros del Estado no se dilapidaban en el pago de grandes técnicos, de grandes cuadernos llenos de números, de cálculos, de trazos indescifrables adornados con una jerigonza de palabras difíciles que casi siempre nada significan pero que constituyen el mejor de los distintivos de la "técnica" que vienen a desplegar, con el asombro de los bocabiertos hondureños, el batallón de improvisados que nos facilitan "bondadosamente" los organismos internaciónales a que Honduras está afiliado, y que los suministran con tanta largueza quizá porque no son ellos, sino el lomo del pueblo hondureño, quien a fin de cuentas tiene que pagar con crecidos intereses, los dineros que los insustituibles "asesores extranjeros", se gastan por no hacer nada práctico.

Soto se rodeó de hombres valiosos naciónales y extranjeros para trabajar en la infraestructura del país; naturalmente que las exigencias no eran las mismas de hoy, ni los recursos ni las técnicas. Pero aquellos hombres como los ingenieros Emilio Montesi, el cubano Morel, el gringo Mr. Mayes, el Ing. Federico Fiallos, eran graduados en buenas universidades europeas, y sabían bien cuales eran las necesidades y los recursos de Honduras. Ellos se dedicaron a trabajar con interés, utilizando la carretilla, el pico, la barra y la pala y a ratos la dinamita para horadar la entraña de nuestras tremendas montañas. A Soto y su grupo de ingenieros se debe el primer trazo y apertura de la carretera a San Lorenzo; el trazo del nuevo camino entre Comayagua y Tegucigalpa y entre Comayagua y La Pimienta. Vale decir que las obras se concretaron a la ampliación y rectificación de los viejos caminos vecinales y de las veredas y rutas de herradura por las que se trajinaba desde tiempo inmemorial.

No podía hacer caminos de terracería y menos de asfalto; pero hizo vías transitables uniendo a la mayoría de los pueblos con las principales plazas de comercio; los caudales de nuestros ríos constituyeron un problema para la eficiencia de las comunicaciones: en algunos cruces se levantaron puentes de hormigón; buscando los pasos más estrechos y elevados y en otros se tendieron los puentes de hamaca que si bien eran incómodos y poco seguros, daban pagos a los peatones, mientras las cabalgaduras cruzaban a nado los va—dos de los ríos. La obra caminera del gobierno del Doctor Soto fue muy reducida; no dispuso de los bellos trazos y la agradable apariencia de las rutas modernas; pero todo llega a su tiempo, y el de Soto, no era el de asfalto ni el automóvil; era el de las obras entre malezas y pendientes, el de la carreta y la recua de mulas. Nadie puede adelantarse a su época; todo ha de realizarse en el tiempo en que se vive. Y esto no es ser fatalista.

El Ferrocarril Naciónal, construido durante la Administración Medina, representaba el intento de buscar un desembarque a las exportaciónes hondureñas con el floreciente mercado de Belice y en menor escala con el de La Habana. Su construcción fue posible, como en el resto de América, gracias a los préstamos otorgados por el nervio financiero del siglo XIX: los banqueros ingleses. La venalidad y la corrupción de los delegados hondureños, junto a una deficiente administración, hicieron que la deuda contraída fuera acumulándose y como es bien sabido no fue sino hasta la Administración Gálvez, a mediados de este siglo, que se terminó de cancelar definitivamente.

Cuando Soto asciende al poder, el Ferrocarril (que llegaba hasta La Pimienta) estaba arrendado a los empresarios Debrot y Kraft. El estado físico del mismo experimentaba un deterioro progresivo, lo que dificultaba y a veces inmobilizaba el comercio de importación—exportación. Por acuerdo emitido el 26 de diciembre de 1876, el Estado recobró el Ferrocarril, levantando un inventario de los edificios, máquinas y accesorios, nombrando además a los señores Mayes y Collier como Ingenieros para la conservación y reparación de la línea y al Gobernador Político de Santa Bárbara como Inspector de los trabajos y de la administración del tráfico. Para sufragar los gastos que todas estas actividades implicaban, se destinaron parte de los ingresos aduanales, sobre todo los de la Aduana de Omoa.

Soto admitía que "el negociado del Ferrocarril Interoceánico ha sido siempre el principal objeto de mis trabajos administrativos". El 25 de marzo de 1879 se celebró un contrato entre el Gobierno y Tos empresarios Juan J. Waterbury y Joseph L. Hance, ambos de naciónalidad norteamericana. El contrato contenía tres partes: 1°. Concesiones que había el Gobierno sobre el Ferrocarril Interoceánico, y compromisos de la compañía; 2°. Concesión para construir ferrocarriles adyacentes; 3°. Concesión para explotar varios minerales de la República. En el referido contrato se otorgaba a los concesionarios el derecho exclusivo de construir la vía férrea con sus correspondientes líneas telegráficas, a través del territorio naciónal, desde Puerto Cortés u otro punto de la Bahía de Honduras, a cualquier punto de la Bahía de Fonseca, en la Costa del Pacífico, con todos los ramales que se consideraran convenientes.

El ferrocarril sería de una sola vía, o de doble vía y del ancho que los concesionarios consideraran oportuno, no pudiendo ser de menos de tres pies y 6 pulgadas inglesas ni de más de cinco pies ingleses. Los concesionarios se comprometían a construir los muelles, diques, canales y demás obras necesarias para mejorar los puertos que sirvieran de extremos a las líneas ferrocarrileras, de modo que pudiera verificarse sin ninguna interrupción la carga y descarga de los buques. La concesión era por el término de noventa y nueve años pero pasados treinta el Gobierno podía hacer nuevas concesiones para que se construyera otro u otros ferrocarriles interoceánicos. Al expirar el término de noventa y nueve años, el ferrocarril y las líneas telegráficas que se hubieran construido, lo mismo que las estaciones, los trenes y los derechos de vía, pasarían a ser propiedad de la Nación.

Los trabajos debían de comenzar en marzo de 1883 y quedar concluidos en el término de cinco años, debiendo construir los empresarios anualmente, a satisfacción del Gobierno, por lo menos cuarenta millas. Los concesionarios se obligaban a arreglar la deuda contraída a partir de la Administración Medina. Los terrenos concedidos corresponderían, por mitad, al Gobierno y a la Compañía. También se concedía a los empresarios el derecho de explotar los minerales de Opoteca y otras minas que ellos escogieran. Tenían el privilegio de construir los ferrocarriles que comunicarían con la línea central las fronteras de El Salvador y Nicaragua y Tegucigalpa.

Como se ve, las concesiones otorgadas por la Administración Soto eran muy amplias y generosas. Su análisis no debe ser hecho a través de los criterios y valores de nuestra época, sino que debemos ubicarnos en la época y en las motivaciones que animaban a los estadistas latinoamericanos de fines del siglo en su afán de desarrollar sus países y economías dentro de una concepción capitalista en lo económico y positivista en lo ideológica. De no situarnos dentro de una perspectiva histórica careceríamos de la objetividad y la rigurosidad científica.

El lector podrá preguntarse si todas estas actividades se concretaron en algo tangible. Si bien los empresarios norte—americanos tomaron una serie de medidas iniciales, enviando un plano completo de la vía interoceánica, despachando a M.D.H. Snyder (sic) al puerto de Cortés para recibir la línea férrea ya construida e iniciar los trabajos más necesarios para su reparación, la salida de Soto del poder paralizó las actividades iniciales y no fueron continuadas por posteriores administración es.

El caos administrativo existente antes de ascender Soto al poder, se reflejaba en el hecho de que Soto, en su Segundo Mensaje al Congreso, en 1879, se vio forzado a admitir que "en los Archivos de la Nación no existen los principales documentos sobre las negociaciones del ferrocarril. El país no conoce documento alguno sobre las negociaciones relativas a esa empresa" .

El sueño de comunicar las costas del Caribe con las del Pacífico por medio de la vía férrea, sueño inicialmente germinado con Cabañas, continuaba vivo en Soto. "De mi sé decir que no pierdo la fe en las realizaciones de la grande obra del ferrocarril interoceánico".

Rómulo E. Durón afirma que la deuda inglesa pagada durante la Administración Soto fue de $ 50.000.00. El mismo autor afirma que en la reparación y sostenimiento del ferrocarril se invirtió la cantidad de $ 75.000.00, "que son una parte nada más de lo invertido en la reconstrucción del ferrocarril" .

En lo referente a navegación marítima y fluvial, la de cabotaje se realizaba por medio de goletas y balandros, muchas de ellas construidas en pequeños astilleros de las Islas de la Bahía. Se proyectaba introducir la navegación a vapor en los ríos Ulúa y Blanco, para lo cual el Gobierno de Soto celebró una contrata sobre canalización y navegación de esos ríos. Para estimular la navegación a vapor, se eximió a los buques movidos por vapor de derechos de puerto.

La navegación en alta mar utilizaba básicamente los puertos de Cortés en el Caribe y Amapala en el Pacífico (sobre todo este último) y en menor escala los de Trujillo y San Lorenzo. En el capítulo relativo a la minería ya se hizo mención de las actividades emprendidas por Roderico Toledo, a nombre de Soto, para establecer una línea de vapores en la Costa Norte.

Por decreto de 27 de abril de 1879, se establecía que el puerto de Omoa, fuera franco y de depósito mientras que Cortés quedaría únicamente como puerto de registro. Al otorgársele ese privilegio a Omoa se pensaba canalizar inmigración extranjera a través del mismo.

Con el objeto de asegurar la llegada de barcos a nuestros puertos, el Gobierno subvencionó la llamada "Línea del Pacífico" que tocaba Amapala, por entonces el puerto más activo comercialmente en Honduras; los barcos llegaban tres veces al mes con un itinerario fijo. En la Costa Norte, se le otorgó concesión al barco norteamericano de E. B.WARDS, que se obligó a atracar regularmente en Trujillo, Roatán, Iriona, Balfate y La Ceiba, para que los agricultores naciónales dedicados al cultivo del banano pudieran exportar el producto del puerto de Nueva Orleans, además de conducir pasajeros, correspondencia y cualquier otra carga de y para Honduras. Los buques de la Compañía Anglo—Francesa tocaban regularmente en Puerto Cortés.

Las anticuadas leyes de correos tenían que desaparecer con la reforma liberal del gobierno del Doctor Soto para ser sustituidas por una legislación más en concordancia con la época. En ese aspecto, una de las primeras providencias que se dictaron, constan en el siguiente decreto:

"MARCO AURELIO SOTO, Presidente Provisional de la República. Considerando: que las disposiciones vigentes en el Ramo de Correos, por su falta de uniformidad y por las emisiones que en ellas se notan, no son a propósito para satisfacer las necesidades del Servicio Público. Considerando: que las nuevas leyes que deben sustituir a las mencionadas disposiciones, no pueden algunas providencias particulares que remueven las dificultades que más se oponen al arreglo en el servicio de correos, y que a la vez sienten en la práctica las principales bases de una buena Administración; y, Considerando: que para atender debidamente a estos fines, es indispensable derogar las disposiciones vigentes en la materia, y adoptar de una manera provisional, las medidas que más urgencia reclaman al interés público con respecto al servicio de los correos, por tanto y en uso de sus facultades discrecionales, DECRETA:

Art. 1º.— Se derogan en su totalidad las leyes y disposiciones vigentes en el Ramo de Correos.

Art. 2º.— Se establece una Dirección General de Correos, y en las ciudades de Comayagua y Tegucigalpa se crean dos Administración es Centrales. La Dirección General, las Administración es Centrales y Departamentales tendrán sus respectivas atribuciones que les ordenará el Reglamento que oportunamente se emita.

Art. 3º.— En las localidades en donde no haya Administración es Especiales, la Administración estará a cargo de los Intendentes de Hacienda, quienes gozarán, lo mismo que los Administradores Especiales, de un 6% de la venta de sellos postales.

Art. 4º.— Queda enteramente separada la renta de correos de las rentas comunes de la República. En consecuencia, la Dirección General de Correos tendrá el manejo exclusivo de todos los caudales correspondientes a ese ramo, y los Administradores Centrales y Departamentales rendirán ante la misma Dirección sus respectivas cuentas.

Art. 5º.—La Tesorería General continuará siendo depositaria de los sellos postales de la República, pero sólo incumbe a la Dirección General de Correos y a los Administradores Centrales y Departamentales que estén bajo sus órdenes, la realización de dichos sellos postales. El Director General solicitará de la Tesorería las cantidades (determinando su clase) de sellos postales que fuesen necesitando, debiendo dar a la Tesorería un recibo con el Dése del Ministerio de Fomento y con la expresión de haberse tomado razón en la Contaduría Mayor.

Art. 6º.—Se autoriza la Guía Postal que se ha emitido para observancia general en el servicio de Correos, y se autorizan igualmente las tarifas y disposiciones que contiene dicha Guía, sobre sellos postales.

Art. 7º.— Cuando se necesiten fondos para llenar e presupuesto de la Dirección General de Correos, de las Administración es Centrales y Departamentales, la Tesorería General suplirá a la primera y las Intendencia de Hacienda suplirán a las segundas las cantidades requeridas con el expresado objeto; la Dirección General dará un recibo del suplemento a la Tesorería con el Dése del Ministerio de Fomento, y las Administración es darán el correspondiente recibo a la Intendencia respectiva, con el Visto Bueno del Gobernador Político del Departamento.

Dado en la ciudad de La Paz, a 31 de marzo de 1877, MARCO A. SOTO. El Secretario General, RAMÓN ROSA.

Por disposiciones del Presidente Provisional, imprímase y publíquese, ROSA".

El primer Director y organizador del Correo Naciónal fue el distinguido cubano don Tomás Estrada Palma que posteriormente fue Presidente de su país. Bajo su redacción y dirección fue publicada la Guía Postal de la República de Honduras, que contenía todas las explicaciones del funcionamiento de este servicio tan importante que fue el documento con el cual el Gobierno de Soto se adhirió a la Unión Postal Universal, ajustando las partes de las diferentes clases de correspondencia, señalando los países a los cuales y de los cuales Honduras podía enviar y recibir piezas postales, e indicando, en la referida Guía, todo el mecanismo para el uso del servicio por los particulares, por el elemento oficial así como la forma apropiada en que los empleados de correos deberían recibir, portear, manejar y entregar la correspondencia.

En el año de 1877 se abrieron seis líneas principales de correos y siete accesorias en el territorio naciónal. La correspondencia exterior se despachaba por vía Puerto Cortés y Amapala, y posteriormente por el puerto de Trujillo utilizándose los barcos que tocaban las costas hondureñas y con los cuales el Gobierno había celebrado convenios especiales o gozaban de las subvenciones correspondientes.

El Gobierno celebró una contrata con la casa impresora Waterloo & Sons de Londres, Inglaterra para la emisión de sellos postales de las distintas denominaciónes, colores y motivos.

Para el gobierno del Doctor Soto, era de una necesidad impostergable la organización del servicio telegráfico, pues si en materia de comunicaciones escritas sólo existía el correo de posta que se vio precisado a organizar bajo un sistema técnico, lo relativo a comunicaciones telegráficas era casi ignorado por los hondureños y sólo unos pocos ciudadanos "viajados" sabían de su existencia, Soto necesitaba para el desarrollo de su plan de gobierno, de buenas comunicaciones, de comunicaciones rápidas y seguras que además, ayudarían al desarrollo de la actividad comercial, al mejoramiento social y a la preservación de la paz y la seguridad pública.

En su Mensaje dirigido al Congreso Extraordinario de la República instalado en Comayagua el 27 de mayo de 1877, el Presidente Provisional decía: "Nuestra escasa población, y las considerables distancias que separaron a los centros administrativos y comerciales, hacen evidente, más que en cualquier otra parte, la necesidad de tener numerosas y buenas líneas telegráficas. He aquí porque mi Gobierno ha trabajado con perseverancia para establecer desde luego las líneas telegráficas de mayor interés, y preparar un establecimiento en todas direcciones. Tengo el gusto de participaros que de esta Capital a la Ciudad de La Paz, a la frontera del Salvador y la Ciudad de Tegucigalpa hay construidas ciento cincuenta millas de telégrafo, y que en las oficinas establecidas prestan sus servicios de la manera más satisfactoria los alumnos de la escuela de telegrafía, que en número de veinte, han sido enseñados y sostenidos por cuenta del Estado. El Gobierno además ha hecho los pedidos de los útiles correspondientes a la construcción de trescientas leguas de telégrafo".

En efecto, el 30 de diciembre de 1876, se organizó la Escuela de Telegrafistas bajo la dirección de don Ignacio Sarmiento, a ella concurrieron los jóvenes escogidos por los Gobernadores Políticos Departamentales (2 por cada Departamento), pues desde el 9 de octubre anterior, el Ministro General Doctor Ramón Rosa, había firmado el nombramiento del señor Eduardo P. Mayes, como Ingeniero del Proyecto de construcción de líneas telegráficas con sueldo de cien pesos mensuales y a don Jorge Collier como asistente, con sesenta pesos mensuales. Mr. Mayes, ciudadano inglés residente en Comayagua desde que se proyectaba el trazo del ferrocarril interoceánico, era un ingeniero graduado y procedió a hacer el trazo de las primeras líneas entre Comayagua y La Paz (cuatro leguas) y el de Tegucigalpa, Comayagua (24 leguas).

Los trabajos estuvieron a cargo del General don Agustín Aguilar, y en lo referente a la línea entre Tegucigalpa y Comayagua, se dividió en tres secciones así: Tegucigalpa, Protección; Protección Villa de San Antonio y Villa de San Antonio—Comayagua. El 7 de febrero de 1877, fue nombrado don Eusebio Toledo como Director de Telégrafos con el encargo de seguir las construcciones telegráficas. Se le asignó un sueldo mensual de cien pesos. Pocos días después, el 21 de febrero de 1877, se inauguró el servicio entre Comayagua y La Paz, ciudad en donde residía provisionalmente el Presidente, siendo los telegrafistas don Constantino Paz, en Comayagua y don Federico Borjas, en La Paz. La comunicación entre Comayagua y San Salvador, se inauguró el 18 de junio del mismo año, trasmitiendo efusivos mensajes entre el Doctor Soto y el Presidente salvadoreño Doctor Rafael Zaldívar.

Según refiere el señor Victorino Peña A. en la construcción de estas líneas tan importantes, colaboraron el General don Ricardo Streber, el Coronel Leonidas Lardizábal, y don Ricardo Suazo, además de ya mencionado General Agustín Aguilar que fue el contratista. La capital de la República no podía estar aislada del puerto principal en el pacífico, y así fue como el 3 de setiembre del 77 se inauguró la comunicación entre la capital y Amapala, obra que había construido el señor José Lamont, nombrado Superintendente. La línea entre la capital y Tegucigalpa, se inauguró solemnemente el 15 de setiembre del mismo año.

Los trabajos prosiguieron sin interrupción, de suerte que el 24 de abril de 1878, se inauguró el servicio entre Nacaome y Choluteca, el 2 de junio siguiente, el servicio hasta Santa Bárbara, y el 19 de febrero de 1879, se trasmitió el primer mensaje del Presidente Soto para el Presidente de Nicaragua General don Joaquín Zavala, hasta Managua. Los mensajes para Guatemala se hicieron primeramente vía San Salvador, pero luego de Santa Bárbara se llegó a Santa Rosa de Copán y de allí a Esquipulas en Guatemala. El 6 de febrero de 1880 quedó establecido el servicio telegráfico con el puerto de Trujillo, San Pedro Sula y Puerto Cortés.

No quedaba duda de que el Gobierno había realizado un gran esfuerzo para no permanecer aislado y, como para completar su comunicación con el extranjero, el 7 de junio de 1877, se firmó un Contrato para la construcción del Cable Submarino con J. A. Broom, desde Puerto Cortés hasta el Cabo de San Antonio en la Isla de Cuba. Por este servicio el Gobierno se obligaba a pagar 10.000 pesos anuales, que serían tomados del producto de los mensajes girados durante 25 años, con una tarifa de 25 centavos por palabra. Dicho Contrato fue aprobado por el Congreso Naciónal el 24 de marzo de 1879. A partir de setiembre de 1882, Honduras quedó comunicada con América y Europa por medio del cable submarino de la compañía del Centro y Sur América. Los cablegramas trasmitidos desde Honduras pasaban por las líneas de El Salvador y Nicaragua.

Ningún comentario puede ser más objetivo y con mejores visos de veracidad que lo contenido en el Segundo Mensaje que el Presidente Soto leyó ante el Congreso Naciónal el 9 de marzo de 1879. El Presidente no podía mentir porque los hechos mismos lo habrían reclamado; por ello, lejos de hacer un análisis de la realidad en materia de telégrafos, pasamos a trascribir los párrafos siguientes:

"Cuando vine al país, no había un palmo de telégrafo. Con escasos recursos empecé la obra de tender el alambre y unir por él los principales puntos de la República, y a ésta con los países vecinos y hermanos. Hoy tenemos construidos seiscientas noventa y dos millas de telégrafo, que unen a Honduras con Nicaragua, El Salvador y Guatemala por líneas directas, y en el interior, los Departamentos de Tegucigalpa, La Paz, Choluteca, Comayagua, Santa Bárbara, Copán, Gracias y el importante puerto de Amapala; hay funcionando diez y ocho oficinas telegráficas. En Trujillo hay materiales telegráficos para 100 leguas, servirán para unir aquel puerto con Yoro, Cedros y Tegucigalpa. En esta línea están ya colocadas casi todos los postes y se ha comenzado a trabajar en ella, yendo ya por el Valle de Los Ángeles. En Puerto Cortés hay materiales telegráficos para cincuenta leguas; se emplearán en unir este puerto con el de Omoa con San Pedro Sula y Santa Bárbara; dos ingenieros están en la actualidad ocupados en construir esta línea. Están para llegar a Amapala materiales telegráficos para cien leguas, que se aprovecharán en unir a Tegucigalpa con la cabecera del Departamento de Olancho, y con la del Paraíso y Danlí: en estas líneas se ha empezado el trabajo de la colocación de postes".

El trabajo era gigantesco, pero se llevó a feliz término sin necesidad de "estudios de factibilidad", porque se pagaba con el producto de las rentas propias del Estado, desde luego bien manejadas, sin lo que llamamos ahora "movidas", una palabra elegante para disimular lo que en realidad es robo y desfalco a la Hacienda Pública. Véase entonces que Soto vino a trabajar por Honduras, a levantarnos de la postración en que nos había sumido "la revolución" a levantarnos del abismo en que nos tenían los desastres administrativos, las influencias políticas de los vecinos y la holgazanería de los políticos de casa. Muchos defectos tuvo el gobierno del Doctor Soto, muchos desaciertos le deben ser acreditados, para el caso, el fusilamiento del General don José María Medina, la concesión minera por noventa y nueve años a la Rosario Mining Co., la falta de resolución para enfrentarse a las ambiciones del General Barrios sin necesidad de ensangrentar el país; pero ante esas fallas resulta imponderable su espíritu de organización, su gran iniciativa, su pensamiento evolucionado en cuanto a la enseñanza y su fe en el pueblo hondureño que fue su más humilde, pero importante colaborador. ¿Pero a qué costo se realizaron estas obras? El mismo Presidente Soto nos lo dice en otro párrafo de su Mensaje con estas palabras:

"En la construcción de las líneas, en el establecimiento de las oficinas y en los materiales que están ya en el país, se han gastado 104.169 pesos con dos centavos. Para terminar las otras líneas que están en construcción, con cincuenta oficinas más, se gastarán 52.000 pesos según el presupuesto presentado por el Superintendente de Telégrafos. Entonces tendremos en servicio mil quinientas cuarenta y siete millas de telégrafo y setenta y ocho oficinas con sus correspondientes aparatos. Toda esta red telegráfica costará 156.169 pesos con dos centavos.

Comparando el gasto de nuestras líneas con lo que han pagado por las suyas las Repúblicas vecinas, las de Honduras resultan muy baratas. En aquellas se han centrado a 280 pesos la milla telegráfica, inclusive el valor de los postes, y últimamente a 230 pesos. Comparados los gastos hechos con la primera cifra, ha habido aquí una economía de 114.000 pesos 14 centavos y con la segunda, de

81.661 pesos. Este resultado se ha obtenido porque el Gobierno ha construido las líneas por su propia cuenta, y porque los pueblos siempre deseosos de ayudar en las obras de progreso, han abierto calles y proporcionado gran número de postes gratuitamente o por valor insignificante. Hago contar este hecho con gratitud, porque él prueba una vez más las buenas cualidades que adornan el pueblo hondureño.

El movimiento de ingresos y egresos habido en las oficinas telegráficas es el siguiente: el valor de las partes trasmitidas según tarifa, importa: 30.073.50 centavos; el valor de los telegramas particulares asciende a $4.672.50 centavos; total $34.746. Los egresos por sueldos de empleados, escuelas de telegrafía, alquileres de casa, importan $ 21.421.91 centavo. Hecha la resta a favor del telégrafo resulta la suma de $13.321.6 centavos. Ahora que las oficinas telegráficas del país sirven de intermediarias a las comunicaciones de las otras Repúblicas, y cuando funcionen ya a todas las oficinas del interior, el producto de los despachos particulares aumentará considerablemente" .

Cuanto pudo hacer el Doctor Soto en tiempo tan corto y con tan poco dinero disponible.

CAPÍTULO 9: EL GENIO DETRÁS DE LA REFORMA

- Política Educativa y Cultural
- Escuelas
- Colegios
- Universidad
- Biblioteca y Archivo Naciónales

Quizá el aspecto de la educación pública ha sido el mejor conocido de la obra gubernativa del gobierno de Marco Aurelio Soto. Suponemos que en gran parte esto se debe al estudio más detenido de las personalidades de Don Ramón Rosa, genio de la reforma educativa, de don Adolfo Zúñiga, valioso colaborador de Rosa, de don Jerónimo Zelaya y de Antonio R. Vallejo propulsores de nuestra evolución cultural, y también a lo tangible del desarrollo de las ciencias, las letras y las artes en aquel período de grandes transformaciones para el pueblo hondureño.

No puede negarse que desde el gobierno del Doctor don Juan Lindo se abrió paso a la enseñanza primaria con la fundación de escuelas públicas, como tampoco se ignora que fue este gobernante el que elevó a la categoría de Universidad del Estado la Academia Literaria de Tegucigalpa, creando el Claustro y aprobando los primeros Estatutos de aquel establecimiento, pero es fuerza reconocer que la enseñanza de primeras letras sufrió posteriormente un decaimiento que casi la puso en estado de postración por las causas tan conocidas de la pobreza de las rentas y la inestabilidad política y social que precedió al advenimiento de la Reforma Liberal del 76.

Un panorama de la situación de las escuelas primarias, puede formarse de los Mensajes presidenciales del Doctor Soto dirigidos al Congreso Naciónal: el 9 de marzo de 1879, el Presidente decía: "En el año de 1877 el número de Escuelas de primeras letras ascendió a 274 con 9123 alumnos, y el de escuelas de niños a 21 con 812 alumnos. La contribución de escuelas que recaudan y suministran los municipios, importó en ese año $30.187.33 centavos. El Gobierno subvencionó las escuelas con $4.441. En 1878 el número de escuelas de niños ascendió a 309 con 10.978 alumnos; las escuelas de niños llegaron al número de 55 con 2093 alumnos. Se invirtieron en estos establecimientos $39.560.37. El Gobierno gastó en subvenciones $5.841.02 centavos. Como veis, hay un pequeño progreso, pero esto poco significa. La Instrucción Primaria tiene que organizarse muy ampliamente, como cumple a un país republicano que debe cifrar su porvenir en la educación de la juventud. Pero esto no puede lograrse si no se toman providencias radicales".

Para Soto y su Ministro General don Ramón Rosa, el asunto no estaba en abrir más escuelas; ellos deseaban algo más que una concurrencia abultada de alumnos; deseaban transformar la enseñanza tradicional en sus métodos y en su contenido en forma radical. Pero esto no podía hacerse de una plumada; la educación debería sujetarse a un sistema, o una regulación coherente que asegurara el aprendizaje por etapas del conjunto de materias y conocimientos que deberían enseñarse. Por otra parte, no se disponía de maestros y el erario público no estaba en condiciones de traerlos del extranjero.

Soto decía: "para ser verdadero maestro se necesita aprender esta profesión, en mi concepto la más noble, pues los maestros de Escuela constituyen el sacerdote de la civilización. Los maestros se forman en Escuelas Normales, éstas hacen falta y deben establecerse para que sean el sólido fundamento de la enseñanza primaria". Para Soto y para Rosa la educación debería regularizarse desde la base: por ello soñaron con establecer Escuelas Normales en cada Departamento del país, pero como no habían fondos, para comenzar en firme, el Ministerio de Instrucción Pública se dirigió a los Gobernadores Políticos para que estos interesaran a las municipalidades a fin de que contribuyesen al sostenimiento de escuelas normales en cada uno de sus departamentos y, haciendo acopio de fuerzas, el Gobierno se comprometía a sostener a los profesores extranjeros para su dirección. Pero ocurrió que los fondos ofrecidos por las municipalidades no bastaban para sufragar los gastos.

Finalmente, el Gobierno modificó su primer proyecto y se decidió a organizar dos Escuelas Centrales, una para varones y otra para señoritas, con dos años de aprendizaje, pues era urgente la preparación de maestros, que se formasen bajo un Plan de Emergencia redactado por el Ministro Rosa. Así comenzaron a funcionar desde 1878 las Normales de Comayagua y Tegucigalpa. En ese año, el Gobernador Político de Comayagua estableció en cada pueblo del Departamento, una escuela de niñas ordenándose luego que esta medida fuera tomada en todo el territorio naciónal.

El 13 de noviembre de 1877 se creó "un Colegio de enseñanza elemental" al que asistieron 79 alumnos, y el 25 de abril de 1878, se creó otra escuela de igual naturaleza en la Villa de Comayagüela a la que asistieron 38 discípulas. Se pensaba equiparar así la enseñanza femenina, que estaba en desnivel con el número de escuelas para varones.

Pero mejor que cualquier resumen, el propio Presidente Doctor Soto, explica los progresos de la enseñanza y los métodos que se estaban empleando en la formación de la niñez y la juventud. En el ya mencionado Mensaje al Congreso Naciónal, el Presidente dice:

"Se ha establecido también un Colegio de Señoritas, montado al sistema americano, y servido por profesores extranjeros. En este establecimiento hay, entre internas, medio internas y externas, 37 alumnas. La Segunda Enseñanza era entre nosotros casi nula abstracta, metafísica en su sistema y deficiente en las materias de enseñanza, no podía dar resultados en la práctica. Los individuos que han llegado a obtener títulos profesionales pueden observar la deficiencia en la segunda enseñanza que recibieron. El Gobierno para llenar el vacío ha organizado en este ramo un sistema amplio y práctico que suministre conocimientos útiles a la juventud, creando por acuerdo el 13 de agosto de 1878 un Colegio Naciónal de Enseñanza Secundaria que tiene un cuerpo completo de profesores: en este año se enseñan todas las materias que comprende el primer curso concurren al establecimiento 76 alumnos. La juventud hondureña está ávida de instrucción. Abierto apenas un nuevo plantel, ya cuenta numerosos alumnos, y ya se nota en la enseñanza un progreso manifiesto.

El Colegio de San Carlos, establecido en Santa Rosa, marcha perfectamente bien, bajo la inteligente y esmerada dirección que tiene. Ese colegio en nada desdice de los demás, de igual género que hay en Centroamérica. En el año anterior y en el presente ha tomado notable ensanche y cada año promete más para el porvenir. En el año 1877 se gastó en ese establecimiento la suma de $3.405.23 centavos, y en el de 78 la suma de $4.178.52 centavos".

Si la enseñanza primaria y secundaria necesitaba de reformas, la Universidad la urgía en forma aún más radical; de sus aulas sólo salían abogados y sacerdotes, que, si bien dieron lustre y honra al Estado, no podían responder a las exigencias modernas que planteaba el progreso universal y que reclamaba la enseñanza práctica y científica. Pero no se podía transformar la enseñanza universitaria de un golpe. El Gobierno principió la reforma estableciendo lo que se llamó "un curso científico preparatorio" en el que se enseñaban las ciencias de aplicación y utilidad positiva. Sobre el particular, el Presidente decía:

"La Universidad, cuanto haya el personal necesario, se organizará en facultades donde se sigan las profesiones que se necesitan, y en especial, las carreras de naturalistas, químicos, mineralogistas, ingenieros, etc., hoy descuidadas y que son sin embargo las que más convienen a los hondureños para servir sus propios intereses y los intereses de la República. El 15 de abril de 78 se estableció una escuela de dibujo y pintura en esta ciudad: la enseñanza es diurna y nocturna, 52 alumnos concurren de día y 55 por la noche, asisten a este establecimiento algunos artesanos; las bellas artes deben estudiarse como complemento de la cultura, individual y social, y como un auxiliar de los oficios industriales".

A las referencias anteriores deben agregarse las que el Gobierno hizo en la Memoria de Instrucción Pública en el año de 1879, que comprendía tres años de labor educativa intensa y cuyos costos iban en aumento. El Ministro Doctor Rosa no se sentía satisfecho con el número de escuelas primarias que estaban funcionando, ni con la cantidad de alumnos que a ellas concurrían; se lamentaba que hasta la fecha a la escuela no llegaba toda la juventud hondureña que en su mayoría estaba carente de los beneficios de la instrucción primaria. "Para esto, decía Rosa, la escuela primaria debe ser obligatoria y gratuita y extender su enseñanza por doquiera: sólo de esta suerte podrá contarse en todos los pueblos con verdaderos ciudadanos:

únicamente merecen el nombre de tales los individuos que, poseyendo por lo menos la instrucción primaria, son capaces de comprender y practicar los elevados cuanto difíciles instituciones de la República. Ensanchar la instrucción, difundirla sin reserva, es una de nuestras necesidades más ingentes" .

Rosa tenía razón al creer que sólo la instrucción desterraría de Honduras el desorden y la montonera caudillista; pero se equivocó al suponer que los caudillos habían desaparecido. Los pueblos no respondieron al esfuerzo de la reforma liberal como era de esperarse, quizá porque el empuje realizado en los siete años de gobierno del Doctor Soto, se detuvo inesperadamente y la escuela no alcanzó a cubrir los confines de la Patria. Las ideas morales y la inteligencia ilustrada ciertamente llevan al hombre hacia la reflexión y al respeto de las instituciones republicanas. Pero, en tierra abonada por la ambición y la ignorancia durante tantos y tantos años, era fácil que germinara nuevamente la semilla de las pasiones y el cardo del caciquismo tradicional.

Y como curándose en salud ante tamaña perspectiva, el Ministro Rosa decía en la Memoria ya citada: "Más no basta que haya escuela en todas las localidades; se necesita además que los encargados de la enseñanza tengan la moralidad y las aptitudes que se requieran para que sus funciones sean fructuosas. Este objeto puede lograrse creando escuelas normales de donde puedan salir maestros moralizados y competentes. El Gobierno ha procurado establecer una escuela normal de cada sexo en las poblaciones principales de los Departamentos".

Sentía nostalgia el Ministro Rosa por las poquísimas escuelas para la instrucción de la mujer, y se quejaba de que, al tomar Soto las riendas del poder "no había para la mujer, ni una escuela de enseñanza primaria" por lo que, "removiendo graves dificultades se ha empezado a reparar, en lo posible, tamaña injusticia, se ha comenzado a atender a la instrucción de la mujer por medio del establecimiento de la enseñanza primaria y secundaria. Para el Gobierno la educación de la mujer es de la más grande trascendencia social, y lo anima el propósito de hacer que los establecimientos de enseñanza para el bello sexo, sean tan numerosos y bien sistematizados como los que corresponden a la enseñanza de los jóvenes. La mujer es la maestra del hogar, y el Estado debe proporcionarle medios para que cumpla dig namente su santa y elevada misión".

No es preciso entrar en consideraciones acerca de la opinión que el Doctor Rosa tenía de la mujer y del hogar como base de la sociedad y sostén del Estado. Era la concepción filosófica cristiana que en nuestros días se pretende destruir para implantar otros sistemas de vida incompatibles con la existencia social organizada, y aunque la reforma se oponía y estaba desterrando el fanatismo religioso, no destruyó con el positivismo, el espíritu cristiano ni los sistemas de moral que él mismo sustentaba.

En lo referente a la Enseñanza Secundaria que se impartía con unos cuantos conocimientos de latín y metafísica, de inglés o francés y de matemáticas puras, el Gobierno estaba en lo justo al decir que no era una enseñanza sólida y variada y menos útiles para los distintos menesteres de la vida.

"El Gobierno —decía el Ministro— ha juzgado la segunda enseñanza bajo otro punto de vista: bajo el punto de vista positivo y útil. Sobre esta base, en el año anterior, fundó un Colegio de enseñanza secundaria, proviniendo el aprendizaje de ciencias y artes de utilidad práctica, ampliando notablemente las materias de enseñanza, y fijando estrictas reglas para el buen régimen del establecimiento y para la concesión de grados literarios".

La enseñanza profesional fue sin duda la que más profundamente recibió la atención del Estado: como ya se dijo al señalar los aspectos más sobresalientes de los Mensajes Presidenciales, la reforma universitaria se inició con la organización de un curso preparatorio de ciencias y letras para dar mayores conocimientos a quienes desearan seguir una carrera profesional. Entre tanto, Ramón Rosa y Adolfo Zúñiga se dedicaban con amor y devoción a la redacción del Código Fundamental de Instrucción Pública, documento que contiene la base filosófica de la Reforma Liberal y cuya aplicación cambió radicalmente el curso de la educación superior en Honduras.

En este Código estaban contenidas todas las inquietudes de la Reforma y establecía en forma coherente la enseñanza primaria, secundaria y universitaria. En las tres fases educativas la enseñanza sería laica y para la primera, obligatoria y gratuita. El Código comenzó su vigencia en febrero de 1882 y, al inaugurar las clases en la Universidad, el Doctor Rosa, genio a quien se debió la transformación educativa, pronunció su célebre discurso, del cual tomaremos algunos párrafos. Con la inspiración que le fue propia, el Doctor Rosa comienza su discurso inaugural rindiendo tributo, admiración y respeto "a los genios que por vez primera, y al calor de su patriotismo, hicieron germinar en nuestro suelo la simiente de la ciencia", pero después pregunta:

"Importa, ante todo, que determine, imitando a los geógrafos, a qué altura estamos en la fuerza de las ciencias. ¿La vasta reglamentación del Código de Instrucción Pública que hoy empieza a regir, marca para nosotros un alto grado de progreso? Todo lo contrario. Aunque parezca un aserto pedagógico, debo asegurar que marca nuestro atraso" .

¡Cuántas consideraciones hace Rosa en este discurso inaugural! Fustiga sin piedad a los mantenedores del caos y la ignorancia y se lamenta de la condición atrasada de nuestro pueblo, de la incuria de las autoridades y de la indiferencia de los hombres más cultos de su época que no dedicaron el tiempo requerido para esparcir luz en las conciencias ciudadanas. Presentando el Código dice: "Todo Plan de estudios, o es nada, o debe tener un sistema. El nuevo Código establece para la enseñanza, lisa y llanamente, el sistema positivo. Esto implica para nosotros una revolución radical en las ideas, pero revolución necesaria y fecunda. De su éxito dependen nada menos, que el porvenir de la República. No creo aventurar frases vacías de sentido...

...Ahora bien; ¡es justificable y provechoso para la enseñanza el sistema teológico constituido por la casta sacerdotal y calcado sobre ideas extranaturales? Para su época fue provechoso y justificable, como justificable es la esclavitud comparada con el derecho de dar muerte al vencido; como justificable es el feudalismo comparado con la esclavitud; como justificable son las monarquías absolutas comparadas con el feudalismo; como justificable son las monarquías constitución ales comparadas con el absolutismo de Luis XIV o de Felipe II. Pero en nuestra época, después del Renacimiento, de la invención de la imprenta, del hallazgo del Nuevo Mundo, de la reforma religiosa, de la filosofía del siglo XVIII, de la revolución francesa, del planteamiento de la República en América; ¿tiene alguna razón de ser, y alguna utilidad práctica el sistema teológico de enseñanza? Ninguna razón, ninguna utilidad...".

Rosa prosigue analizando el sistema metafísico que vino a sustituir el teológico en la enseñanza, y agrega: "La metafísica se funda primordialmente en lo que está más allá de la experiencia; la ciencia positiva se funda primordialmente en los hechos que están bajo el dominio de la observación; la metafísica plantea problemas que no puede resolver porque carece de medios analíticos; la ciencia positiva plantea problemas que resuelve, porque tiene medios para el análisis; la metafísica es abstracta y las más veces de conclusiones prácticas; la metafísica es casi estéril para los usos de la vida; la ciencia positiva es siempre provechosa para satisfacer las naturales necesidades del hombre; la metafísica, tan vigorosa, tan ideal, tan atrevida, cuadra con nuestra vanidad; la ciencia positiva, tan definida, tan real, tan modesta, cuadra con nuestros instintos y con nuestra conciencia; la metafísica marca el período de las ilusiones científicas; la ciencia positiva marca el período de la reflexión y la sensatez".

No había duda para quienes pretendieron seguir aferrados a los viejos sistemas. Una nueva era estaba aflorando en el ambiente y su fuerza era incontrastable y rotunda. Como queda ya visto, en materia educativa, el Gobierno seguía la misma línea, el mismo programa de acción, la misma unidad de principios que informaban todo el sistema reformista de Soto, pero en este ramo, fue más radical y más profunda porque se trataba de formar los cuadros del futuro, los ciudadanos a quienes estaría encomendada la función de gobernar el país, y por esta razón, el Doctor Rosa sentenció: "Por fortuna estamos en una época de rectificaciones. Rectifiquemos. Se gobierna no con intrigas; se gobierna con ideas: se administra, no con caprichos y pasiones; se administra con conocimientos prácticos. El Gobierno es una ciencia: La Administración es una experiencia científica. Estas verdades tan elementales no se han tomado en cuenta. Cualquiera se ha creído muy apto para gobernar a los pueblos, y éstos a cualquier han creído capaz que los gobierne, y sin embargo, nada más errado y hasta ridículo...".

Evidentemente, el Doctor Rosa hacía estas referencias a base de la experiencia y de las realidades hondureñas, pero creemos que sus palabras son valederas en cualquier tiempo y merecen que se les tenga presente, que se reflexione y se tome de ellas la enseñanza del pasado para no seguir errando en el futuro.

No está demás agregar que este discurso de Rosa, altamente significativo y revelador de las intenciones y políticas educativas de la Administración Soto, enfatiza la necesidad de una educación de tipo práctica. En él se observa el positivismo de Comte y su discípulo Littré. A lo largo de esta excelente pieza oratorial Rosa enfatiza la necesidad de que Honduras contara con cuadros técnicos propios, a fin de iniciar al país dentro de un desarrollo capitalista y poder así explotar los recursos mineros, agrícolas, ganaderos y forestales, lo que no resulta extraño porque era entonces el tipo de desarrollo en boga en Europa y Estados Unidos de América. Por otra parte, se deja bajo el patrocinio y la promoción del Estado, toda la política educativa, lo cual garantizaba que el principio de educación laica, bandera de lucha de la revolución morazanista, quede consolidado.

Este principio ha sido mantenido por todos los gobiernos posteriores aunque fue vulnerado transitoriamente por el Código de Educación de 1966 que en uno de sus incisos dice: "Se podrá enseñar religión en los centros de enseñanza oficial y semi—oficiales y cuando los padres de los educandos lo soliciten". La Constitución Política de 1965 ya había iniciado la ruptura del principio de la educación laica, ya que en el Capítulo III, de la Cultura, Artículo 150, establece: "La enseñanza impartida oficialmente será gratuita y la primaria será además obligatoria y totalmente costeada por el Estado", no se mencionaba en absoluto lo del laicismo. En la Constitución anterior, es decir la de 1957, como en todas las que le precedieron, con algunas variantes de forma, establecía que "la enseñanza impartida oficialmente es gratuita y laica y la primaria será además obligatoria y costeada por el Estado".

En síntesis, el Código de instrucción Pública promulgado durante la Administración Soto que estuvo vigente hasta 1906 cuando durante la administración del General don Manuel Bonilla se emitió otro, organizó la enseñanza primaria, secundaria y universitaria, bajo los principios filosóficos positivistas y con carácter de laica, gratuita y obligatoria; laica por la separación del Estado y la iglesia, obligatoria por el carácter coercitivo del Estado y gratuita porque los costos los sufragaría el propio Estado y no los estudiantes.

Pero el esfuerzo cultural no se detuvo con el Código de Instrucción Pública; vinieron los laboratorios, los gabinetes, experimentales para la enseñanza práctica: se formaron médicos, farmacéuticos, ingenieros, maestros y artesanos capaces y apropiados para atender las necesidades de la sociedad; vinieron las bibliotecas, los archivos ordenados en cuyos anaqueles se encontraron los documentos del pasado; se organizó la Estadística, se dio libertad de expresión y se fundaron periódicos; se organizó la Academia Científica Literaria dependiente de la Universidad, en una palabra, se dio paso a la cultura.

Ya no había importación restringida de libros; se organizaron librerías en las que los volúmenes invitaban a la lectura y la sociedad por su cuenta, comenzó a experimentar el placer de las tertulias literarias, de la organización de actos culturales y artísticos en los que solían participar las personas más ilustradas de la época. La Banda de Música se organizó debidamente y en la escuela de instrumentalistas, se preparaban los jóvenes que deberían integrar los cuerpos musicales de las cabeceras departamentales bajo la supervisión del Estado.

CAPÍTULO 10: SOTO PRESENTA LA RENUNCIA

- Política Interna y Externa
- Partidos Políticos
- Relaciones Estado—Iglesia
- Relaciones Internaciónales

El Doctor Marco Aurelio Soto hizo en siete años de gobierno más obra material y social que muchos gobernantes que se han perpetuado en el poder. Soto, a cuyo lado estuvo siempre el genio político y administrativo de Ramón Rosa, había adquirido en Guatemala una vasta experiencia como titular de dos importantes carteras ministeriales como fueron la de Gobernación, Justicia y Negocios Eclesiásticos, y la de Relaciones Exteriores. El Doctor Rosa también había desempeñado con lucimiento las carteras de Instrucción Pública y de Relaciones Exteriores y, en forma interina, la de Hacienda y Crédito Público. En Guatemala, ambos habían sido colaboradores de los líderes de la revolución liberal del 71; en Honduras fueron los arquitectos de la Reforma y los responsables de la reorganización del país. Ni Soto ni Rosa eran políticos improvisados; sus ideas habían sido expuestas en la prensa y en el foro público guatemalteco y sus realizaciones se apreciaron pronto en aquel medio, que, con decisión, lograron transformar en una nueva sociedad.

Soto sabía que la tarea de transformar a Honduras era dura y que no podía llevarla a cabo con sólo el auxilio de Rosa; quiere decir esto que el que hoy llamamos pomposamente "equipo" como nueva modalidad, como asombrosa novedad, ya era viejo quehacer de los hombres del Estado del pasado siglo. El Primer Jefe de Estado don Dionisio de Herrera, se rodeó de hombres talentosos, renovados en las ideas, honorables y patriotas como Francisco Morazán,

Diego Vijil, Joaquín Rivera, Francisco Güell, Liberato Moncada y Francisco Antonio Márquez: ese era su "equipo"; Soto formó el suyo buscando los hombres más capaces, los más caracterizados, o como dice el historiador Durón, "los más notables hijos de Honduras, centroamericanos y eminentes y distinguidos extranjeros".

Ramón Rosa, Adolfo Zúñiga, Antonio R. Vallejo, Francisco Planas, Rafael Alvarado Manzano, Céleo Arias, Crescencio Gómez, Enrique Gutiérrez, Luis Bográn, Jerónimo Zelaya, eran entre otros hondureños, sus colaboradores inmediatos; Máximo Jérez, José María Reina Barrios, Carlos Ezeta, Tomás Estrada Palma, Máximo Gómez, Antonio Maceo, J. Gabriel Cadalso, Adolfo Sierra y José Joaquín Palma, fueron los centroamericanos y extranjeros ilustres que colaboraron en la obra de la reconstrucción naciónal, al lado de Soto, hábil timonel que supo encauzar la nave del Estado por el sendero más apropiado librándola del naufragio.

El Gobierno se dedicó a organizar todos los servicios públicos buscando para desempeñar los cargos a personas solventes sin discriminación de raza, naciónalidad o matiz político, por lo que el del Doctor Soto, no fue un gobierno de partido. Y no pudo serlo, porque a su llegada lo que había era el caudillismo, como ya se ha dicho en páginas anteriores. El liberalismo de Arias, que fue el último presidente con tales ideas, había quedado atrás; el cachurequismo de Guardiola, no tenía ya un grupo organizado, porque Medina se sirvió de todos con mucha habilidad para organizar lo que pudiera llamarse muy bien el "medinismo".

Los partidos políticos tradicionales surgidos a la palestra a raíz de la independencia, habían sucumbido desnaturalizados por las presiones políticas externas; muchos hombres cuya filiación era definida hacia una u otra de las tendencias señaladas, se vieron obligados a servir a los gobiernos surgidos de las constantes revoluciones provocadas en Honduras por el afán intervencionista de salvadoreños y guatemaltecos validos del poco sentido patriótico de los hondureños "célebres" de aquellos tiempos; muchos de los que aceptaron cargo públicos lo hicieron por temor, por propia conservación, por una idea falsa de proteccionismo de sus intereses económicos; otros los aceptaron por necesidad, para sobrevivir.

No podía tenerse fe en ideologías al momento en que aparecía un movimiento revolucionario: el único que imponía su voluntad, era el caudillo triunfante, y éste, por lo general, no hablaba de programas, de metas, de propósitos, aunque todos, como en los momentos actuales, prometían la paz, el trabajo y la felicidad del pueblo, pero no decían una palabra de cómo iba a lograrse aquella paz, aquel progreso y aquella felicidad.

Medina había formado su partido; Soto sólo sabía que eran liberales los que estaban emigrados huyendo de los rigores del medinismo y, desde luego, calificó de cachurecos a quienes encontró al servicio de Medina, aunque no lo fueran realmente. Sin embargo, encontró hombres honrados para la tarea que iba a emprender. El Licenciado Crescencio Gómez, había sido uno de los presidentes provisionales en quienes Medina acostumbraba depositar el poder y sabiéndolo así, Soto depositó en él la Corte Suprema de Justicia. Este es uno de tantos ejemplos que podían citarse para afirmar que Soto hizo un gobierno de conciliación naciónal.

Las relaciones con la Iglesia hondureña sufrieron un período de tensión muy marcado. El Obispo de la diócesis residía en Comayagua y era ya muy anciano y el clero era gobernado por un vicario General. La separación de la Iglesia y el Estado, la secularización de los cementerios y la enseñanza obligatoria, laica y gratuita para la escuela primaria, fueron quizá las primeras disposiciones que agitaron aquella cordialidad que por tradición habían cultivado los mandatarios y los sacerdotes.

El Doctor Rosa como Ministro General, creó el Departamento de Negocios Eclesiásticos; a él estaban encomendadas todas las funciones que tuviesen relación con la Iglesia, y aunque el Presidente Soto en su Mensaje de 1877 dice: "Ha mediado la más perfecta inteligencia entre mi Gobierno y los Representantes de la Iglesia", hubo siempre un disimulado malestar que si bien no culminó en airada protesta, en resistencia del clero a someterse a los dictados de la ley, sí abrió oportunidades para que la alta jerarquía eclesiástica, pudiera plantear al Gobierno algunos puntos de vista contrarios al sistema positivista de enseñanza.

Debe reconocerse que el Gobierno jamás actuó contra la Iglesia en forma abrupta; poco a poco se fueron dictando medidas que eran necesarias para cambiar los sistemas. El 14 de enero de 1879, se dispuso que las municipalidades se encargarían del cuidado y vigilancia de los Camposantos, los que estaban tan descuidados que resultaban una amenaza para la salud pública, pues la Iglesia se excusaba de poder mejorarlos por falta de fondos. Un año antes, el 30 de enero de 1878, fue abolido el diezmo, impuesto de herencia colonial cuyo cobro había provocado no pocos conflictos violentos, especialmente en Olancho, en tiempo del General Medina. Luego, al decretarse el Código Civil, se implantó el matrimonio previo y obligatorio ante los oficios de los Alcaldes Municipales, advirtiendo que ningún sacerdote podía celebrar la liturgia eclesiástica sin tener a la vista el acta matrimonial de la autoridad civil.

Los bienes de comunidades fueron destinados a obras de beneficencia pública al igual que las propiedades de Cofradías y donaciónes hechas a la Iglesia, pero el Estado aún contribuía al sostenimiento del culto en forma hábilmente disimulada, según se desprende de los acuerdos emitidos por medio del Departamento de Negocios Eclesiásticos. Soto sabía que el pueblo hondureño era católico, apostólico y romano; que no podía lastimarse la sensibilidad de su fe religiosa y que si habría de cambiar hacia las doctrinas anticlericales, tendría que hacerse el esfuerzo con suma cautela. El medio más eficaz de lograrlo, no era con leyes compulsivas; era con la libertad de importación, circulación y lectura de obras doctrinarias que llegaron a manos de la generalidad sin cortapisas. La iglesia no protestó y muchos sacerdotes entendiendo la realidad de la Reforma, contribuyeron a mantener un clima de entendimiento y tranquilidad en las relaciones Iglesia—Estado con gran provecho para la paz pública.

En lo relativo a las Relaciones Exteriores, el gobierno del Doctor Soto desplegó una gran actividad para acercarse no sólo a los gobiernos centroamericanos, sino a los de América y Europa.

Tan pronto como el gobierno de Soto se instaló en Comayagua, dirigió a los Ministros de Estado y Agentes Diplomáticos de las naciónes con las que Honduras sostenía relaciones diplomáticas un Memorándum en que se explicaban en detalle la situación del país, las causas que habían motivado el establecimiento del Gobierno Provisional, y un esbozo de la política interna y externa que la nueva administración pretendía seguir. El reconocimiento del nuevo Gobierno por parte de los países vecinos no tardó en producirse.

En capítulos anteriores habíamos dicho que los representantes hondureños en Londres y París, señores Gutiérrez y Herrán, habían desprestigiado el buen nombre del país al apropiarse, para beneficio propio, de fuertes cantidades destinadas para el financiamiento del Ferrocarril Naciónal. Al llegar a Honduras noticias de la actitud de estos personajes, la opinión pública demandó su destitución; Soto respondió a esta exigencia y por acuerdo de 7 de noviembre de 1876 los destituyó. El 11 de noviembre del mismo año fue nombrado el General Cruz Lozano C. como Ministro Residente ante el gobierno salvadoreño.

Por acuerdo de 25 de abril de 1877, fueron denunciados los pactos y tratados concertados por administración es anteriores en nombre de Honduras y que o bien habían caducado, tenían duración a voluntad de las partes o que habían sido ratificados. Soto reconocía que el principio jurídico de igualdad entre las partes contrayentes, de reciprocidad mutua, en el terreno de la práctica no pasaba de ser una norma ilusoria, en que la riqueza y poder de la parte más fuerte inclinaba las ventajas a su favor. "Idea generalmente aceptada ha sido en los países hispanoamericanos la de celebrar sus pactos entre sí o con las Naciónes extranjeras, tomando por base principios de estricta reciprocidad que a primera vista parece que satisface a la justicia y a la conveniencia de una y otra parte, pero que, en realidad, son tan distintas las posiciones, tan diversas las necesidades, tan particulares los intereses de las partes que contratan, en especial con referencia a Europa y a América, que bien puede decirse que tal reciprocidad es ilusoria en la práctica, y que más justo y conveniente es tomar por punto de partida, para la celebración de pactos internaciónales, el principio de que cada nación se compromete a cumplir las obligaciones que estén de acuerdo con su modo de ser peculiar, en lo social, en lo político, en lo económico y en lo administrativo, y a obtener en cambio el cumplimiento de todos aquellos compromisos que redunden en su positivo beneficio, y que siendo conformes con la justicia deba y pueda hacerlos efectivos la otra parte contratante".

Para 1879 se habían celebrado tratados de amistad, comercio y extradición y convenciones telegráficas y postales con los gobiernos de El Salvador y Nicaragua. Tanto estas dos naciones como

Guatemala habían acreditado Ministros Plenipotenciarios ante el Gobierno del Dr. Soto, mientras que Honduras tenía acreditada una Legación en Guatemala y otra en El Salvador.

Cuando el Imperio Alemán se valió de un incidente ocurrido a su Cónsul en León para exigir reclamaciones al gobierno nicaragüense, tanto Honduras como Guatemala se asociaron para enviar una Legación a Managua con el objeto de mediar amistosamente y evitar así que la política expansionista e imperialista que prevalecía en la Europa de la época sentara sus reales en Centroamérica. Esta intervención diplomática conjunta fue eficaz en su misión, por cuanto por medios pacíficos pudo solventarse una intervención potencial.

Alemania acreditó a Werner Van Bergen como Encargado de Negocios en Centroamérica, no pasando a más lo que pudo haberse constituido en una fuente de fricciones.

Cuando Soto fungió como Ministro de Relaciones Exteriores de Guatemala tuvo la oportunidad de representar los intereses chapines ante la diplomacia mexicana. Ha de recordarse que las relaciones entre Guatemala y México eran tirantes ya que no se había solucionado un problema que databa desde el período de la independencia: la separación de Chiapas y Soconusco de la Capitanía General y su anexión al Imperio Mejicano. La participación de Soto en la conducción de la política exterior guatemalteca fue fructífera; prueba de ello es el hecho de que durante la Administración Barrios quedó definitivamente resuelto el problema limítrofe.

Esta experiencia diplomática acumulada por Soto le fue muy útil tanto en la solución de conflictos internos como internaciónales. Para el caso, México fue una de las primeras naciónes hispanoamericanas en reconocer al nuevo Gobierno, acreditando a Francisco Díaz Covarrubias como Enviado Extraordinario y Ministro Plenipotenciario. Esta era la primera Legación que México acreditaba en Honduras.

Con respecto a las relaciones con los Estados Unidos de Norteamérica, el Ministro Residente de esa nación, Jorge Willianmacon (sic) visitó al nuevo gobierno, sin duda para reportar a su gobierno la estabilidad e intenciones de la nueva administración.

Honduras abrió dos consulados en aquella nación: uno en Nueva Orleans y otro en Nueva York.

En 1878 se celebró en París la Exposición Universal, para la cual fue invitada Honduras por parte del gobierno francés. Honduras no participó en la misma, pero envió una delegación a la cabeza de la cual figuraba Luis Bográn, con el propósito, según afirmación del Dr. Kenneth Finney, de renegociar la parte de la deuda ferrocarrilera contraída por Honduras con tenedores de bonos franceses.

El Gobierno Galo acreditó a Dabry The Thiersant como Encargado de Negocios. Las relaciones diplomáticas entre Honduras e Inglaterra habían sido tirantes desde la época de la República Federal. Recuérdese que el expansionismo inglés, que a toda costa deseaba tener acceso a la proyectada ruta interoceánica bien a través de Honduras o de Nicaragua para así comunicarse más rápidamente con sus ricas posesiones asiáticas, se había apoderado de las Islas de la Bahía en 1839 además de armar a los indios moscos para hostilizar tanto al gobierno hondureño como al nicaragüense. A esta política expansionista se opusieron diversos gobiernos hondureños, no así algunos de los de otros países centroamericanos, particularmente Guatemala bajo Carrera y Costa Rica bajo Carrillo.

Fue gracias a la oposición norte—americana, manifestada en el tratado Clayton—Bulwer en 1850, que las pretensiones inglesas no adquirieron un carácter más agresivo. A partir de esa fecha, Centroamérica pasa, de manera gradual pero constante, a retirarse de la órbita de influencia inglesa y a orientarse hacia la norteamericana. El Gobierno de Honduras, ante las amenazas inglesas, que se hicieron manifiestas en la ocupación temporal de la Isla del Tigre, se vio obligado a concertar el tratado de 1852 con Gran Bretaña por la que nuestro país reconocía como deuda la suma de $80.000, comprometiéndose a pagar en mensualidades de 12.000 contados desde el 1°. de abril de 1852, reconociendo además el 5% de interés sobre las cantidades que dejasen de pagarse. Hasta 1873 Honduras había pagado $79.546.12 1/2 centavos.

Debido a que los años subsiguientes son de anarquía y caos, tal como hemos tratado de demostrar en capítulos anteriores, los intereses no pagados se habían acumulado y para 1876 Honduras adeudaba todavía $60.552.83 centavos. La Administración Soto estaba resuelta a cancelar esta deuda tan onerosa de una vez por todas para lo cual se dieron instrucciones al Ministro de nuestro país en Guatemala a fin de que entrase en arreglos con Sidney Locock, Representante del Gobierno Británico. Como resultado de esos contactos la deuda quedó reducida a $50.000 pagaderos en anualidades de $10.000 en las Aduanas de la República.

Pero las deudas de Honduras con Inglaterra eran diversas. Otra era resultante del Tratado de 28 de noviembre de 1859 por el que Honduras se comprometía a pagar al principal de los indios moscos, la suma de $ 50.000 durante diez años, para que se invirtiese en la educación de los habitantes de La Mosquitia.

El gobierno de Soto manifestó a la Legación Inglesa el propósito de cancelar esta otra deuda, contraída ante nuestra manifiesta debilidad que contrastaba con el poder de la primera potencia naval y financiera del XIX. El Congreso Hondureño, en su respuesta al Mensaje Presidencial, aprobaba la cancelación de esa deuda, en los siguientes términos: "Por infundada que sea en su origen aquella obligación, nuestro Gobierno lleva un deber al procurar arreglar consiguientes con la Legación Inglesa, siendo indispensable, como afirmáis, que previamente se aclare y defina quien sea el principal de los mosquitos".

Mediante el Tratado Wyke—Cruz Honduras había recuperado la posesión de las Islas de la Bahía y La Mosquitia. Las administración es anteriores no habían tratado, de una manera efectiva, de incorporar a los compatriotas que vivían en esas regiones a la vida económica, política y cultural del resto del país. Soto trató de superar esa situación, en la que la soberanía hondureña sobre esas porciones del territorio nacional era tan sólo nominal. Como resultado, el idioma español empezó a enseñarse en las escuelas, las municipalidades fueron organizadas conforme a las ordenanzas que regían para el resto del país, suprimiéndose las leyes y formas administrativas inglesas, se implantaron las leyes de hacienda hondureña, y empezaron a ingresar a las arcas nacionales remesas del producto de las rentas de esos territorios. Todo esto se consiguió sin recurrir a procedimientos forzosos, sino apelando a la razón y al buen criterio.

Véase lo que Soto decía al respecto: "Una vez puestas en práctica las leyes y conocidos los resultados de su aplicación, debe hacerse un reglamento especial de las Islas, para que aquellos habitantes conozcan bien la legislación naciónal y puedan cumplirla. La legislación civil y penal debe traducirse al inglés para que la conozcan y pueda obligárseles a su cumplimiento. Estoy seguro de que, con buenas autoridades, la obra de la asimilación de las Islas al resto de la República puede obtenerse satisfactoriamente" .

En lo que respecta a nuestros problemas limítrofes con El Salvador, el gobierno de Soto sometió a la decisión arbitral del Presidente de Nicaragua, General Joaquín Zavala, lo referente a la propiedad de terrenos de ciertos pueblos fronterizos, además de la fijación de límites territoriales entre ambos países. Soto tuvo siempre por divisa solucionar problemas internos o externos por medio del derecho y la justicia, desterrando la violencia y la fuerza.

"Los Estados no tiene facultad para resolver por la fuerza cuestiones en que se avienen. El arbitramento es la solución que debe buscarse y obtenerse: el arbitramento debe sustituir a la guerra: el arbitramento será en lo porvenir el anhelado triunfo del derecho. Honra, y no escasa, corresponderá a esta pequeña Nación, sí, como lo espero, se coloca en las cimas de la justicia, resolviendo sus cuestiones internaciónales por medio del arbitramento". Desgraciadamente los procedimientos legales buscados por Soto fueron rechazados por El Salvador, rehusando así este país zanjar definitivamente un problema que en años posteriores desembocó en sangre, violencia y sufrimiento.

Si por una parte tanto Soto como Rosa sentían una gran admiración hacia los Estados Unidos de Norteamérica, ante su acelerado desarrollo industrial, que en un momento de entusiasmo condujo a Rosa a exclamar, comparando a la Roma Imperial con los Estados Unidos capitalista, que éste, "desde su capitolio, en fuerza de sus ideas y trabajos expansivos, llevarán a todos los pueblos la libertad de adorar a sus dioses y de profesar sus cultos, la autonomía de sus gobiernos, y la riqueza y la abundancia producidas por sus legiones de industriales" , por otra la idea de ser parte de una comunidad ligada por afinidades históricas y culturales: la hispanoamericana, hacía que Soto dijera: "Ojalá, Señores Diputados, sea dado a Honduras cultivar con todos los países de Hispanoamérica no sólo relaciones puramente oficiales, sino también relaciones que en lo moral en lo intelectual, en lo comercial e industrial, sean prenda segura de la unión más sólida y perfecta, fundada en el sentimiento de nuestra raza que tiene intereses solidarios, y encaminada al cumplimiento de un gran destino histórico ya presentido por el genio de un hombre extraordinario —la Federación de todos los pueblos latinoamericanos".

La idea de la hispanidad, tan arraigada en los intelectuales hispanoamericanos de finales del siglo pasado, sobre todo después de la guerra Hispano—Norteamericana de 1898, también era compartida por esos dos grandes estadistas que fueron Soto y Rosa. El primero afirmaba: "De desearse es que estrechen las relaciones del país con la nación española. Historia, tradiciones, raza, idioma e intereses de familia, ligan íntimamente a los pueblos de América con la que en tiempo fuera la madre patria. Prevenciones y preocupaciones pasajeras no deben sobreponerse a aquellos sagrados e indestructibles vínculos" .

España estableció para esa época un Consulado General en Centroamérica confiando a Miguel Suárez Guana, a quien la Administración Soto otorgó el exequátur correspondiente.

Si Honduras era deudora con Inglaterra, también lo era con Francia. En efecto, la Legación Francesa reclamó en favor de una familia Merchor el pago de la suma de $36.000; esta deuda fue reconocida por Honduras mediante convención celebrada en 1867. Durante la Administración Soto se terminó de cancelar esta otra carga.

Era evidente que esta espiral de endeudamiento crónico debía ser superada. Cualquier súbdito europeo, invocando principios de extraterritorialidad, podía recurrir al gobierno de su país respectivo, para hacer valer supuestos o reales intereses afectados. Por su parte las potencias extranjeras, ni cortas ni perezosas, utilizaban cualquier pretexto o incidente para extender sus respectivas "zonas de influencia". A lo largo de toda Latinoamérica se elevaron voces protestando ante esa intolerable relación. Producto concreto de situación en que prevalecía la ley del más fuerte fue la Doctrina

Drago, formulada por el Ministro de Relaciones Exteriores de la Argentina, Luis M. Drago en 1902, cuando una fuerza combinada de Alemania, Gran Bretaña e Italia bloqueaba los puertos venezolanos como medio de obligar al gobierno de ese país al pago de deudas contraídas con ciudadanos de esos países. Pero esa voz de protesta no fue la primera. En nuestro país, la Constitución de 1880, emitida durante la Administración Soto, en su Artículo 22 establecía que los naciónales y extranjeros no serían indemnizados por daños y perjuicios que pudieran resultar como consecuencia de guerras civiles, mientras que el Artículo 3declaraba que a falta de tratados que determinen la nacionalidad de los extranjeros, son hondureños los hijos nacidos en Honduras de padres extranjeros domiciliados en nuestro país. Estos articulados fueron motivo de protesta por parte de los representantes de Alemania, Francia, Gran Bretaña y España, pero el gobierno de Soto se mantuvo firme en su posición jurídica: "Se ha elevado a la categoría de un principio, en la ciencia del Derecho de Gentes, la doctrina de que los extranjeros, no deben ser indemnizados por el Estado, por motivos de daños y perjuicios que les causen las facciones... Honduras, pues, no hará más que ejercitar un derecho consagrado, por la ciencia y por la práctica, sosteniendo el Artículo 22 de su ley fundamental".

Respecto a las relaciones diplomáticas con Costa Rica, Honduras había roto relaciones con la hermana república. Esto se explica situando las relaciones entre ambos países dentro del contexto de la política ístmica. En 1873, Tomás Guardia en Costa Rica tuvo dificultades con el resto de los gobiernos centroamericanos, sometidos a la influencia de Justo Rufino Barrios, por lo que fue hasta la muerte de Guardia en 1882 que Honduras y otros países del área reanudaron sus relaciones con el nuevo gobierno costarricense.

Con México se concluyó, a través del Ministro Plenipotenciario de Honduras en aquel país, una convención referente al canje de publicaciones oficiales.

Los Estados Unidos elevaron a su Ministro residente a la categoría de Plenipotencia, lo que era un reflejo del creciente interés norteamericano en los países de Centroamérica.

Con Colombia, que acreditó ante el Gobierno hondureño una Legación a cargo de Rafael Aispuro, se celebraron dos convenciones: una relativa a arbitraje y otra sobre propiedad literaria y canje de publicaciones.

Para que nuestro país estuviera digno y eficientemente representado, era necesario reorganizar el servicio diplomático. Antes del ascenso de Soto al poder, éste se encontraba "en pleno desorden, que era un servicio casi nominal, y más bien ha ocasionado abusos". Hemos hablado ya de la actuación funesta de Gutiérrez y Herrán; pero estos personajes, si bien los más conocidos, no eran los únicos que desacreditaban a Honduras. Sucedía también que muchos agentes consulares hondureños expedían patentes de navegación sin utilizar ningún criterio legal; ante esta situación, Soto dispuso que sólo el poder ejecutivo pudiera expedir y se otorgara un plazo razonable para poder renovar las patentes hasta entonces expedidas, siempre que hubieran sido otorgadas de conformidad con la ley.

Para el mes de febrero de 1883 las señales de la supremacía que Justo Rufino Barrios quería imponer a Honduras eran evidentes. Léanse estos párrafos del último mensaje dirigido por Soto a la Legislatura. "Animado de patriótico entusiasmo, os manifiesto que se agita la idea de reconstruir la grande y noble patria de nuestros mayores. Interpretando el sentimiento del pueblo hondureño, y obedeciendo a mis más caros y vehementes deseos, en 15 de septiembre último manifesté oficialmente, mi absoluta adhesión a la causa naciónalista. Últimamente los gobiernos del Salvador y Guatemala han hecho proposiciones, al de esta República, con el objeto de reorganizar a la nación centroamericana. El Gobierno ha aceptado esas proposiciones, que ya conocéis por la prensa oficial y os serán presentadas por la Secretaría de Estado. El país puede contar con todos mis votos, con todos mis esfuerzos, para el honroso triunfo de causa tan grandiosa, fiel a mi palabra, seré un trabajador desinteresado, que no aspire más que a dejar el poder que representa, para que reaparezca respetable y glorioso, ejercido por un Gobierno culto e ilustrado, que, con el voto de la verdadera opinión, de los pueblos, en justicia y libertad, dirija dignamente los destinos de los hijos de Centroamérica".

Es necesario, para poder comprender las razones que condujeron a la renuncia del poder por parte de Soto, que analicemos las actuaciones de Justo Rufino Barrios en su intento de reunificar por medios bélicos la unión de las cinco parcelas. En 1880 había sido reelecto Presidente de Guatemala el General Barrios, (su primer período se inició en 1873) había consolidado su poder dentro de las fronteras guatemaltecas y había modernizado al país mediante la construcción de ferrocarriles, estímulos a los grandes cafetaleros, impulsando la educación laica y dando una serie de medidas que con justicia le valieron el calificativo de El Reformador. Habiendo resuelto (en perjuicio de los intereses guatemaltecos) el problema limítrofe con México, ya no tenía por qué preocuparse por una reacción desfavorable de su vecino del Norte. Mediante una hábil maniobra política fingió renunciar en diciembre de 1882 para que el Congreso de su país rehusara, como en efecto lo hizo.

En enero de 1883 envió emisarios a los otros cuatro países a fin de obtener su apoyo y determinar sus actitudes con respecto a sus planes. Al mismo tiempo publicó un manifiesto en el que expresaba su amistad hacia los otros estados centroamericanos y rechazaba el que estuviera interviniendo en sus asuntos internos. Anunciaba que junto con el Presidente Zaldívar de El Salvador estaban ultimando detalles para la celebración de una convención en que habrían representantes de los cinco países. Esta convención no se llevó a cabo.

Diversas opiniones se han vertido respecto a las relaciones entre Barrios y Soto y las causas que motivaron el abandono del poder por parte de este último. Don Esteban Guardiola dice: "Es verdad que él (Soto) había venido a gobernar a Honduras por la influencia de gobernantes vecinos, pero cuando creyó que se había consolidado la paz y se había entrado en una verdadera y sana organización, quiso concluir con ese funesto dominio, pero fracasó desgraciadamente porque esa maléfica influencia continuó después para vergüenza o baldón del patriotismo hondureño".

Don Rómulo E. Durón afirma: "El Dr. Soto no aceptó el convenio (de unión centroamericana), porque con él desaparecería la autonomía hondureña y no quería entregar el país al General Barrios para que lo gobernara como gobernaba a Guatemala. Tampoco quería provocar una guerra centroamericana por satisfacer la ambición de Barrios, al negarse a firmar el convenio, sabía que se atraería la enemistad del Presidente de Guatemala, pero estaba dispuesto a aceptar las consecuencias que le acarrearía el cumplimiento de su deber" . Durón acusa a Barrios de tratar de causar la caída de Soto, apoyando a Céleo Arias y Luis Bográn. El norteamericano Mario Rodríguez sostiene: "Barrios, sin embargo, lo obligó (a Soto) a renunciar en 1883, cuando se enteró que Soto había advocado la unión de Centroamérica sin los servicios del dirigente guatemalteco" . Su compatriota Paul Burgess dice: "Como ya hemos dicho, mientras Barrios se encontraba ausente viajando por los Estados Unidos y Europa, Soto había lanzado de su propia iniciativa un plan para la Unión de Centroamérica. Quizá el principal motivo de las contrapropuestas de Barrios era el de derrumbar el plan de Soto, pero además le sirvieron de punto de partida para sus propios afanes en favor del establecimiento de la unión. Desde esta fecha en adelante Barrios presionó poderosamente sobre Zaldívar, quien a su vez trataba constantemente de evadir el punto, sea por motivos de ambición personal o porque en realidad tenía genuino temor de no poder atraerse la opinión pública si concertaba una entente con Barrios. De todos modos, siempre tenía alguna excusa a la mano: a veces, que debía consultarse a los otros estados, otras, que una revolución estaba por estallar o que un fuerte se había incendiado, o que la opinión pública no estaba lo bastante preparada. Por último, cuando ya no pudo soportar la presión, decidió seguir el precedente sentado por Barrios, pidiendo en consecuencia permiso a la asamblea de El Salvador para ausentarse del país y pasar unos meses en Europa, prometiéndole a Barrios que a su regreso prestaría atención absoluta al asunto de la unión, regresó en agosto de 1884" .

El Dr. William S. Stokes por su parte opina así: "El 10 de marzo de 1883, Soto presentó su renuncia, ostensiblemente debido a enfermedad, pero probablemente debido a que creyó rumores referentes a que el Presidente Barrios de Guatemala estaba apoyando a malcontentos políticos que deseaban su retiro del poder" .

Citando al historiador Bancroft, Stokes escribe "que en vez de precipitar a Honduras en una guerra sangrienta, Soto renunció a la

Presidencia el 27 de agosto". Ernesto Alvarado García opina de la siguiente manera: "Por haber entrado en desacuerdo con el Presidente Barrios depositó el mando y abandonó el país, a fin de evitar una guerra entre Guatemala y Honduras".

Un análisis de las opiniones dadas por distintas autoridades revela que la mayoría coinciden en señalar un intento de imposición por parte de Barrios, y un retiro de la vida política por parte de Soto. A continuación se reproduce la renuncia que interpuso Soto de la Presidencia de la República.

"MENSAJE. Que el Señor Dr. Don Marco A. Soto, dirigió al Congreso de la Nación haciendo formal renuncia de la Presidencia de la República.

Señores Diputados:

En el acto de tomar posesión de la Presidencia Constitución al el día 1°. de febrero de 1881, tuve el honor de dirigiros estas palabras:

A despecho de mis particulares deseos, he aceptado por segunda vez la Presidencia; pero declaro que transitoriamente estará a mi cargo la administración de la República, haré un esfuerzo más por procurar su bien, pero reservándome aprovechar una oportunidad propicia para sustraerme del peso abrumador de la responsabilidad que he contraído ante Vosotros, ante la noble Nación hondureña.

La ocasión presente no puede ser más propicia y oportuna para realizar el deseo vivísimo que ha mucho tiempo abrigo de retirarme a la vida privada. El orden más perfecto reina en el interior del país y los vínculos de fraternidad que ligan a Honduras con sus hermanas de Centro—América, son prenda segura de que se conservará la paz exterior.

Cerca de siete años de gobierno imparcial y ajeno a los partidos políticos que existen, han demostrado la conveniencia de que la política interior de la Nación se funde e inspire solamente en las instituciones, en la ley y en los intereses generales. Los diversos departamentos de la Administración Pública están organizados de la mejor manera que ha sido posible hasta el presente. Las obras de progreso iniciadas, no presentan dificultad alguna para su prosecución; y más bien nuevas empresas se desarrollarán a favor de la paz establecida y del interés que está despertando Honduras en el mundo industrial por sus grandes recursos naturales. Mi separación, pues, de la Presidencia en las actuales circunstancias, no tiene inconvenientes, ni puede ocasionar el menor embarazo en la marcha pacífica que sigue la República.

Tengo que agregar otro motivo muy poderoso para justificar mi separación del elevado puesto que, sin merecimiento, ocupo. Poco después de mi llegada al país, comencé a sufrir de una afección en el hígado, la cual se ha agravado, de día en día, hasta llegar al extremo que veréis explicado en las dos adjuntas certificaciones de los dos médicos que me han asistido diariamente en estos últimos años.

Arduos, por demás, son los deberes que impone la Presidencia. El tiempo que llevo de servirla, me ha demostrado que, a pesar de la consagración más absoluta, es imposible cumplirlos con toda exactitud. Un país como el nuestro, que está en formación, necesita de un Gobierno que trabaje incesantemente, sin darse tregua ni reposo. Por lo que a mí, debo aclarar con toda la sinceridad de mi carácter, que enfermo como estoy, no puedo desempeñar cumplidamente las tareas que corresponden al primer Magistrado de la Nación.

Las razones que os he expuesto, me sirven de sólido fundamento para presentar mi formal renuncia de la Presidencia de la República. Dignaos aceptarla en bien de los intereses generales de Honduras.

Ante vosotros, Señores Diputados, que representáis tan dignamente a la Nación, séame permitido manifestar en este momento al pueblo hondureño, la inmensa gratitud que siento por las constantes muestras de simpatía que me ha prodigado. Confío en que sus generosos sentimientos le harán disculpar los errores que haya cometido en el desempeño del cargo que hoy renuncio, siquiera sea en gracia de la rectitud de mis intenciones, y de mis firmes propósitos de encaminar al país por la senda de la moralidad y del progreso. Mi corazón siempre será del pueblo hondureño, y mis votos más fervientes, serán siempre por la paz, por la honra y por el engrandecimiento de nuestra Patria.

Tegucigalpa, marzo 10 de 1883.
MARCO A. SOTO".

CAPÍTULO 11: TEGUCIGALPA, NUEVA CAPITAL DE HONDURAS

- Debilidades de la nueva Constitución
- Los códigos decretados por la administración Soto
- Pasos para profesionalizar al Ejército

Antes de las reformas introducidas por Soto y su brillante equipo de trabajo a la legislación hondureña, ésta conservaba muchos aspectos de las leyes coloniales que ya no respondían a las necesidades y desarrollo de fines del siglo XIX. Una de las primeras medidas tendientes a renovar el ordenamiento jurídico hondureño está expresada en el acuerdo de 29 de abril de 1877, en el que se autorizaba al Secretario General, Dr. Ramón Rosa, para que tomase las medidas necesarias a fin de obtener diversas leyes y códigos de otros países, para así tener una base de la cual poder estudiar aquello que más se ajustara a la realidad económica, social, política y cultural de Honduras. Varias naciónes de América y Europa respondieron a la solicitud de Rosa, enviando sus respectivas legislaciones. Una vez reunidos los códigos extranjeros, se procedió a nombrar las diversas comisiones que se encargarían de redactar los instrumentos jurídicos que respondieran a los intentos de encauzar a Honduras por las sendas del desarrollo moderno, capitalista, de fines del siglo pasado.

Algunos de los juristas hondureños encargados de redactar las nuevas leyes eran los siguientes: Ramón Rosa, Céleo Arias, ex— Presidente de la Nación y Diputado por Yoro, Luis Bográn, Secretario del Congreso y futuro Presidente de la Nación, Dr. Carlos Alberto Uclés, Diputado por Yoro y el Dr. Adolfo Zúñiga, Diputado por Olancho.

Empezaremos nuestras observaciones, haciendo un breve análisis de la Constitución de 1880 por ser la ley fundamental del país. Para ello nos basaremos en el estudio hecho por un experto en Ciencias Políticas y por lo que los contemporáneos opinaban respecto al nuevo curso que estaban imprimiendo al ordenamiento jurídico naciónal. El

Dr. Stokes afirma: "La organización formal de la Constitución de 1880 fue original".

El documento estaba nítidamente dividió en tres secciones: la parte primera incluía declaraciones, principios, derechos y garantías fundamentales; la parte segunda, el departamento de gobierno (legislativo, ejecutivo y judicial) y la parte tercera, gobierno municipal.

La parte primera de la constitución es importante por la incorporación de nuevos derechos individuales liberales y también por la vigorosa, clara y enfática reafirmación de antiguas garantías. Con la inclusión de tres reformas principales y otras menores, la Constitución de 1880 llevó el Gobierno representativo mucho más cerca del pueblo que lo había hecho cualquier otra previa constitución hondureña. La más importante de esas reformas afirmaba categóricamente que ni la propiedad ni ningún otro requisito eran necesarios para votar o para aspirar a puestos públicos. El voto fue hecho público, directo y obligatorio para todos los ciudadanos. Se prohibió al clero el ocupar puestos públicos y a la vez la constitución proclamaba completa tolerancia religiosa y la separación de la Iglesia y el Estado.

De las diversas innovaciones menores, la más importante establecía como un deber del Estado el estimular la agricultura, la industria, comercio e inmigración, el colonizar porciones no desarrolladas del territorio naciónal, el construir caminos, establecer instituciones de crédito y atraer capital extranjero. A la vez, se proveía educación, gratuita, laica y obligatoria; se establecía el servicio militar obligatorio; y el Estado quedaba exento de reclamos privados en concepto de compensación resultante de actividad revolucionaria y disturbios políticos. No obstante, se retenía la pena de muerte.

La parte segunda de la constitución, que organizaba en detalles los tres ramos del Gobierno, dio claridad y dirección a los tres poderes sin alterar lo fundamental. El sistema unicameral era retenido, y se otorgaba al Congreso los mismos amplios poderes incluidos en constitución es previas. Sin embargo, en dos maneras el poder y propósito de la legislatura mostraba desarrollo. Para implementar estímulo a la empresa por parte del Estado, se le otorgó autoridad al

Congreso para tomar todas las medidas que pudieran ser necesarias para asegurar el éxito del programa. Además se le daba a la legislatura una oportunidad de vigilar al ejecutivo que en épocas anteriores. Esto era particularmente cierto en relación con el gasto de fondos, donde se autorizaba al Congreso para aprobar o desaprobar los gastos del ejecutivo. El Congreso también podía específicamente vigilar el uso que el ejecutivo hiciera de sus poderes para declarar la guerra, al poder declarar el estado de sitio, determinado el número de tropas y revisando las declaratorias de guerra. El procedimiento legislativo fue hecho más flexible que antes. Aunque tres debates eran ordinariamente requeridos, esta estipulación podía ser dispensada en asuntos de urgencia que demandaran acción rápida.

El puesto del ejecutivo fue investido en un presidente electo popularmente por cuatro años y elegible para ser reelecto por un período más. Aunque poderes para ejercer control ejecutivo de las relaciones exteriores y completa autoridad para administrar las leyes y dirigir las fuerzas armadas fueron claramente otorgados, habían innovaciones legales significativas relacionadas con la organización y el procedimiento. La constitución ordenaba al Presidente el nombrar por lo menos cuatro ministros y todos sus actos debían ser refrendados por ellos. Además, al autorizar a los ministros para que atendieran debates congresionales y al estar sujetos a interpelación, un paso hacia el gobierno parlamentario fue dado.

Si bien la fortaleza de la Constitución de 1880 superaba en mucho sus debilidades, varios defectos legales deben ser puestos de relieve. El Artículo 11, Sección 2, que establecía que únicamente el Congreso podía fijar impuestos, difería del Artículo 74, Sección 2, que autorizaba al Presidente para establecer impuestos en períodos de rebelión o invasión. La afirmación incluida en el Artículo 1o., Sección 4 relativa a la absoluta separación de los poderes, era inconsistente con el Artículo 48, que permitía al Congreso el delegar autoridad legislativa en el Presidente en un número de aspectos, tales como policía, finanzas, guerra, marina, educación y obras públicas. La doctrina de la separación de poderes era también violada en el Artículo 49, que permitía al Congreso, al Presidente y a la Corte Suprema el iniciar legislación". El mismo autor norteamericano, comentando las constitución es de 1880 y 1894, afirma que, si bien es cierto que bajo ninguna de las dos constitución es no siempre los gobiernos administraron la ley de acuerdo con el espíritu y la letra de esos documentos, la razón descansa "en la discrepancia entre la modernización legal y las condiciones sociales más bien que en cualquier rechazo de principios democráticos". Espiritualmente esas constitución es representaban objetivos de perfecto Gobierno; legalmente estaban cuidadosamente redactadas, socialmente avanzadas, documentos progresivos que podían servir como guías de Gobierno doquiera posible. El programa constitución al de 1880 o de 1894 en adelante ha girado en torno a la dificultad de retener los principios democráticos y a la vez ajustar las realidades sociales a las formas legales y a las instituciones".

Oigamos ahora la voz de los contemporáneos. "La nueva Constitución ha dado el golpe de gracia al espíritu colonial que aún estaba vivo y robusto, oponiendo fuertes resistencias al progreso de nuestra sociedad. La nueva Constitución garantiza todas las libertades que reclama el derecho político moderno: robustece el principio de autoridad haciéndolo incontrolable en las épocas excepcionales de trastorno: encamina la administración pública al desarrollo de los intereses económicos del país, y al fomento efectivo de la instrucción popular: da a la inmigración extranjera todas las facilidades y ventajas que requiere, para establecerse en nuestro suelo: sanciona el planteamiento de una legislación secundaria coherente con las instituciones republicanas, y con los peculiares intereses del país, y asegura los fueros de la conciencia y del pensamiento... Creo que la nueva Constitución está a la altura de los principios políticos del siglo, y si bien tiene algunos defectos, estos dependen, no de falta de estudio y de previsión, sino de la necesidad de poner de acuerdo la ley fundamental con el estado social de Honduras".

Procedamos ahora a reproducir algunos comentarios en torno a los códigos emitidos durante la Administración Soto. Stokes opina así: "El primer código comercial fue decretado en agosto de 1880 pero era una copia fiel del código español de 1829, el que a su vez estaba basado en el código francés de 1807. El código de 1880 fue reemplazado en setiembre de 1898". Recurrimos nuevamente al testimonio de los contemporáneos: "EI Código de Comercio de Chile es tal vez la obra más perfecta de la legislación chilena: por este motivo la Comisión le ha adoptado casi sin modificaciones sustanciales".

Respecto al Código de Minería, Stokes dice: "El primer código minero de Honduras fue decretado en agosto de 1880. Aunque fue redactado por un trío de los más distinguidos juristas del país — Adolfo Zúñiga, Jerónimo Zelaya y Alberto Uclés— no puede en ningún sentido ser considerado un código hondureño. Fue copiado casi enteramente del código de minería de Chile de 1874. Los códigos mineros de Francia y Bélgica fueron también consultados, pero ejercieron únicamente un efecto negligible".

Los contemporáneos reconocían que la codificación que estaban elaborando no era totalmente original. "La Comisión ha tomado los códigos de Chile, menos en materias económicas. El Código Civil de Chile está calcado, sobre el Código de Napoleón... El porvenir manifiestamente económico de Honduras hizo adoptar a la Comisión reformas capitales que difieren en gran manera de su admirable modelo... Las reformas que se introducen se han inspirado en las ideas de los jurisconsultos más eminentes de Chile, y en las doctrinas de los autores modernos más avanzados de la escuela económica".

La elaboración del Código Civil significó también un paso hacia adelante, con la inclusión de medidas protectoras. Algunos de sus más sobresalientes rasgos eran éstos: establecía el registro como única prueba del estado civil; se reconocían los matrimonios mixtos y los matrimonios extranjeros; se consignaba la patria potestad de la madre y de los padres naturales; en el derecho de testar se amplió la libertad de los testarios; en la sucesión intestada se protegía a los hijos naturales al declarar que tenían derecho a parte de la herencia; la hipoteca se declaraba pública y escrita; se establecía el registro de la propiedad y la libertad del interés del dinero (lo que podía conducir a acciones usurarias).

Los tribunales fueron reorganizados. Cuando Soto llega al poder existían dos cortes de apelación, con facultades iguales y con el derecho de conocer, en súplica una de ellas, de las causas que fallaba la otra y viceversa, lo que traía como consecuencia lógica la falta de unidad. Se estableció la Corte Suprema de Justicia compuesta de cinco magistrados y dos Cortes de Apelación, compuestas de tres miembros cada una. Se introdujo el recurso de casación, quedando la Corte Suprema de Justicia encargada de la parte económica del Poder Judicial y de estudiar en la práctica la aplicación de los nuevos códigos. Se estableció la administración de justicia gratuita y todos los actos de juicio, a excepción de la instrucción del sumario en lo criminal, se declararon públicos.

El Código de Instrucción Pública no lo detallamos en este capítulo, por tratar acerca de él y de los principios que lo inspiran en otra parte.

Otros aspectos administrativos:

a) Ejército.

Soto dio ciertas medidas tendientes a profesionalizar al ejército para que tanto los oficiales como la tropa dejaran de ser instrumentos de caudillos ambiciosos y se constituyeran en auxiliares del desarrollo de las intervenciones, unas veces más abiertas que otras, de nuestros vecinos. A la vez se tenía por objetivo el que el ejército dejara de ser una espada de Damocles que pesaba sobre los gobernantes civiles, amenazando a cada momento con interrumpir y violentar el lento desarrollo constitución al de la vida pública de la Nación.

El fuero militar, reforma creada por los reyes Borbones hacia fines del XVIII y en el que algunos historiadores consideran tiene su origen el militarismo latinoamericano, fue abolido. El código militar determinaba únicamente los delitos militares quedando los delitos civiles sometido por milites dentro de la jurisdicción civil.

Se emitió un nuevo reglamento para el servicio militar obligatorio. Para 1883 habían 41.992 milicianos inscritos organizados en ciento dos batallones que contenían cuarenta y ocho compañías.

Contrario a la tendencia que había predominado hasta entonces, el presupuesto militar fue reducido. Mientras que en 1881 habían en servicio activo 54 jefes, 124 oficiales y 765 individuos de tropas, para 1883 el servicio activo se hacía con 14 generales, 39 superiores y 755 individuos de tropa.

Ante la inestabilidad y zozobra en que había vivido el país, en que los civiles estaban expuestos a continuos vejámenes y "contribuciones", era natural que la ciudadanía se armara para proteger sus familias y haberes. Esto había originado que prácticamente cada vecino contara con un instrumento bélico, lo que resultaba muchas veces en un cobrarse justicia por manos propias. Por razones de previsión y seguridad pública, Soto ordenó que todas las armas naciónales que después de las continuas guerras intestinas habían quedado diseminadas en todo el país, mediante decreto de 21 de diciembre de 1876.

b) Policía:

En noviembre de 1876 se estableció en Tegucigalpa un cuerpo llamado Guardia Civil, para vigilar por la seguridad de los individuos y de las propiedades así como a la limpieza, salubridad y ornato de la ciudad. En los departamentos del país se restablecieron los Inspectores de Policía así como los Agentes de las Autoridades Locales. La Guardia Civil se inició en la que se convertiría en la capital del país, en calidad de experimento, que de dar resultado se extendería al resto del territorio.

El espíritu eminentemente civilista de Soto se refleja en este párrafo. "Debemos formar un pueblo republicano que se sostenga en orden a la seguridad individual y social por acertadas instituciones de policía, y no por ejércitos permanentes que, bajo el punto de vista económico, absorben (sic) de un modo improductivo los recursos del país, y que bajo el punto de vista político, son amigos y aliados de gobiernos pretorianos muy aptos para representar el depotismo, pero muy ineptos para representar los fueros de la libertad y del derecho".

c) Traslado de la capital:

Desde que asumió el poder, el Gobierno no había tenido una sede permanente, alternando su residencia entre Comayagua, la capital, y Tegucigalpa, centro minero y comercial. Para agosto de 1877 Soto se traslada a esta última ciudad. Los motivos los explica él mismo: "He encontrado la Nación... El lugar de residencia de la Administración, decide, en mucho, del éxito de los gobiernos y de la suerte de los gobernados. Para el servicio general del país el Gobierno necesita disponer de varios elementos que debe tener a la mano, los que se obtienen sino es por la acumulación de los negocios, de los capitales y de la población".

Pérez Brignoli, en forma vaga señala que "los intereses mineros no parecen haber sido ajenos al traslado de la capital de la República a Tegucigalpa en 1880".

CAPÍTULO 12: EL HOSPITAL GENERAL DE TEGUCIGALPA, OBRA DE SOTO

- Salud y Beneficencia Pública
- Fundación de Hospitales
- Legislación sobre Incorporaciones Médicas, Farmacéuticas, etcétera
- La Lotería Naciónal de Beneficencia

No puede olvidarse que la reforma realizada en Honduras por el gobierno del Doctor Soto tuvo otra acertada proyección social en el campo de la beneficencia pública, Como lo fue la reorganización y creación de hospitales sostenidos por el Estado.

En esta materia puede preguntarse: ¿Qué había aquí antes de Soto? Un viejo Hospital en Comayagua que era más pobre que los enfermos que a él llegaban en busca de salud. Era el llamado Hospital del Estado que ya no tenía el prestigio de aquel antiguo y colonial Hospital San Juan de Dios que con todo y las estrecheces económicas que padecía por períodos, sirvió a la comunidad con la eficiencia de su época, porque contó con los médicos y los medicamentos requeridos aunque estos fuesen tisanas y julepes, emplastos y ungüentos con alquermes y jacintos como si se estuviese buscando en los inicios del siglo XIX la fuente de la eterna juventud.

Quizá aquel Hospital del Estado que el Gobierno organizó en la casa en que vivió y fue asesinado el Presidente don Santos Guardiola, hubiera rendido frutos apreciables si las repetidas contiendas internas y las guerra con los vecinos no le hubiesen restado los fondos necesarios para subsistir; sacando de donde no había, pidiendo la caridad pública, tomando dinero a rédito y haciendo mil sacrificios, aquel Hospital del Estado se mantuvo listo para dar si no salud, al menos consuelo y albergue a cuantos enfermos llegaban a sus puertas.

Por otra parte, la beneficencia pública siempre estuvo al cuidado de los frailes y de las personas comendadas; al Estado sólo le inquietaba el aparecimiento de epidemias como el cólera, la viruela y otras enfermedades infecto—contagiosas que solían castigar al vecindario y cuando esto ocurría, se daban ordenanzas para organizar los cordones sanitarios, las cuarentenas, las juntas de beneficencia y las colectas entre el comercio y los adinerados, y con estos recursos, se emprendían fatigosas cruzadas de salud. Sin embargo, los atacados de aquellos contagios no eran llevados al Hospital, sino a locales separados, a casas aisladas en donde se montaba una "enfermería" para atender los casos que no podían tratarse en propio domicilio.

Cuando Soto inauguró su gobierno en Amapala, ya encontró la legislación decretada por el General Medina sobre asuntos médicos: se había creado y funcionaba el Protomédicato de Honduras; estaba vigente su Arancel Médico para frenar los abusos en el cobro de asistencia profesional y el Hospital del Estado funcionaba o se suponía que debería funcionar de acuerdo con la Ley de su creación. Pero como ya lo dejamos dicho, el Hospital era sólo el edificio y el mobiliario: la caridad estaba en manos de juntas benéficas que hacían lo que podían o hacían lo mejor que podían en favor de los enfermos.

Soto rehabilitó el viejo Hospital: contrató médicos y enfermeros para atenderlo debidamente: se equipó la botica con lo que era indispensable, se reparó el edificio y se le prestó la atención que permitía el estado de las rentas públicas, pero dos años después de inaugurado su gobierno, emitió el decreto siguiente:

"MARCO AURELIO SOTO. Presidente Constitución al de la República de Honduras.

Considerando: que es un deber del Gobierno poner en práctica todos los medios que estén a su alcance para auxiliar a las clases menesterosas de la sociedad y remediar en todo lo posible sus necesidades: Que para atender a tan importante objeto es indispensable, como primordial medida de protección a los menesterosos, acordar el establecimiento de hospitales en los principales centros de población de la República y escogitar los medios eficaces para que se constituyan y sostengan esos establecimientos de beneficencia: Que los sentimientos de humanidad y los dictados de conveniencia pública determinan al Gobierno a tomar particular interés en la pronta fundación de hospitales, y a fijar, para su establecimiento, la clase de recursos que deben allegarse con la cooperación debida de la generalidad de los hondureños, por tanto,

154

DECRETA: Art. 1°.— Se previene el establecimiento de un Hospital General en la ciudad de Tegucigalpa, debiendo establecerse, además, un hospital en cada cabecera de departamento, lo mismo en la ciudad de San Pedro Sula, y en los puertos de Amapala y Trujillo.

Art. 2°.— Los hospitales, cuyo establecimiento se previene en el artículo anterior, serán regidos por una Junta Directiva compuesta de los individuos que siguen: un Director, dos Concilarios, un Secretario y un Tesorero.

Art. 3°.— Por esta vez y para el efecto de que se funden prontamente los hospitales, el Gobierno hará el nombramiento de los individuos de las Juntas Directivas.

Art. 4°.— Una de las primeras obligaciones de las Juntas Directivas será la de promover, a su respectivo departamento o población, la inmediata creación de Sociedades de Beneficencia, a individuos de ambos sexos, que concurran con sus haberes o servicios personales al sostenimiento de los Hospitales que se establezcan.

Art. 5°.— Las Sociedades de Beneficencia serán presididas y, regidas por las Juntas Directivas de los Hospitales.

Art. 6°.— Los individuos de las Juntas Directivas, cada dos años, serán electos o reelectos en mayoría absoluta de votos de los individuos que componen las Sociedades de Beneficencia, y no tengan el carácter de contribuyentes con recursos monetarios.

Art. 7°.— Son fondos para la creación y sostenimiento de hospitales:

1.— Un 2% que sobre todo derecho de importación se pagará con el indicado objeto en las aduanas.

2.— Todas las donaciónes y legados que, en el respectivo departamento o población se hayan hecho o se hagan a los pobres.

3.— Los donativos que para el hospital hagan los particulares; y

4.— Las subvenciones con que mensualmente contribuyan los individuos de las Sociedades de Beneficencia.

Art. 8°.— Los fondos indicados serán recaudados y administrados exclusivamente por los Tesoreros de los hospitales, que estarán sujetos a las órdenes e inspección de las respectivas Juntas Directivas.

Art. 9°.— El 2% que sobre derechos de importación cobren los Administradores de Aduana en beneficio de los hospitales, será entregado a los respectivos tesoreros, en justa proporción a la importancia y necesidades de los hospitales que se establezcan. El Gobierno, previos los informes correspondientes, determinará la distribución de dichos fondos.

Art. 10.— Las Juntas Directivas de Hospitales, con vista de los recursos, necesidades y circunstancias de los vecinos de su respectiva localidad, propondrán al Gobierno acuerde las medidas oportunas para la provisión y aumento de fondos necesarios para el mantenimiento de Hospitales.

Art. 11.— La Junta Directiva del Hospital General de Tegucigalpa, formará el Reglamento que corresponda a su constitución y dirección, y a los servicios del establecimiento, y los someterá al Gobierno para su examen y aprobación.

Art. 12.— Las Juntas Directivas de los demás departamentos, de San Pedro Sula, Amapala y Trujillo, sobre las bases del Reglamento del Hospital General y con las modificaciones requeridas para cada localidad, formarán también sus respectivos Reglamentos que estarán también sujetos al examen y aprobación del Gobierno.

Art. 13.— El Gobierno por medio de decretos y acuerdos especiales desarrollará las prescripciones de esta ley, tanto en lo relativo a la organización y dirección de los hospitales, como en lo referente a los fondos con que deben contar para su sostenimiento y estabilidad.

Dado en Tegucigalpa, en la Casa de Gobierno a los dos días del mes de junio de mil ochocientos setenta y ocho. (f) Marco A. Soto. El Secretario General. Ramón Rosa"

Como puede verse, Soto proyectó y organizó hospitales en Tegucigalpa, San Pedro Sula, Amapala y Trujillo y si no se menciona el de Comayagua, se debió a que fue el primero que gozó de los beneficios del referido decreto y al cabo ya estaba reorganizado desde 1876.

El decreto de fundación del Hospital General de Tegucigalpa despertó el espíritu de colaboración del vecindario que se manifestó de distintas maneras: el Presbítero don Yanuario Girón, Cura de Tegucigalpa y uno de los fundadores de la Universidad Naciónal de Honduras, encomió desde el púlpito aquel magno propósito invitando a la feligresía para que contribuyera a la realización de la obra; Monseñor don Leonardo Vijil, director espiritual de la Sociedad de Señoras Católicas de Tegucigalpa, acogió la idea con gran entusiasmo; el filántropo José María Lazo contribuyó con la suma de 10.000 pesos para la obra y el rico propietario don Francisco Planas se declaró como el más denodado colaborador del Gobierno en la tarea propuesta.

El historiador Doctor José Reina Valenzuela, refiriéndose a este asunto del Hospital General de Tegucigalpa, dice:

"Dos años después, el 2 de junio de 1880, el Gobierno nombró los miembros de la Junta Directiva del Hospital General de Tegucigalpa, recayendo tan honrosa distinción en las personas siguientes: Director, don Francisco Planas; Primer Conciliario, don Salvador Díaz; Segundo Conciliario, don Rafael Villafranca; Secretario, don Tomás Estrada y Tesorero, don Julián Fiallos. El 25 de junio del mismo año, se nombraron las Juntas de los Hospitales de Choluteca y Yuscarán, las que fueron integradas así: Junta del Hospital de Choluteca: Director, Lic. don Cornelio Midence; Primer Conciliario, Presbítero Juan Rodríguez; Segundo Conciliario, don Vicente Sánchez; Tesorero, don Jesús Benjamín Guillén y Secretario, don Lisandro Flores, Hospital de Yuscarán: Director, don Mónico Córdova; Primer Conciliario, Presbítero Francisco Andrade; Segundo Conciliario, don J. Camilo Fortín; Secretario, D. Basilio Torres y Tesorero, D. Francisco Morillo.

En 30 de junio se nombraron las Juntas de los Hospitales de La Paz, Santa Bárbara, San Pedro Sula, siendo sus Directores don Daniel Quiroz, Lic. Teodoro Funes y don José Cabús, respectivamente, el 16 de julio se nombró a D. Jeremías Cisneros Director del Hospital de Gracias y el 5 de agosto se designaron al Presbítero Pedro Gómez, Director del Hospital de Yoro; al Presbítero Adolfo David, del de Comayagua; al Presbítero Jesús María Rodríguez, del de Copán; y a don Guillermo Burchard de Roatán.

La primera Junta que se instaló fue la de Tegucigalpa. En efecto, el 21 de junio de 1880, don Francisco Planas como Director y don Tomás Estrada como Secretario, se dirigieron al Ministerio de Gobernación comunicándole que el 14 del mismo mes, se había constituido e instalado dicha Junta; asegurando al Gobierno los sentimientos de cooperación de que estaba animada y reiterándole su propósito de ver colmados los anhelos del Presidente Doctor Soto. Estas palabras fueron seguidas de las obras; tan pronto como la Junta se declaró instalada fueron iniciados los trabajos de edificación del Hospital, sobre un amplio solar adquirido por el Gobierno para este fin. El 13 de noviembre de 1880, se verificó un acto solemne al cual concurrió el Presidente Soto y su Gabinete a excitativa de la Junta, para colocar la primera piedra del edificio proyectado por el Arquitecto don Emilio Montesi, Ingeniero del Gobierno y a cuyo cuidado estaría la realización de la obra. Los trabajos tuvieron una duración de dos años y el Presidente de la Junta, D. Francisco Planas, puso en este lapso de tiempo, todo su empeño y energía, toda su experiencia y buena voluntad, a fin de que en aquella obra grandiosa de caridad, no se desperdiciara detalle alguno que pudiera contribuir a la realización de un anhelo tan largamente acariciado.

El 13 de noviembre de 1881, estaban terminados algunos pabellones del edificio y hubo con tal motivo, un acto público. Siguiendo al Dr. Reina Valenzuela, el 27 de agosto de 1882, llamado entonces Gran Día de la Patria, por haberse inaugurado en tal fecha de 1876 el gobierno del Doctor Soto, fue inaugurado solemnemente el Hospital General. Al acto asistió el Presidente Soto con gran acompañamiento; con su Gabinete de Gobierno en pleno, la Corte Suprema de Justicia y numeroso público. En tal destacada ocasión don Francisco Planas pronunció un conceptuoso discurso, del cual transcribimos los siguientes párrafos:

"Dos sucesos notables conmemoramos hoy: el nacimiento del Presidente de la República y la colocación de la primera piedra de este edificio. ¡Que hermosa coincidencia!, fundar esta institución piadosa el mismo día que se celebra el primer momento de la vida del Jefe de la Nación.

Al reunirnos aquí para solemnizar estas fechas notables, un sentimiento de regocijo y de profundo respeto se apodera del corazón y la imaginación refleja el recuerdo de los innumerables bienes que ha hecho al país la progresista administración del señor Doctor don Marco A. Soto. Magnífico espectáculo fue sin duda el que presenciamos hace un año viendo al Presidente de la República colocar con su propia mano, la primera piedra sobre la cual se ha levantado este edificio que dentro de pocos meses, recibirá en su seno a los desheredados de la fortuna que sufren las penas de la vida; pero espectáculo más imponente es quizá todavía, el que hoy se presenta, viendo casi concluida la obra que entonces apenas se levantaba de la faz de la tierra.

Señor Presidente: yo pienso que entre todos los intereses sociales, hay uno que está por encima de todos, y es el que se toma por la humanidad indigente. Socorrer esta parte desgraciada de la sociedad, aliviar sus dolencias, sus sufrimientos, es la tarea más noble, más meritoria que puede emprender el hombre. Vos, Señor, habéis hecho demasiados bienes a la República, desarrollando el progreso moral y material bajo todo sentido; pero estoy seguro que en los diferentes caminos que habéis tenido que seguir, cuántas decepciones, cuántas contrariedades habréis experimentado; más esta benéfica institución sólo os dejará una dulce complacencia en el alma, y vuestro nombre recibirá las bendiciones del presente y de la posteridad.

El Estado en que se encuentran los trabajos de esta obra, es debido en su mayor parte a la protección que os habéis dignado dispensarle; y si creéis que la Junta Directiva ha correspondido a la confianza que depositasteis en ella, esta será la recompensa más satisfactoria de sus tareas. Tegucigalpa, 20 de noviembre de 1880".

El Presidente Soto, en su discurso, dejó claramente establecida su intención y la de su Gobierno con respecto a la salud pública. El Doctor Soto dijo, entre otras cosas:

"El pueblo hondureño, de nobles alientos, de generoso corazón, ha entrado con entusiasmo, en el movimiento humanitario que distingue a las sociedades civilizadas. En casi todos los departamentos se trabaja, con actividad, en la construcción de hospitales. Las clases menesterosas vislumbran ya en el horizonte los albores de la caridad. Hoy ven inaugurarse este suntuoso edificio destinado al Hospital General de la República, y mañana verán continuarse las obras complementarias, que harán de este establecimiento una casa modelo. Honra y prez será por siempre de esta época, el hecho de que el edificio mejor construido, y el más elegante que existe hasta hoy en el país, sea el Hospital que va a servir de asilo a los enfermos pobres, que las más veces, infelices, mueren por falta de cuidado, porque no pueden comprar una medicina, ni pagar un facultativo. De hoy más, no se verán entre nosotros los lamentables cuadros que con dolor, hemos presenciado en las épocas de epidemia. Aquí está este edificio que servirá de seguro refugio a la clase pobre, tan digna de nuestra solicitud y de nuestros beneficios: aquí encontrarán la playa salvadora, cuando la tempestad se desencadene, cuando sea incontrolable, esos pobres náufragos del dolor, del infortunio... La caridad ensancha el corazón. Cuando nos sentimos poseídos de ese noble sentimiento, parece que nuestra alma se dilata, y tiene algo de lo inmenso. Por el gozo que hoy siento, al ver terminado este edificio, juzgo cual será el vuestro, señores individuos de la Junta, que habéis trabajado tan asiduamente en su construcción. Legítimo y hasta santo es vuestro contento. Grande es para nosotros este día. Una obra como la que inauguramos, debe unir, estrechar íntimamente los corazones de los hondureños, que deben sentirse animados de un mismo y benéfico sentimiento. Señores: felicitémonos muy cordialmente, y demos nuestros parabienes más cumplidos a los individuos de la Junta porque hoy ven logrado el fruto hermoso de sus afanes.

Laudable es su conducta. El Señor Presidente Planas, en especial, merece nuestras felicitaciones. Ha hecho abandono de sus negocios particulares, y se ha consagrado casi exclusivamente a ayudar al Gobierno en la construcción de este edificio; ha olvidado hasta sus años, y ni el sol ni la lluvia han sido obstáculos para que haya venido, diariamente a dirigir e inspeccionar los trabajos. De un modo público me es grato darle las gracias por la importante y eficaz cooperación que ha prestado, y manifestarle que, en testimonio de honor y de confianza, por acuerdo de esta fecha, ha tenido a bien nombrarle Presidente Perpetuo del Hospital General de la República" .

Los primeros enfermos fueron recibidos en el mes de septiembre, sirviendo como médicos los doctores Remigio Díaz, Eusebio Hernández y Carlos E. Bernhard; más tarde, el 2 de abril de 1883, se nombró como Director al Doctor Bernhard y como Cirujano al Doctor Diego Robles, con un sueldo mensual de treinta pesos cada uno.

Durante el primer año de servicios del Hospital, dio atención a 189 enfermos, de los cuales 123 fueron varones y 60 mujeres.

Las estadísticas del Hospital señalan que fueron curados 80 varones y 37 mujeres; mejorados salieron 11 varones y 11 mujeres; fallecieron 14 varones y 10 mujeres y quedaron en tratamiento 16 hombres y 8 mujeres.

En la Memoria de Gobernación presentada al Congreso Naciónal en febrero de 1883, el Ministro, General don Enrique Gutiérrez dice que el Gobierno, con fecha 17 de enero de 1882, había autorizado a la Junta Directiva del Hospital General, el establecimiento de una Lotería de Beneficencia cuyo producto se destinaría al sostenimiento del referido centro de salud; la base de este beneficio sería del 20% y a la fecha de leerse la Memoria, se habían verificado cuatro sorteos con una utilidad de 1.544.05 pesos. La emisión de billetes fue de 10.000 impresos en la Imprenta Naciónal, con un premio de 5.000 pesos y terminaciónes. También informaba el Ministro Gutiérrez que los Hospitales de Comayagua y Yoro habían sido inaugurados en la misma fecha que el de Tegucigalpa, estando ya en servicio los de Choluteca, El Paraíso, Olancho, y Santa Bárbara. Respecto a los Hospitales de Gracias, Copán y La Paz, dijo el Ministro que "por la inercia y poca voluntad de las Juntas Directivas, nada se había logrado, por lo que los fondos que estaban en poder de los respectivos Tesoreros, habían pasado en calidad de préstamo a la Tesorería del Hospital General, con el objeto de utilizarlos en la compra de material quirúrgico, medicinas y otros enseres de urgente necesidad".

Bien merecen ser recordadas las palabras del Presidente Doctor Soto al finalizar su discurso inaugural del Hospital General de Tegucigalpa. En ella se refleja cuál era su ideal y su propósito con respecto a la asistencia social, que no se limitaban a la salud pública, sino abarcaban otros aspectos de bienestar y seguridad ciudadana. Por ello cerramos este capítulo con lo que dijo el Presidente en tan señalada ocasión:

"Señores: Hemos entrado en las vías de la caridad. No retrocedamos jamás a la creación de hospitales es mi ánimo, es mi deseo, que siga la creación de casas de huérfanos, de salas de asilo, de talles de asociación, de cajas de ahorro, y de otros establecimientos de pública beneficencia que mejoren la condición material, moral y social de las clases pobres. Para ello, contaré como hasta ahora, con vosotros. Señores: por la humanidad, y para bien de la humanidad, sigamos, con paso seguro, en las sendas del bien; y digamos con todas nuestras fuerzas: ¡Atrás el miserable egoísmo! ¡Paso a la caridad triunfante!".

CAPÍTULO 13: RAMÓN ROSA TAMBIÉN SE MARCHA

- Campo La Isla; inicio de los trabajos del Teatro Cervantes.

Al salir el Doctor Soto del país el Gobierno quedó en manos del Consejo de Ministros, pero poco después, éste se desintegró porque el Doctor Ramón Rosa también emprendió viaje hacia Estados Unidos, llevando el cargo de Enviado Extraordinario y Ministro Plenipotenciario ante Washington, investidura que renunció al llegar a San Francisco de California, sin haber presentado, por tanto, sus Cartas Credenciales.

Entonces fue llamado a integrar el Consejo, el General don Luis Bográn. Se suponía, y esta era la realidad, que el sucesor del Doctor Soto sería el General don Enrique Gutiérrez, caballero muy querido y que colaboró eficazmente con Soto y con Rosa, pero la muerte le sorprendió cuando quizá la República necesitaba más de sus servicios. Quedaba pues el campo libre para el General Bográn, que era, después de Gutiérrez, el hombre de más prestigios.

Para desventura de los hondureños, la Reforma de Soto quedó inconclusa, y decimos para desventura nuestra, porque de no haber intervenido en nuestra política el General Barrios, ni Soto ni Rosa habrían abandonado a medio camino la obra emprendida. Se había gobernado sin partidos, con los elementos más capaces con que el país contaba, incluyendo los que fueran servidores de Medina, pero cuya preparación y honradez, no podían negarse.

Lucas Paredes afirma que "Soto era un liberal de la revolución del 71" y que su reforma se mantuvo "en las instituciones y las leyes hasta que el Partido Liberal llegó al poder con el Doctor don Policarpo Bonilla". Esta misma afirmación la hace el Doctor don Julián López Pineda, y la verdad es que Soto como Rosa, sí eran liberales al—estilo de García Granados, pero no implantaron en Honduras un régimen de privilegios políticos, de filiación sectaria, porque aquí se comenzó a mencionar al partidismo y la banderilla, cuando el General Bográn terminaba su segundo período y pensaba dejar al General Leiva en su lugar.

Respalda nuestra opinión de que la Reforma quedó inconclusa, la de Pérez Brignoli, que afirma que "La Reforma Liberal no había provocado en Honduras, el surgimiento de una sociedad moderna en perspectivas de progreso", ya que los intentos de transformación se habían frustrado en gran parte. Y ello es evidente, porque comenzando por la estructura económica estuvo lejos de alentar un cambio: el café, que fue uno de los renglones que Soto quiso consolidar, no pasó de ser un transitorio renglón de exportación, debido a varias causas, entre ellas, la falta de vías de comunicación, y en esto cabe decir, que el ferrocarril no pasó nunca de la Pimienta. Por la topografía del país y también por su pobreza, no se pudieron hacer mejores caminos y esto mantuvo el costo de los fletes a niveles elevados. Tal circunstancia detuvo la exportación de ganado, cuyo costo en 1878 era en la Costa Norte de $25.00 por cabeza y aunque en Cuba se pagaba a razón de $48.75, era casi imposible el transporte hasta los puertos de embarque. El banano, era entonces el cultivo y demanda casi incipiente, pues hasta muchos años después, se instalaron las Compañías Fruteras. Por tales motivos, la agricultura no pudo ser un renglón de riqueza ni para el fisco ni para los particulares y quedó reducida, después de grandes esfuerzos a cubrir el mercado interno y en menor escala, el mercado centroamericano. Igual ocurrió con el tabaco.

Por el establecimiento de la Rosario Mining Co., la explotación minera se mantuvo floreciente si nos atenemos a los que señalan las estadísticas de exportación de los años 1887—88 y 1888—89. Esta compañía exportó minerales, especialmente plata, por un valor de $1.516.887.50, que representaba un 45.3% del total de exportaciónes.

La Reforma de Soto incidió fundamentalmente en el mantenimiento de la paz y la seguridad pública; quizá ello fue posible porque el Gobierno no alentó el surgimiento de los líderes políticos ni permitió la vida de bochinche acostumbrada, al liquidar al General Medina, hecho censurable e indigno, pero estimado como necesario por los hombres del Gobierno. Y si Bográn hubiese seguido con la política del Dr. Soto, no se le habría revelado el General Longino Sánchez ni el General Emilio Delgado, que soñaban con erigirse líderes y caudillos de los viejos sistemas desterrados por la Reforma Liberal del 76.

No falta quien afirme que Soto y Rosa tiranizaron al pueblo hondureño durante siete años; esto es de dudosa certidumbre, pues tales acusaciones comenzaron a circular cuando el General Bográn auspició la organización de las banderillas políticas y fomentó el sectarismo, tal como lo hiciera años más tarde el Doctor don Policarpo Bonilla.

Cuando Soto y Rosa faltaron y faltó también el General don Enrique Gutiérrez, fue fácil darse cuenta de que en Honduras no había un sólido poder, que era un Estado débil y fácil de someterse a presiones extranjeras, como fuertes contrastes regionales de tipo social y económico; que, su poder no residía realmente en el Gobierno. Tal circunstancia obedeció a que los hombres de la Reforma del 76, no tuvieron tiempo de consolidarla como tampoco los vecinos temerosos de que se crease un Estado fuerte y respetable, no le permitieron proseguir la obra. Quizá por ello, también el General Bográn se decidió a buscar un punto de adictos legalmente. Sobre el particular, William S. Stokes, dice: "La Administración del Doctor Soto fue importante debido a que introdujo orden, paz, y un trato justo, mientras los partidos previamente habían gobernado por medio de la ley marcial. Además, al implantar la revolución liberal en Honduras, modelada en la revolución del General Barrios de 1871, Soto forzó a todos los grupos políticos a que aceptaran ciertos principios progresistas básicos, entre ellos la separación de Iglesia y Estado y la idea de Gobierno representativo. El Presidente Soto no emprendió organización o reorganización partidista de ningún tipo durante su Administración... Durante la Administración del Doctor Soto la paz y el buen Gobierno prevalecieron, y era difícil interesar a los caudillos en la organización partidista cuando no había oportunidad inmediata de avance político. La falta de apoyo activo por parte del Presidente fue también un factor contribuyente".

El mismo autor, refiriéndose a la conducta del General Bográn hace estas apreciaciones: "Cuatro veces, de 1883 a 1891 Luis Bográn fue Presidente. En los primeros años de la década del 1800, intentó crear un Partido Liberal fuerte y unificado. Buscó inculcar lealtad personal más bien que adecuación al partido por sus principios, y esta tónica hizo que el éxito del partido dependiera de sus éxitos personales. Aunque sus esfuerzos tuvieron cierto éxito, fue el ejército nicaragüense el que le dio el poder. El Presidente Bográn no descartó su ambición de establecer un partido disciplinado, pero desde 1886 en adelante, mostró menos deseos de trabajar con grupos liberales exclusivamente. Ahora excitó a miembros de todas las facciones a unirse bajo los principios de libertad, igualdad y justicia. En 1887, proclamó oficialmente que él era un naciónalista. Cuando Bográn dejó la Presidencia, sin embargo, su organización habíase deteriorado en grupos y subgrupos, y la situación no era muy diferente de lo que había sido cuando Soto ascendió al poder" .

Sin embargo, no debe olvidarse que muchos aspectos de la reforma siguieron caminando después de Soto, como para el caso en materia de educación, en el renglón fiscal y algo sobre caminos, pero el contenido global de la Reforma del 76 quedó inconcluso.

Finalmente, se paralizó el esfuerzo progresista y entraron en juego otros factores, unos ya conocidos por el pueblo hondureño como el resurgimiento del caudillismo que trajo de nuevo la guerra civil, y otros nuevos de procedencia exterior, como la influencia de los enclaves bananeros en la Costa Norte que fomentaron el intervencionismo norteamericano, lo que ya para 1900 era un sistema que pesaba destacadamente en la política Naciónal.

Cerramos este capítulo con las apreciaciones de Brignoli que dice: "Las clases proletarias, al fracasar en el desarrollo de una economía de exportación controlada por los productores naciónales, se vieron restringidos a la producción para el mercado interno y a algunas exportaciónes al mercado centroamericano como el ganado y el tabaco. No se constituyó como en Guatemala o El Salvador una sólida oligarquía cafetalera. Esto incidió en que fuera de la costa norte continuaran predominando las actividades artesanales y una agricultura de subsistencia. La estructura social manifestó así fuertes controversias regionales. El desarrollo urbano fue tardando y recibió muy pocos incentivos de la economía de exportación" .

BIBLIOGRAFIA

I. LIBROS

1) Burgess, Paul. Justo Rufino Barrlos. San José, EDUCA, 1972 (Colección Hondureña, Sistema Bibliotecario, UNAH).

2) Castillo Flores, Arturo. Historia de la Moneda de Honduras. Tegucigalpa, Banco Central de Honduras. Tegucigalpa, 1974, (Colección Hondureña, Sistema Bibliotecario, UNAH).

3) Durón, Rómulo E. Bibliografía del Doctor Marco Aurelio Soto. Tegucigalpa. Talleres Tipográficos Naciónales, 1944. (Colección Hondureña, Sistema Bibliotecario, UNAH).

4)Bosquejo Histórico de Honduras, 1502 a 1921. San Pedro Sula, 1927. (Colección Hondureña, Sistema Bibliotecario, UNAH).

5) Pérez Brignoli, Héctor, comp. Cuadernos de Ciencias Sociales, No. 2. Tegucigalpa, Nuevo Continente, 1973. (Colección Hondureña, Sistema Bibliotecario, UNAH).

6) Reina Valenzuela, José, Bosquejo Histórico de la Farmacia y la Medicina en Honduras. Tegucigalpa, Ariston, 1947. (Colección Hondureña, Sistema Bibliotecario, UNAH).

7) Valle, Rafael Heliodoro, comp. Oro de Honduras. Tegucigalpa, Ariston,1948. (Colección Hondureña, Sistema Bibliotecario, UNAH).

8) Stokes, William S. Honduras: An area study in government. Madison, The University of Wisconsin Press, 1950. (Colección Hondureña, Sistema Bibliotecario, UNAH).

9) Vallejo, Antonio R. Censo General de la República de Honduras, levantado el 15 de junio de 1887. Tegucigalpa, Tipografía

Naciónal, 1893. (Colección Hondureña, Sistema Bibliotecario, UNAH).

10) Primer anuario estadístico correspondiente al año de 1889. Tegucigalpa, Tipografía Naciónal, 1888. (Colección Hondureña, Sistema Bibliotecario, UNAH).

II. ARTICULOS DE REVISTA

Guatemala. Secretaría de Relaciones Exteriores. "Tratado de paz preparatorio de unión entre las Repúblicas de Centroamérica, concluido en Guatemala en 28 de febrero de 1876". Revista del Archivo y Biblioteca Naciónal. V (1—2—3—4): 114—123, enero 199. (Colección Hondureña, Sistema Bibliotecario, UNAH.
"Marco Aurelio Soto, accionista de la Rosario Mining Co., según el New York Trade Reporter del 7 de febrero de 1880". Ariel, XIII (257): 23—24, Junio 1973. (Colección Hondureña, Sistema Bibliotecario, UNAH).

Turcios, Froylán. "Marco Aurelio Soto y José María Medina" Ariel, VI (161): 7, marzo 1965. (Colección Hondureña, Sistema Bibliotecario, UNAH).

III. PERIÓDICOS

LA GACETA, años 1876—1889 (Archivo y Biblioteca Naciónal).

LA PAZ, años 1886—1889 (Archivo y Biblioteca Naciónal).

IV. TESIS

Argueta, Mario R. Ramón Rosa. Tegucigalpa, 1966. (Tesis para optar al grado de Maestro de Educación Media, Escuela Superior del Profesorado Francisco Morazán). (Colección Hondureña, Sistema Bibliotecario, UNAH).

Finney, Kenneth. Precious metal mining and the modernization of Honduras: In quest of El Dorado (1880—1900). Tulane University, 1973. (Tesis para optar al grado de Doctor en Historia, Tulane University, New Orleans) (microfilm).

MENSAJES DEL DOCTOR SOTO

MARCO AURELIO SOTO PRESIDENTE PROVISIONAL DE LA REPÚBLICA

Proclamado por los pueblos de Honduras Presidente Provisional de la República, y llamado al ejercicio del Gobierno Supremo por Decreto de 21 del corriente:

Considerando: Que los pueblos de Honduras, en actas y representaciones me han proclamado Presidente Provisional de la República.

Considerando: Que el ex—Gobernante Provisional, General Don José María Medina, se ha adherido al voto espontáneo de los pueblos, llamándome al ejercicio del Poder Ejecutivo en su Manifiesto de 18 del corriente y en Decreto de 21 del mismo mes; y

Considerando: Que los más vitales intereses de los hondureños hacen necesario el establecimiento de un nuevo Gobierno que asegure, con firmeza la paz de la República, y promueva su bienestar y progreso;

POR TANTO

DECRETA:

Artículo 1º. Acepto el poder que me confiere la voluntad de mis conciudadanos, y en consecuencia asumo, desde hoy, el Gobierno Provisional de la República.

Artículo 2º. Organizo el Gobierno Provisional nombrando Secretario General del Despacho, al Señor Licenciado Don Ramón Rosa, hondureño de reconocida ilustración y patriotismo.

Artículo 3º. El Gobierno ejercerá las facultades discrecionales que sean necesarias para mantener el orden público.

Artículo 4º. Oportunamente el Gobierno convocará a los pueblos para que elijan la persona que, de un modo definitivo y constitución al, deba encargarse de la Presidencia de la República.

Artículo 5°. El Gobierno llama a los hondureños que, por motivos políticos permanezcan, en la actualidad fuera de su patria, y les ofrece seguridad y protección.

Dado en el Puerto de Amapala, a veintisiete de agosto de mil ochocientos setenta y seis.

MARCO A. SOTO

El Secretario General Ramón Rosa"

MARCO AURELIO SOTO AL ASUMIR EL GOBIERNO PROVISIONAL

Conciudadanos:

Recordaréis que hace algunos meses —en momentos solemnes para la suerte de Centro—América, presté mi colaboración en favor de la paz de Honduras, animado únicamente por el deseo de ver a mi patria tranquila y en vía de obtener su mejoramiento político y social. Lejos estaba entonces de pensar que la opinión de la mayoría de mis conciudadanos se fijase en mi persona, designándome para ocupar la primera Magistratura de la República, cargo dificilísimo cuya importancia excede, sobre manera, a mis aptitudes y pocos merecimientos.

La consideración que precede me determinó, varias veces, a no aceptar las insinuaciones y llamamientos que, de algún tiempo a esta parte, me han hecho muchos de mis compatriotas en la mira de que me encargase del poder. Tal vez mi conducta haya significado para algunos falta de patriotismo, de abnegación; pero para mí, y para las personas que me conocen, no, significa más que el convencimiento que ha abrigado de que Honduras, sin mi participación directa en el manejo de los negocios públicos, podría recobrar la paz y desarrollar los elementos que posee bajo una administración estable, justa y benéfica. Mas otro ha sido el curso que, contra mis previsiones y propósitos, han tenido los acontecimientos. Nuestro país no ha logrado, el restablecimiento de la paz ni vuelto al goce de sus legítimos derechos. En presencia de situación tan penosa y difícil, vosotros ciudadanos, en vuestras actas y exposiciones me habéis reiterado vuestros votos de confianza instándome para que tome el Poder Supremo; el Jefe Provisorio de la República, General Don José María Medina, me ha dirigido igual excitativa en su manifiesto de diez y ocho del corriente, suscrito en Gualcinco; y últimamente, por decreto de 21 del mismo mes, me ha encargado el Gobierno provisorio de la República.

Puesto que inspirados por un sentimiento común consideráis que mi ascenso al Poder es el medio de que en nuestra patria se restablezca la paz, faltaría a mis deberes más sagrados si no atendiese a vuestro definitivo y honroso llamamiento. En consecuencia, HOY ASUMO EL PODER PROVISORIO que me confía vuestra espontánea voluntad. Deseo corresponder dignamente a la confianza que depositáis en mí; y para ello debo manifestaros desde luego, que el nuevo Gobierno no tendrá por norma de sus actos una política recta y exclusivista y disociadora sino, al contrario, una política recta y expansiva que tenga por objeto primordial, devolver el reposo y la confianza a la sociedad, y crear y desarrollar, principalmente los intereses económicos de nuestro privilegiado país, que no dudéis, puede reconstituirse merced a la influencia del orden y de trabajos administrativos llevados a cabo con inteligencia, firmeza y buena fe.

Conciudadanos: Ajeno como soy a las antiguas rivalidades y odios de partido que han labrado la ruina de este país infortunado, me es posible, por circunstancia tan favorable, inaugurar el Gobierno Provisorio, bajo los auspicios de la justicia y de la imparcialidad. No me ligan compromisos interiores ni exteriores que puedan desviarme de esa línea de conducta. Veo a todos los hondureños probos y laboriosos igualmente acreedores al aprecio y a la. protección eficaz del Gobierno; y con respecto a los gobiernos amigos de Centro— América reconozco en ellos verdaderas garantías para la paz y prosperidad de Honduras, pues cuento con su fraternal benevolencia y con su desinteresado apoyo.

Hondureños: Conocéis mis propósitos, los llevaré a cabo si me prestáis vuestra leal cooperación: Si fuere necesario hagamos esfuerzos supremos para rehabilitar a nuestro país hoy tan decaído y abatido. Yo os excito a que depongáis antiguos odios y rencores que no han dado más fruto que la desorganización y el descrédito de la República. Nuestra patria puede ser grande y feliz si sabéis servirla con honradez y buena fe. Estos momentos, en que me dirijo a vosotros, son solemnes y decisivos. La alternativa para el pueblo hondureño es gravísima: o vamos a nuestra completa disolución social, o nos encaminamos a la reorganización y engrandecimiento de la patria. La elección no puede ser dudosa: confío en que optareis por el bien y la felicidad de la República.

Amapala, 27 de agosto de 1876.

MENSAJE DEL PRESIDENTE PROVISIONAL
MARCO AURELIO SOTO AL CONGRESO

(Congreso de la República, solemnemente instalado el día 27 de mayo de 1887).

El 27 de agosto del año de 1876, día en que inauguré en el Puerto de Amapala el Gobierno Provisional que presido, puse de manifiesto los motivos que me determinaban a aceptar el Poder, y los principios sobre que debería reposar la nueva Administración. Bastante conocéis que en otra República que me dio posición y altos honores a la que debo sincera gratitud, vivía tranquilo, ajeno á toda ambición, y libre de responsabilidades que comprometiesen la quietud de mi vida; y por lo mismo podréis juzgar que, al encargarme del puesto de gobernante en un país envuelto en el caos de la anarquía, mi determinación no tuvo otro móvil que el propósito de cumplir mi deber de hijo de Honduras, deber tanto más sagrado é imperioso para mí cuanto más llegaba á mis oídos el eco repetido de las quejas de mi patria que, en lucha con la adversidad, se esforzaba en sobreponerse á su estado de triste y deplorable abatimiento.

Respecto á los principios fundamentales de mi Gobierno expuse que, como hombre nuevo en la política del país, carecía de compromisos interiores y exteriores que me desviasen del cumplimiento de mis deberes, y manifesté además que la justicia que hace posible la práctica del derecho, la imparcialidad que hace posible el mantenimiento estable de la confianza de los ciudadanos, y la libertad que hace posible la vida armónica de los distintos intereses y aspiraciones individuales y de partido, serían siempre la inspiración de mis ideas y la norma de mis actos como primer Mandatario de la República.

Las declaraciones que dejo expuestas son frecuentes, y valen muy poco ó nada cuando se hacen por cumplir una formalidad requerida por el decoro oficial, pero valen mucho y tienen una alta significación cuando expresan una voluntad resuelta y sólidas convicciones, y cuando vienen a confundirse con los hechos que en la práctica no desmienten los que se han proclamado como un principio. Entonces esas declaraciones son benéficas y fecundas enseñanzas para los pueblos, dan fé a los ciudadanos, dan aliento a las aspiraciones legítimas, y difunden la savia de las nobles ideas que tarde o temprano sostiene la vida de una sociedad tan moralizada y culta.

Confirmación de lo que llevo dicho es el estado en que por fortuna hoy permanece la República. No hay un solo hondureño forzado a vivir fuera de su patria: no hay un solo hondureño que por motivos políticos gima en las prisiones de Estado: no hay un solo hondureño que levante una queja por haberle sido arrebatado el fruto de su trabajo; y no hay un solo pueblo que no descanse confiado en sus derechos civiles y políticos, y en la idea lisonjera de que la paz se prolongue para reponer tanto tiempo perdido y mejorar su antes precaria y desgraciada situación. Tal es el triunfo de la verdadera libertad y la justicia: yo lo aplaudo porque en él veo el fruto del buen juicio y de las virtudes públicas de mis conciudadanos.

Empeño particular de mi Gobierno ha sido aplicar a sus relaciones exteriores los mismos procedimientos de rectitud y justicia que ha puesto por obra en los diversos negociados de política interna. Así es que tengo la satisfacción de manifestaros que han mediado y median las relaciones más amistosas y cordiales tanto con los Gobiernos del Centro de América como con los de las naciónes extranjeras.

El Gobierno tan pronto como ingresé a la Capital de la República, conceptuó debido y conveniente dirigir á los Ministros de Estado y Agentes diplomáticos de las demás naciones un Memorandum en que de una manera fiel y precisa se hiciese patente la situación del país, las verdaderas causas que habían dado margen al establecimiento del Gobierno Provisional y el nuevo rumbo que, en obsequio de los altos principios de la civilización de nuestra época, tendría la política interior y exterior de la nueva Administración. La Secretaría de Estado en 18 de Octubre último patentizó todo lo expuesto con franqueza y lealtad, y me es satisfactorio deciros que a consecuencia de sus declaraciones, dentro y fuera de Centro América, el naciente Gobierno inspiró plena confianza y se hizo acreedor en particular a las simpatías de los Gobiernos de Centro América. Estos no han visto ni ven el Poder que ejerzo una amenaza para la tranquilidad de los pueblos centroamericanos: han hecho justicia a mi Gobierno, y han reconocido que todo mi afán es procurar la rehabilitación de Honduras para que sea una garantía del concierto político de los países vecinos, y en lo porvenir una promesa segura del bienestar, de la dignidad y de la civilización de la América del Centro que, a pesar de nuestras divisiones artificiales, es y será siempre nuestra patria común.

Como mi Gobierno ha tenido y tiene por base la opinión pública, siguiendo sus manifiestas indicaciones, suprimió temporalmente, por acuerdo Supremo de 7 de Noviembre anterior, las Legaciones de los Señores Don Carlos Gutiérrez y Don Víctor Herran desempeñaban en Inglaterra y Francia, y en consecuencia envió á estos Agentes diplomáticos sus correspondientes letras de retiro, las que según comunicaciones recibidas, han sido presentadas o dirigidas á los respectivos Gobiernos.

Fuera de duda aparece la conveniencia de que el país en las vecinas Repúblicas esté representado por Agentes diplomáticos, nuestras intimas y frecuentes relaciones que nacen de la vecindad y de la comunidad de interés hacen precisa la mediación de Representantes que uno y otro día trabajen porque nuestros vínculos en materia de política y de administración, de comercio y de industria, sean sólidas garantías de paz, de fraternidad y de auxilios mutuos, en vez de convertirse, tal vez merced al retraimiento o a equívocas inteligencias, en motivos de rivalidad y de disensiones que más tarde o más temprano conducen por desgracia a la realización de luchas fratricidas en que pierden vencedores y vencidos, en que se malogran el tiempo y el trabajo ahorrado, y en que únicamente sobresale el descrédito que deprecia nuestro nombre, en particular, ante la consideración de las naciónes extranjeras de cuya confianza estamos necesitados para que su poder productivo y su saber acumulados por el transcurso de los siglos, refluya en provecho de nuestro bienestar y en beneficio de nuestra civilización naciente.

Las consideraciones anteriores me determinaron a acreditar, con fecha 11 de noviembre último, Ministro Residente ante el Gobierno salvadoreño, al General Don Cruz Lozano, persona caracterizada que cumple su alto encargo a satisfacción de ambos Gobiernos: y bajo la influencia de las mismas consideraciones creo que Honduras debe tener sus Representantes Diplomáticos en las demás Repúblicas vecinas y hermanas. Si se quiere paz, bienestar y progreso para la República, no debe descuidarse el empleo de ninguno de los medios conducentes a la realización de tan importantes fines.

Antes de mi llegada a esta República se organizó, en el Departamento de Choluteca, una falange compuesta en su mayor parte de emigrados nicaragüenses que aspiraban a crear un nuevo orden de cosas en su país. La organización de la falange y otros motivos políticos de cuya existencia no era ni podía ser responsable mi Gobierno, dieron margen a que el Gobierno nicaragüense quizá no conociendo por falta de datos el espíritu recto de la nueva política hondureña, dirigiese a mi Gobierno, una Circular a la Secretaría de Estado de 5 de Septiembre del año anterior, algunos cargos en que predominaba la idea de que el Gobierno Provisional se había constituido con miras hostiles a la paz y a la seguridad de Nicaragua. Semejante juicio, causa de las inculpaciones, fué completamente rectificado en la respuesta que en 15 de Diciembre dió el Secretario General al Secretario de Estado de la República de Nicaragua, cuyo Gobierno, me complazco en decirlo, tan pronto como vió en claro la situación de las cosas, no vaciló en reconocer la justificación de la política del Gobierno hondureño.

De entonces acá no se ha proyectado sobre nuestro horizonte ni una sola sombra que oscurezca la hermosa perspectiva de concierto político y/ paz general que, hoy más que nunca, cautiva la atención de los pueblos, y que hoy, como siempre, satisface a las aspiraciones legítimas del patriotismo ilustrado.

Con motivo de la clausura de las relaciones oficiales y de comercio entre las Repúblicas de Nicaragua y Costa Rica ocurrida en Noviembre último, las Secretarías de Estado de ambos países han manifestado a mi Gobierno en despachos circulares las razones que cada parte tiene, ya para justificar la cesación de relaciones, ya que para conceptuarla como insostenible ante la conveniencia del derecho. Mi Gobierno que cultiva amistosas relaciones con todos los Gobiernos de Centro—América, y que vé sus diferencias como desacuerdos habidos entre hermanos, se ha limitado á ofrecer de buena fé su mediación decidida y fraternal a efecto de que, con el empleo de medios diplomáticos, se resuelva en términos satisfactorios para una y otra parte la cuestión de Nicaragua y Costa Rica.

Idea generalmente aceptada ha sido en los países hispanoamericanos la de celebrar sus pactos entre sí o con las Naciónes extranjeras, tomando por base principios de estricta reciprocidad que a primera vista parece que satisfacen a la justicia y a la conveniencia de una y otra parte, pero que, en realidad, son tan distintas las posiciones, tan diversas las necesidades, tan particulares los intereses de las partes que contratan, en especial con referencia a Europa y a América, que bien puede decirse que tal reciprocidad es ilusoria en la práctica, y que más justo y conveniente es tomar por punto de partida, para la celebración de pactos internaciónales, el principio de que cada nación se comprometa a cumplir las obligaciones que estén de acuerdo con su modo de ser peculiar, en lo social, en lo político, en lo económico y en lo administrativo, y a obtener en cambio el cumplimiento de todos aquellos compromisos que redunden en su positivo beneficio, y que siendo conformes con la justicia deba y pueda hacerlos efectivos la otra parte contratante.

Este pensamiento anima a mi Gobierno, y consecuente con él, y aprovechando la circunstancia de haber caducado, de tener duración a voluntad, o de no haber sido ratificados los Tratados que ligan a la República con los países vecinos y con las naciónes extranjeras, ha denunciado dichos pactos en acuerdo Supremo de 25 de abril próximo anterior. Mi Gobierno al proceder de esta suerte ha llevado en mira servir a los intereses de la Nación y estrechar por medio de pactos más amplios, más prácticos y beneficiosos, las relaciones de la República con las Repúblicas hermanas y con los países extranjeros.

En breve se dará publicidad a los documentos relativos al nombramiento que hizo el Gobierno en la persona del General Don Domingo Vásquez, acreditándolo, ante el Gobierno del Perú, con el carácter de Ministro Plenipotenciario y Enviado Extraordinario. La misión del General Vásquez ha tenido dos fines: felicitar por su advenimiento al Poder a su Excelencia el General Don Mariano Ignacio Prado, hombre público que en una época memorable supo sostener el nombre y el decoro de América, y al propio tiempo, estrechar, literaria, comercial e industrialmente las relaciones entre

Honduras y la República Peruana. Ojalá, Señores Diputados, sea dado a Honduras cultivar con todos los países de Hispano—América no sólo relaciones puramente oficiales, sino también relaciones que en lo moral, en lo intelectual, en lo comercial e industrial, sea prenda segura de la unión más sólida y perfecta, fundada en el sentimiento de nuestra raza que tiene intereses solidarios, y encaminada al cumplimiento de un gran destino histórico ya presentido por el genio de un hombre extraordinario: la federación de todos los pueblos latino—americanos.

En el transcurso de unos pocos meses no me ha sido posible, por falta de elementos, sistematizar y dar notable incremento a la instrucción de la juventud; pero al menos mi Gobierno ha hecho cuanto ha estado de su parte para restablecer los intereses de la enseñanza a los pocos Institutos que poseemos.

En las situaciones excepcionales, por lo común, se desconocen los fueros de la inteligencia que tiene por alimento la educación; y no es ni puede ser extraño que a causa de las profundas perturbaciones que ha experimentado esta República, se cerrasen para la juventud las escuelas primarias y los institutos de segunda enseñanza y profesional. Sin embargo, tan pronto como mi Gobierno se constituyó y nombró sus agentes administrativos en los Departamentos, las escuelas primarias y los institutos volvieron abrirse. A este respecto han desplegado laudable celo los Gobernadores Políticos, quienes secundando las ideas de mi Gobierno, y observando las órdenes que les han sido transmitidas por medio de la Secretaría General, se han esforzado en restablecer y aumentar por doquiera las escuelas de niños y de niñas, no obstante la deficiencia de recursos que se experimenta en los Departamentos.

El Gobierno provisional, en medio de sus dificultades, no sólo ha atendido al restablecimiento de las escuelas sino que ha dado la protección que le ha sido posible à la enseñanza, en sus diversos ramos. En Nacaome, la Villa de Concepción (de Tegucigalpa), Comayagua, El Rosario y Siguatepeque, ha proporcionado algunas subvenciones destinadas al sostenimiento de la instrucción primaria: al Instituto científico de San Carlos, que está dando satisfactorios resultados, le acordó por disposición de 16 de Octubre un donativo de quinientos pesos que se ha empleado en las mejoras del establecimiento: en igual fecha acordó recoger los pagarés otorgados por los extractores de ganado, cuyos documentos estaban dispersos, con el objeto de que las oficinas de Hacienda verificasen la legitimidad del título de sus poseedores, y conociesen el monto del producto del impuesto sobre extracción que motivó dichos pagarés, a efecto de que la cuarta parte que corresponde a los fondos de la Universidad de la República, se hiciesen efectiva en provecho de ese Instituto de enseñanza; en 30 de Enero último acordó la creación de un colegio de segunda enseñanza, en la ciudad de Gracias, concediéndole para su sostenimiento el producto de los derechos sobre destazo, dos pesos de la contribución correspondiente al impuesto sobre la siembra de tabaco del año anterior, y una subvención de cincuenta pesos mensuales pagadera por la Intendencia del respectivo Departamento: empleando medios análogos atendió en acuerdo de 17 de Abril al sostenimiento del Instituto científico de San Carlos de Santa Rosa, a cuyo establecimiento, por disposición de fecha anterior 27 de Enero se habilitó para que diese la enseñanza de facultades mayores, y por acuerdo de 30 de Diciembre ensanchó las proporciones de la enseñanza del Colegio de esta Capital creando las asignaturas de Física y Química, de Economía Política, y restableciendo por cuenta del Estado las clases de Derecho Civil teórico y de Práctica Forense, todas las cuales están desempeñadas por profesores que corresponden a la confianza del Gobierno y a los afanes de la juventud que aspira noblemente a extender la esfera de sus conocimientos.

Mas he de hablaros con la franqueza que debo a mis conciudadanos. Las medidas adoptadas y cumplidas en orden a la enseñanza tienen una bondad relativa; pero están muy lejos de satisfacer a mis aspiraciones, y creo que tampoco pueden estar acordes con las grandes y legítimas exigencias de la educación pública en Honduras. Poco se adelantará entre nosotros en materia de instrucción mientras la enseñanza primaria, secundaria y profesional no se depure, merced a un nuevo sistema, de los vicios capitales de que adolece: poseemos aún la rutina que nos legara la colonia: poseemos aún una enseñanza tan difícil como incompleta: poseemos aún una enseñanza que falta de unidad en su plan, carece á la vez de los altos fines que preconiza la cultura de nuestra época: poseemos en suma una enseñanza casi siempre teórica, casi siempre estéril, y que por lo mismo, no es susceptible de cuadrar con la educación práctica que necesitamos, ni con el carácter elevado de nuestras instituciones.

Por lo expuesto notareis, Señores Diputados, que nuestro sistema de enseñanza requiere una reforma tan radical como sensata, tan justa como practicable. Empero, las reformas necesitan no sólo de ideas convertidas en decretos, sino también de elementos materiales que sean las garantías de su ejecución. Mi Gobierno haciendo un esfuerzo supremo, en los pocos meses que lleva de regir los destinos del país, habría podido decretar un plan de estudios que, desde la enseñanza primaria hasta la enseñanza profesional, representase las ideas que los conocimientos científicos han puesto en evidencia como medios eficaces de educar a un pueblo, no para que viva de vanas teorías, sino para que viva lleno de fuerza por sus aptitudes industriales y comerciales, por sus aptitudes de trabajo y de producción, y, más que todo, alentado por sus convicciones morales y por sus principios republicanos. Con tal educación nuestro pueblo será capaz de cumplir en la esfera de la familia, en la esfera del Estado, y en la esfera de la humanidad, los altos fines de la civilización de nuestros tiempos. No obstante, mi Gobierno no ha creído oportuno intentar esa reforma. ¿Qué hacer cuando no ha habido recursos para fundar una sola escuela normal que proporcione buenos maestros para la enseñanza primaria? ¿Qué hacer cuando no ha habido fondos para obtener del extranjero profesores, textos y útiles competentes para la enseñanza de las lenguas vivas, de las ciencias físico—matemáticas y de las ciencias políticas y sociales? ¿Qué hacer cuando ni escasamente ha sido dable, en los pocos meses de Gobierno Provisional, satisfacer a esas ingentes necesidades?

Señores: yo siento como hijo de Honduras, como Centro Americano, que sea una triste verdad el gran vacío que se nota en nuestro sistema de enseñanza. Deber imperioso es llenar ese vacío, y por esto a los pocos días de haber inaugurado mi Gobierno, en 12 de septiembre último, renuncié en unión del Señor Secretario General los sueldos correspondientes a nuestros servicios, con el objeto de que se conviertan en beneficio de la Instrucción Pública. La Tesorería General tiene ya orden para que haga la liquidación de dichos sueldos devengados, cuyo valor pondrá a disposición de la persona encargada por el Gobierno para el efecto de proveer a la juventud de los textos y útiles que necesite para su educación.

Al tratar de otros departamentos de la Administración os informaré de los resultados que han dado las Escuelas de Telegrafía y de Contabilidad de Hacienda, fundadas en 30 de Diciembre y en 22 de Febrero del corriente año.

En el Departamento del Interior me es grato asegurar o que se ha atendido debidamente a las más premiosas exigencias de ese ramo de la Administración.

El orden público, que en todo país es una necesidad reconocida, y que en Honduras, después de sus repetidos quebrantos, puede decirse que es una necesidad vital y suprema, se ha sostenido inalterable, ha traído el renacimiento de la confianza, ha restaurado los hábitos de trabajo, y ha proporcionado a los pueblos copiosos beneficios.

Mi Gobierno que ha hecho un estudio desapasionado de nuestras condiciones sociales, ha comprendido que entre nosotros no puede ni podrá sostenerse el orden público fomentando los antagonismos de partido que dividen á los asociados, ni poniendo el Poder Supremo a discreción de una fracción política que, exclusivista o intolerante, ahogue la vida de sus contrarios reduciéndolos a un estado de triste y humillante nulidad. No: el orden es la armonía, y ésta sólo puede existir, sólo puede sostenerse cuando los ciudadanos, aunque divergentes en ideas y en aspiraciones, conocen que hay derechos comunes cuyo ejercicio a todos se garantiza, cuando comprenden que por encima de las pasiones y de los intereses de partido, hay sentimientos nobles e intereses generales que el Poder Público sabe representar digna y honradamente, y cuando juzgan que el Gobierno, que tiene por título legítimo la voluntad de la Nación, y por fin el bien de los asociados, no es el respiradero de enconos personales, ni puede ser el órgano oficial de las venganzas que por desgracia sabe inspirar el espíritu de partido. (Aplausos).

Consecuente con las ideas enunciadas, que para el personal de mi Gobierno forman verdaderas convicciones, la Secretaría General, en

6 de Noviembre último, dirigió una circular a los Gobernadores departamentales en que se fijaron los principios de política interna, con cuyo cumplimiento, a juicio del Gobierno, podría sostenerse el orden público. En esa circular se reprobó terminantemente la política preventiva que es y será siempre el desconocimiento del derecho, la negación absoluta de la libertad, y el germen de revuelta y calamidades públicas; y a la vez, se ordenó la aplicación de la política represiva que juzga imparcialmente a los hombres por sus actos manifiestos, y no por prevenciones sugeridas por el interés, por la pasión o el odio: que garantiza a los ciudadanos el pleno ejercicio de sus derechos, tan hermanado con la prudencia de los gobernantes y con la libertad de los gobernados: que educa a éstos en la escuela práctica de la legalidad, y que en consecuencia cierra de par en par las puertas á las revoluciones que no aparecen, ó desaparecen como una sombra fugaz, cuando la violencia y las injusticias del Poder no les dan razón de existir, ó les niegan el alimento que necesitan para crecer, robustecerse, y apoderarse de una verdadera influencia social.

No es de extrañarse, Señores, que tratándose de pueblos sumisos y honrados y de hombres de corazón como posee la República

hondureña, los principios expuestos en el referido documento hayan hecho eco en el ánimo de las autoridades y en la conciencia de los gobernados, y que unos y otros se hayan resuelto a servir a la causa del orden que hoy más que nunca les impone altos y sagrados deberes. Así se explica, Señores, cómo en los nueve meses de Gobierno interino el país no ha tenido que deplorar las consecuencias de trastornos públicos.

Como medio de dar una participación legítima a los ciudadanos en la gestión de los negocios públicos, y de atender prácticamente a las opiniones de los hombres ilustrados, mi Gobierno en decreto de 30 de Octubre del año próximo anterior, creó un Consejo de Estado compuesto de dos Secciones, residente la una en Tegucigalpa y la otra en esta Capital. Las Secciones se han ocupado ya en la formación de su reglamento de régimen interior, y no dudo que las personas que componen el Consejo, por su patriotismo y por sus luces, prestarán grandes servicios al Estado haciendo uso de las atribuciones de emitir su voto consultivo en materias administrativas, y de tomar iniciativa sobre todos los asuntos públicos que deseen promover o mejorar en interés del país.

La acción administrativa de los Gobernadores políticos se ha aplicado y desarrollado de una manera satisfactoria, si es que se consideran las difíciles circunstancias que los han rodeado, provenientes ya de la falta de recursos, ya de la inacción y aún de la desconfianza que muchas veces suceden a las épocas de desconcierto y de anarquía. Sin embargo, en la creación de nuevas Municipalidades demandada por una verdadera conveniencia, en la apertura y composición de los caminos, en la construcción y reparación de los puentes, en la construcción y mejora de los edificios públicos, en el sostenimiento de la policía y en el restablecimiento y arreglo de las escuelas, los Gobernadores han hecho, en sus respectivos Departamentos, todo lo que ha estado a su alcance, y han cumplido fielmente las órdenes e instrucciones del Poder Supremo. Poco, muy poco, se han ocupado en política, cuya dirección tiene el Gobierno, pero sí se han ocupado útilmente en atender, en cuanto les ha sido posible, a todos los ramos administrativos de práctica importancia, concernientes a la Gobernación departamental.

Juzgo de mi deber exponer de un modo especial los trabajos del Gobierno en orden a la policía. En la idea de preparar una reforma que haga que la policía tenga en el país la organización y la importancia que le corresponden, atendidas sus altas funciones; en el mes de noviembre del año anterior se estableció en la ciudad de Tegucigalpa una guardia civil que, bajo el sistema de reemplazos diurnos y nocturnos, y sujeta a una estricta disciplina, atendiese a la seguridad de los individuos y de las propiedades, lo mismo que a la limpieza, salubridad y ornato de la población. Según los informes que tiene el Gobierno, la ciudad de Tegucigalpa es un modelo con respecto a su buena policía, que en todo y por todo, corresponde a la confianza que las autoridades y la sociedad depositan en ella. Por acuerdo de 20 de diciembre del año anterior, y a reserva de emitir nuevas leyes sobre policía urbana y rural, se encargó a la guardia civil de Tegucigalpa poner en práctica la ley de policía urbana emitida el 1o. de marzo de 1870.

En los departamentos de la República se han restablecido los Inspectores de policía, quienes, lo mismo que los agentes de las autoridades locales, han desempeñado satisfactoriamente sus funciones.

Ha entrado en las miras del Gobierno hacer un ensayo de la Guardia civil en Tegucigalpa, para en vista de los resultados plantear esa institución en todos los departamentos, y sistematizaría del mejor modo posible dándole medios de propia y durable existencia. El ensayo ha sido satisfactorio, y creo que debe aprovecharse. Convendréis conmigo, Señores, en que una buena policía que comprende la importancia de los sagrados deberes que entraña su alto encargo es la garantía más eficaz del bienestar de los ciudadanos, y el más firme sostén de las instituciones liberales. Debemos formar un pueblo republicano que se sostenga en orden a la seguridad individual y social por acertadas instituciones de policía, y no por ejércitos permanentes que, bajo el punto de vista económico, absorben de un modo improductivo los recursos del país, y que, bajo el punto de vista político son amigos y aliados de Gobiernos pretorianos muy aptos para representar el despotismo, pero muy ineptos para representar los fueros de la libertad y del derecho.

La Administración de los municipios tiene hoy el fundamento en que debe descansar; la libertad electoral que hace que los pueblos nombren las autoridades municipales que, de la manera más fiel y cumplida, atiendan a las necesidades e intereses de la localidad. Mi Gobierno no sabe qué colorido político distingue a los Municipios: se ha abstenido de intervenir en su elección, y le basta saber que los pueblos están satisfechos de las autoridades municipales que voluntariamente han electo, y que éstas mantienen el orden y cumplen sus deberes administrativos exentas de toda violencia que anule o desvirtúe sus atribuciones.

He notado que las atribuciones de las Municipalidades no tienen la extensión ni la definición que les corresponde, si es que se atiende a los variados e importantes fines de su institución. Las municipalidades carecen de ordenanzas amplias y bien meditadas que satisfagan a las exigencias de la policía local, de la higiene pública, de la regularidad, limpieza y ornato de las poblaciones, de la enseñanza primaria dada por cuenta de los particulares o del municipio, y de otros muchos e interesantes ramos que tal vez sería prolijo enumerar. La Administración local debe ser objeto muy atendible de los trabajos y aun de los esfuerzos del Gobierno. Bien sé que unas buenas ordenanzas municipales, por el solo hecho de estar escritas, no darían los benéficos resultados que tuviesen en mira; pero sé también que fijando ideas sobre buena administración municipal, que consagrando el Gobierno su atención perseverante a este respecto, y que mediante la acción del tiempo, que tanto puede, al fin y al cabo, y si se quiere en época no lejana, nuestras Instituciones Municipales serán lo que deben ser: la base de la buena administración del Estado: el cimiento de las libertades públicas, y la positiva garantía del bienestar y de la civilización de los pueblos. Para dar término a mis informes referentes al ramo de Gobernación debo manifestaros que, en acuerdo de 25 de Abril último, mi Gobierno declaró las tribus selváticas de Yoro emancipadas de la potestad de sus curadores o administradores, resolviendo además darles su inmediata protección. Esta medida, Señores Diputados, tiene por fundamento motivos muy atendibles de justicia y hasta de humanidad: el régimen a que estaban sujetos los selváticos era en el fondo el régimen que durante la Colonia esclavizó a los indios bajo el yugo de sus Encomenderos. La razón condena ese sistema, y sus dictados han hecho que mi Gobierno haya dado en tierra con la disfrazada esclavitud de las tribus selváticas. Ni la sombra de la servidumbre debe dejarse penetrar en un país republicano y libre. (Generales aplausos).

En el Departamento de Justicia el Gobierno ha procurado satisfacer a las necesidades más ingentes. A causa de las pasadas perturbaciones se había interrumpido notablemente la acción de los Tribunales; y por otra parte los reos, al favor de circunstancias excepcionales, habían logrado evadirse de las cárceles. Tal situación existía al establecerse mi Gobierno; así es que me ví en el caso de reconstituir los Tribunales haciendo el nombramiento de Magistrados de la Suprema Corte de Justicia y de Jueces de 1a. Instancia, a fin de que no sufriesen más detrimento los intereses de los asociados, y de qué se atendiese con eficacia a la recaptura de los reos prófugos que, además de burlar la aplicación de las leyes, podían constituir un nuevo elemento de desorden.

Reorganizado el Poder Judicial se ha dedicado a ejercer con regularidad sus funciones. Me es grato informaros que ha obrado con entera independencia sin experimentar en lo más mínimo la intervención del Gobierno. Fuera de este modo de ser no comprendo cómo pueda haber entre nosotros verdadera libertad civil, y cómo pueda merecer este país el bello nombre de pueblo republicano.

Grande tropiezo encuentra la Administración de Justicia por la falta de casas de detención, de corrección y de cárceles y presidios. En lo general se carece de esos establecimientos penales, y los pocos que existen son inseguros y faltos de buenas condiciones higiénicas. Por esto juzgo que el Gobierno, aprovechando la paz de que felizmente se disfruta, debe dictar medidas oportunas y eficaces, a fin de que la Administración de Justicia no se vea entorpecida o anulada por la falta de establecimientos destinados a la corrección y al castigo de los delincuentes. Fundando esos establecimientos, e introduciendo en ellos un régimen penitenciario, las cárceles lejos de ser escuelas de corrupción y de crimen, serán por el contrario los lugares consagrados por la ley para rehabilitar a los delincuentes, merced a la influencia del trabajo y de ejemplos moralizadores. Tal es el cristiano y alto fin del sistema penal: aunque sea con grandes esfuerzos debemos realizarlo en obsequio de la moral, de la justicia, y para honra de nuestra patria.

Todas las reformas que en los diversos ramos de la Administración de Justicia deben intentarse y llevarse a práctica, chocan con la índole y con las disposiciones de la anticuada y viciosa legislación que poseemos. Esta idea determinó a mi Gobierno a emitir el acuerdo de 26 de Abril último en que se autoriza a la Secretaría General para que tome las providencias conducentes a obtener los mejores escritos sobre legislación y los códigos más notables en materia civil, penal, de enjuiciamiento civil y criminal, de minería y de comercio, y para que obtenidos esos importantes materiales, se haga el nombramiento de las comisiones de Jurisconsultos que deban encargarse de redactar, en el menor tiempo posible, los Códigos de la República.

A ese respecto se han intentado en el país algunas reformas. Tales intentos por desgracia han quedado frustrados. Mas no hay que prescindir de tan laudable propósito. Si como es de esperar hemos de tener días de paz y de bonanza, debido será aprovecharlos trabajando incesantemente para dar al país una legislación. Tal vez no será una obra acabada, pero valdrá mil veces más que el laberinto legislativo en que nos encontramos, en que se percibe la negra oscuridad de instituciones hijas de una época de profundo atraso, y en que se palpa la resistencia que leyes y prácticas oponen al desarrollo económico de nuestro país, que si algo necesita en primer término, es una amplia facilidad para que su poder productivo se fortalezca y ensanche, y para que la riqueza particular y pública tenga una grande y reconocida importancia.

Refiriéndome al Departamento de Negocios Eclesiásticos, debo informaros que ha mediado la más perfecta inteligencia entre mi Gobierno y los Representantes de la Iglesia.

Un vasto campo ofrece a mis consideraciones el Departamento de Hacienda cuyo estado es un signo inequívoco para juzgar si un país tiene o no condiciones regulares de existencia. La Hacienda es la base en que reposa la acción de los Gobiernos, y cuán penoso me es manifestaros que ese ramo vital de la Administración Pública mi Gobierno lo ha encontrado en completa desorganización.

Cuando me resolví a venir a mi país nativo envié al Puerto de Amapala, punto de mi llegada, los fondos necesarios para atender a las primeras erogaciones de la Administración. No obstante, cuando arribé a aquel Puerto cuya Aduana es la de más recursos, encontré en sus cajas la suma de diez y ocho reales que por cierto estaba muy comprometida. Difícil y angustiosa fué mi posición. Por una parte, y en decreto de 28 de agosto de 76, suprimí todas las contribuciones extraordinarias que en poco tiempo arruinan las fortunas de los particulares, y prohibí todas las exacciones que de antiguo pesaban sobre los pueblos. Por otra parte, yo me encontraba sin recursos, en medio del vacío, y debía a todo trance atender a los fuertes gastos que implicaba el restablecimiento del orden y de la confianza pública. Para satisfacer, como en efecto satisfice, sin molestar ni vejar a nadie, tan apremiante necesidad, dispuse de mis propios fondos y de los que conseguí bajo mi responsabilidad personal. Al propio tiempo mi Gobierno emitió en Amapala, las leyes que debían cortar de raíz las mayores dificultades al Erario Público, y que han formado una base para el arreglo efectivo de la Hacienda. Los ingresos de ésta se han multiplicado merced a la aplicación de dichas leyes.

El acuerdo de 28 de agosto limitó los gastos al pago exclusivo de la lista civil y militar, dando sólo al Gobierno la facultad de autorizar los gastos extraordinarios. Tal medida ha1proporcionado las mayores economías demandadas por la exhaustez del Tesoro Naciónal.

Por decreto de 12 de setiembre se estableció que los derechos sobre la introducción y exportación, lo mismo que los demás impuestos ordinarios se paguen, en su totalidad, en moneda efectiva, y que, en consecuencia, los papeles de crédito contra el Estado dejasen de amortizarse en las oficinas de hacienda hasta tanto que el Gobierno hiciese una reforma en el sistema rentístico del país, y diese un arreglo conveniente a la deuda interna. La citada ley, tan radical en sus disposiciones, era exigida por la justicia y por la conveniencia, y puedo decir que es una base de la Hacienda pública. En efecto, ¿qué rentas podía tener el Estado cuando los impuestos establecidos se pagaban en gran parte con papeles de crédito que los contribuyentes obtenían a un tres, a un cuatro y a un cinco por ciento, y que no obstante los empleados de Hacienda tenían que recibirlos como dinero efectivo por todo su valor nominal? ¿Qué arreglo justo y conveniente para el Estado y para los particulares podía tener el pago de la deuda interna cuando se hacía bajo condiciones desiguales o arbitrarias?

En realidad, sólo los introductores y exportadores, que tenían que satisfacer derechos de alguna consideración, eran pagados íntegramente, no sólo por sus papeles que poseían por sus créditos propios, sino también por los que adquirían de segunda o tercera persona que, no teniendo que pagar derechos, se veían precisadas a sacrificar sus acreedurías vendiendo sus documentos de crédito, a los más, por una vigésima parte de su valor. Para todas estas personas, las más necesitadas, no había sino una insignificante amortización indirecta, mientras que para todos los individuos que, por razón de buenos negocios tenían que satisfacer derechos, había una completa y directa amortización. Yo espero que dentro de poco tiempo, merced a la enunciada ley y a las demás emitidas en materia financiera, las rentas serán suficientes no sólo para llenar el presupuesto sino para dejar un sobrante. Entonces será la ocasión de dar un buen arreglo al pago de la deuda interior, tan equitativo y seguro, que sea capaz de satisfacer proporcionalmente a los derechos de todos, y de fundar el crédito interno del país.

En la mira de arbitrar fondos para atender a las exigencias del servicio público, y en el propósito de atenuar para el comercio los efectos de la ley de 12 de setiembre, mi Gobierno dictó el acuerdo de 18 de octubre último que autorizó la emisión de quinientos vales, de cien pesos cada uno, para que los comerciantes los comprasen con el beneficio de una prima de un quince por ciento, y les fuese admitidos en la Aduana de Amapala como dinero efectivo, por todo su valor representativo, por derechos de introducción propios o endosables. La emisión de vales, cuyo valor nominal fué de cincuenta mil pesos, se llevó a cabo: han sido comprados, y su amortización en la Aduana está para terminarse en estos días.

Debido a la depresión que en los mercados de Europa ha sufrido la plata en pasta, el Gobierno por decreto de 26 de octubre, y a solicitud del comercio de Tegucigalpa, reformó la ley de 9 de septiembre de 1868, dando al marco de plata el aforo de siete pesos en vez del de ocho pesos que fijaba la citada ley de 68. La modificación del aforo el Gobierno la ha estimado como consecuencia de circunstancias transitorias, y más la estima en ese sentido en la actualidad, teniendo la idea de que se utilice prontamente el cuño naciónal, cuya devolución determinada por justo y honrosísimos motivos, se ha hecho a Honduras por el Gobierno del Sr. Dr. Zaldívar. Fabricando moneda propia, para lo cual el Gobierno ha ordenado trasladar el cuño a la ciudad de Tegucigalpa, por medios directos o indirectos, será indispensable prohibir o minorar la exportación de la plata y del oro en pasta, y la nueva ley que se emita a este respecto tendrá en consecuencia que abrogar o modificar profundamente las disposiciones relativas a la exportación de metales preciosos. Abrigo la esperanza de que nuestro modo de ser económico mejorará considerablemente acuñando, en cantidad necesaria, una moneda naciónal que no pueda exportarse. Su circulación salvará a los agricultores, al comercio y al Estado de las grandes crisis que se experimentan por falta de numerario. Existiendo éste en cantidad proporcionada a las necesidades particulares y públicas, no hay duda de que la agricultura ganará mucho poseyendo nuevos elementos para desarrollarse: el comercio progresará también, por que en vez de extraer plata en pasta y moneda efectiva, con cuya exportación muchas veces pierde por la diferencia de los valores al cotizarse en los mercados, tendrá por precisión que exportar productos agrícolas que le proporcionará el beneficio de una buena venta en el extranjero, y la ganancia en el retorno de mercaderías destinadas al consumo del país; y en suma acrecentándose de esa suerte la riqueza de los particulares, se aumentará el material imponible y será seguro el progreso de las rentas públicas.

La ley de recursos fiscales emitida por el Congreso Naciónal, en 9 de febrero de 1875, gravaba con la alcabala del seis por ciento la traslación del dominio de bienes raíces, muebles, semovientes, acciones o derechos incorporales, ya se verificase el traspaso a título oneroso, ya a título gratuito. El Gobierno conceptuando que esa disposición contrariaba los principios económicos, puesto que dificultaba el curso ordinario de las transacciones, que las leyes deben expeditar particularmente en los países pobres como el nuestro, decretó en 6 de noviembre anterior la absoluta supresión de la alcabala terrestre. Así se ha favorecido las libertades económicas removiendo obstáculos que entorpecen las transacciones en menoscabo de la riqueza de los particulares y del consiguiente aumento de la riqueza del Estado.

La renta de aguardiente que estaba reglamentada bajo el sistema de remates, que entre nosotros ha sido el más sencillo para la Administración, pero a la vez el más improductivo, fue reorganizado por la ley orgánica de 1o. de diciembre del año próximo pasado que contiene las bases siguientes: compra del aguardiente por el Gobierno a los destiladores autorizados: venta hecha por el Gobierno a los patentados que pagan el correspondiente impuesto en la diferencia del precio de la compra, y en el derecho de patente: venta del aguardiente por los patentados que con la diferencia de precio obtienen la ganancia que les corresponde: derechos de patente para vender por mayor y por menor licores ultramarinos; y administración, contabilidad y policía especiales para atender al buen manejo y a la seguridad de los intereses de la expresada renta. He aquí en compendio los principios de la ley orgánica que, a juicio del Gobierno, una vez puestos en completa práctica bajo el punto de vista económico, ofrecerán. las mayores ventajas al destilador, al patentado y al Erario Público.

Propósito fué del Gobierno poner desde luego en cumplida ejecución la ley orgánica de aguardiente bajo el sistema de patentes establecido en ella; más no estando preparados, por la premura del tiempo, los individuos que en los departamentos podían sacar patentes, y mediando además positivos informes de que en los principales centros de producción de aguardiente, las existencias de este artículo, que eran considerables, se habían ocultado con el objeto de solicitar patentes, y de vender dichas existencias en puestos autorizados, comprando tan sólo al Gobierno por vía de pretexto legal una insignificante cantidad de aguardiente, por tales consideraciones, se emitió el acuerdo de 18 de diciembre en que se autorizó con amplias facultades al Administrador de la renta de aguardiente del Departamento de Tegucigalpa, para que estableciese los puestos de venta por cuenta del Gobierno; y después igual autorización se dió a los demás administradores de la renta para que hiciesen lo propio en sus respectivos departamentos.

Habiendo desaparecido en gran parte los inconvenientes que motivaron el citado acuerdo, la Secretaría General, para proceder con el mayor acierto, ha pedido por medio de la Administración General del ramo, todos los datos relativos al justo precio de las patentes regulado según la importancia de las diversas localidades, a efecto de poner en completa práctica la ley orgánica por el sistema de patentes que prescribe, y de emitir la ley reglamentaria que, al principio, no se expidió por impedirlo urgentes ocupaciones, según lo expresa el acuerdo de 16 de diciembre último que fijó algunas disposiciones reglamentarias de carácter transitorio, y que después a pesar de ser muy sensible su falta, se ha retardado de intento, según se ha dicho oficialmente, por haber querido el Gobierno observar todos los obstáculos que en la práctica ofrece el nuevo sistema, a fin de removerlos en la ley reglamentaria para lo cual se prestan las amplias y calculadas prescripciones de la ley orgánica.

La ley reglamentaria de que me ocupo, limitando por medios justos, directos o indirectos la producción que excede a las necesidades del consumo: prescribiendo que el Gobierno obtenga el artículo bajo menores condiciones de precio, calculado éste según los gastos de producción: rebajando proporcionalmente el precio de la venta que se haga a los patentados: haciendo más barata la Administración una vez que el Gobierno sólo sea intermediario entre el productor y el expendedor del artículo: interesando la conveniencia de los particulares que como patentados atenderán a los derechos de la renta contra los expendedores clandestinos; y haciendo efectiva una policía amplia, eficaz y enérgica, con tales disposiciones que a juicio del Gobierno son las principales, el nuevo sistema de aguardiente dará resultados más satisfactorios que los que ha dado en los meses anteriores, a pesar del exceso de la producción, de la falta de policía y del mucho contrabando consiguiente a la transición de un sistema a otro, en su totalidad diverso y opuesto.

A juzgar por los datos que posee el Gobierno sobre la renta de aguardiente, tal como estaba y tal como se encuentra, no creo que pueda ser aventurado asegurar que acabada de sistemar dicha renta, puede producirse cada año, la suma de doscientos cincuenta mil pesos, esto es, cuatro veces más de lo que antes producía. Ojalá que a disposiciones acertadas a este respecto corresponda la acción de buenos empleados o administradores, sin la cual, por sabias y practicables que sean las leyes de Hacienda, tienen que escollar ante la indolencia, ante la ignorancia, o lo que es peor, ante la falta calculada del cumplimiento del deber.

Notando el Gobierno que el consumo de la chicha no sólo es antihigiénica e inmoral, pues da ocasión a la embriaguez permanente de los indígenas, sino que también el expendio de dicho artículo perjudica los intereses de la renta del aguardiente y licores ultramarinos, por motivos tan obvios, el Gobierno ha dispuesto últimamente que se prohíba por las autoridades civiles y por los empleados de Hacienda la elaboración de chicha, y que a las personas que contraviniendo a lo dispuesto la elaboren, se les decomisen los útiles empleados en la elaboración y se les pene con multas y prisión proporcionadas a la gravedad de su delincuencia.

La renta del tabaco, que, en el sentido de mi Gobierno, ha debido y está llamada a ser una de las principales de la República, la he encontrado por desgracia en un estado digno de lamentarse. En unos departamentos estaba libre la venta del tabaco, en otros sujeta a contratas de perjudicial carácter, y en materia de exportación abierto estaba el campo a negociaciones que poco o nada dejaban al Erario, y por encima de todo esto se hallaba arruinada la renta en su propia base, pues el impuesto de diez y seis pesos que por la siembra de cada ocho mil matas debía pagarse en efectivo y en papeles de crédito, retraía a los cultivadores, y hacía poco menos que imposible la producción del tabaco, sustrayendo por consiguiente a la Hacienda pública la existencia de un artículo capaz de darle considerables utilidades. Lo primero que el estadista debe atender es a la producción en su mayor escala de las materias imponibles, que nunca debe dificultarse dada la producción, lo único que toca es calcular sobre el beneficio de los productores y sobre la parte de utilidad que justamente puedan dar al Estado. Por desgracia este principio tan elemental en buena economía no siempre ha sido observado entre nosotros.

En consecuencia, de lo relacionado, se ha carecido en el país del tabaco suficiente para el expendio en los departamentos de la República, y excusado es decir que se ha carecido de ese artículo para exportarlo por cuenta del Gobierno. Atendiendo a esa situación se emitió desde el 16 de octubre último un acuerdo en que se limitó el impuesto sobre la siembra de tabaco a cinco pesos por cada ocho mil matas, quedando de esa pequeña suma dos pesos a beneficio del Instituto Científico de Santa Rosa, y el resto, o sean tres pesos, a beneficio de la renta común. Debido a esta disposición los cultivadores hicieron sus siembras en considerables proporciones, y hoy es dado tener cosechas suficientes de tabaco para el consumo interior y para la exportación.

Mediando notable desarreglo en la renta de tabaco fué preciso darle desde luego cierta organización, por imperfecta que fuese, y bajo este concepto se emitió la ley transitoria de tabaco, de 28 de diciembre próximo pasado, en la que se previno se hiciese al Gobierno, la entrega de las existencias de tabaco en rama y puros de Copán, dentro de un término fijo, estableciéndose que los Intendentes de Hacienda con el producto de dichos artículos pagasen a los interesados su valor, a muy buenos precios: que la venta de tabaco en rama y de puros de Copán se verificase exclusivamente por cuenta del Gobierno: que la exportación pagase un impuesto equitativo, y que en los casos de contrabando se aplicasen las disposiciones penales fijadas en la ley de que me ocupo.

Merced al nuevo e imperfecto arreglo que se dió a la renta por la ley de 28 de diciembre, el ramo de tabaco ha proporcionado algunos ingresos a las Intendencias de Hacienda, no obstante el fuerte contrabando que han hecho las personas que ocultaron las existencias de dicho artículo, contrariando tal vez sus propios intereses, pues no han sabido aprovecharse de las ventajas de la ley que fijaba mejores precios que los que han podido obtener vendiendo clandestinamente el tabaco. Se ha perseguido en cuanto ha sido posible el contrabando, pero como el Gobierno ha carecido de elementos para organizar una policía completa y bien sistemada, los abusos de los contrabandistas no han podido menos de hacer frustráneos; en mucha parte, los efectos de la ley transitoria favorecedora de los intereses de los particulares.

Teniendo en cuenta la aproximación de las cosechas de tabaco, el Gobierno juzgó indispensable dar un arreglo definitivo a la renta, y emitió en consecuencia la ley orgánica de 15 de marzo último. Esta ley, en mi sentir, consagró los principios económicos más justos y practicables en orden a la Administración de la renta. La ley establece la libertad de la siembra de tabaco para que haya la mayor producción: prescribe la compra del artículo exclusivamente por el Gobierno, y la venta en el interior y en el exterior por cuenta del Estado: autoriza la exportación del tabaco por cuenta de los particulares en los casos en que el Gobierno no pueda hacer todas las compras del artículo por la abundancia de su producción; determina una prudente libertad en la fabricación y expendio de puros; y en lo tocante a la Administración crea una factoría que represente en grado superior, los intereses fiscales, que extienda su acción a todas las Intendencias de Hacienda, que según la enunciada ley, son las Administración es departamentales del ramo, y que vigile por sí, y por medio de los demás empleados sobre el buen arreglo, conservación y mejora de la renta.

No obstante, los es tropiezos que siempre son consiguientes a la transición radical de un sistema a otro, yo abrigo la confianza de que llevando a práctica con energía las prescripciones de la citada ley, la renta de tabaco que ha sido insignificante, andando el tiempo, podrá ser una renta importantísima. Tal convicción se robustece para el Gobierno en vista de la contrata que ha celebrado con don Santiago Palacios, natural de Cuba, cuyo sujeto, ayudado por trabajadores extranjeros, se ocupará en breve de mejorar el cultivo y el beneficio del tabaco, y de establecer en la Ciudad de Santa Rosa una fábrica de puros y cigarrillos en todo semejantes a los que se elaboran en Cuba. Realizadas esas mejoras el país tendrá un valioso ramo de exportación que dará patrimonio a muchos pueblos y que aumentará notablemente los ingresos del Erario Público.

El impuesto sobre extracción de ganado y sobre el consumo interior del mismo artículo, ha recibido por decreto de 15de febrero algunas modificaciones: se ha doblado el impuesto de extracción, se ha prevenido el aumento de la vigilancia sobre la cantidad de reses que extraen los exportadores, se ha alterado el impuesto sobre el destazo, y se ha hecho extensivo el impuesto a los consumos particulares.

Respecto a la extracción de ganado que proporciona tan buenos negocios, ha sido justo doblar el impuesto, y, andando el tiempo, será conveniente aumentarlos a fin de que Honduras, de cuya riqueza pecuaria necesitan otros países, se convierta en un mercado en que el hondureño no reciba la ley de los especuladores, en que las transacciones motivadas por la necesidad, se verifiquen bajo condiciones más amplias y ventajosas, y en que el movimiento económico del país tome considerable ensanche en beneficio del comercio y de las rentas del Estado.

En lo tocante al destazo solo se ha aumentado la insignificante suma de cuatro reales por cada .res. En lo relativo al pago del impuesto que deben hacer las personas que destacen en sus haciendas o en sus casas, nada es más equitativo que la satisfacción de ese pequeño impuesto. Si el pobre hijo del pueblo por el solo hecho de vivir en una villa o ciudad, al comprar la carne que se expende en los rastros, o como se dice entre nosotros en las pesas, paga su correspondiente impuesto. Y esto se considera justo; ¿por qué no ha de pagar el particular o el hacendado que destaza una res para el consumo de su familia o de sus trabajadores, que si tuviesen que comprar el mismo artículo en otro punto tendría que pagar el impuesto? ¿Por qué no gravar al particular y al hacendado que en el hecho de destazar reses que les pertenecen son más pudientes que los hijos del pueblo que en las ciudades y en las villas a veces pueden comprar unas onzas de carne, y que no obstante pagan su contribución?

En la mira de dar la mayor regularidad a la Administración en materia financiera, el Gobierno creó por acuerdo de 22 de febrero una Escuela de Contabilidad de hacienda que está ya establecida en la ciudad de Tegucigalpa, prometiendo para dentro de poco buenos agentes para el desempeño de los cargos fiscales.

Con especialidad paso a ocuparme del estado de la Hacienda en los puertos y poblaciones de la Costa del Norte. El contrabando llevado hasta el exceso, la incompleta acción administrativa causada por las grandes distancias y por falta de buenos caminos y vías telegráficas, hé aquí las principales causas que han hecho que en el Norte, en la porción más rica y más bella de nuestro territorio, el Gobierno no haya podido contar con recursos fijos y de alguna significación. Para perseguir el contrabando se ha comprado por medio de las autoridades de Trujillo una balandra nueva, bien construida y de bastante capacidad que se ha tripulado para vigilar constantemente los contrabandos. La vigilancia a que me refiero, según informes recibidos, está dando muy buenos resultados. El Gobierno además de la citada embarcación se ha provisto de algunas embarcaciones menores destinadas al servicio público, y tiene la idea de que deben invertirse algunas economías, por lo menos, en la compra de dos vapores costeños que sirvan para dar en tierra con los abusos de los contrabandistas que tanto perjudican los intereses de la Hacienda.

No debo acabar de informaros sobre la administración en el Norte, sin referirme a las maderas de construcción y de tinte cuya exportación puede formar un considerable ramo de riqueza. Bien sabéis que ha estado en gran descuido el corte y la exportación de las maderas. Sobre esto han mediado y aun median contratas de carácter poco favorable a los intereses fiscales. Teniendo en cuenta la expresa consideración, por acuerdo de 23 de febrero se previno que los naciónales o extranjeros que tuviesen contratas celebradas con el Gobierno sobre cortes y exportación de maderas, las presentasen, dentro del término de un mes, al Administrador del Puerto de Trujillo o de Omoa, y que estos empleados informasen al Gobierno detalladamente sobre la validez y demás circunstancias de las contratas, a efecto de juzgar con exactitud sobre el estado que tiene el ramo de exportación de maderas, sobre las obligaciones de los contratistas, y sobre los compromisos del Estado que deban estimarse como subsistentes. La Secretaría General ha empezado a recibir los informes de los empleados de Hacienda, y con presencia de ellos el Gobierno podrá dictar en breve medidas que en definitiva corten los abusos, y arreglen en consecuencia de un modo productivo el ramo de exportación de maderas.

No debo concluir mis informes sobre los puntos relativos a la Hacienda, sin hablaros del estado de los fondos y de algunas economías de especial carácter que ha hecho el Gobierno en obsequio de los intereses generales.

A pesar de no haberse exigido empréstitos forzosos, de haberse suprimido todas las contribuciones extraordinarias, de haberse amortizado la fuerte suma que se adeudaba a la compañía de los vapores que tocan en Amapala, de haberse pagado a los particulares y a los pueblos servicios que han dado al Gobierno, y de haberse hecho cuantiosas erogaciones en atender a los fines administrativos de los Departamentos de Fomento y de Guerra, no obstante lo expuesto, el Gobierno ha podido cubrir el presupuesto militar, y en alguna parte el presupuesto civil que estaría completamente satisfecho a no haberse emprendido y llevado a cabo obras de importancia llamadas a reanimar el país y a multiplicar sus recursos. Mas tengo la confianza, fundada en cálculos exactos, de que acabada de sistemar la Hacienda, habrá dentro de poco tiempo recursos bastantes para llenar por completo el presupuesto civil cuyo déficit es de poca significación.

Como el Gobierno no ha tenido residencia fija, y a la vez, ha tenido necesidad de atender a toda hora a urgentes gastos, se ha visto en el caso de administrar los fondos que conseguí bajo mi responsabilidad personal, lo mismo que gran parte de los fondos, producto de las rentas, por medio de una Tesorería especial. El Tesorero especial ha llevado en regla sus libros y sus comprobantes, y, por orden del Gobierno, ha rendido ante la Contaduría Mayor las cuentas de su Administración.

La economía especial que el Gobierno ha hecho en sus gastos es la siguiente: según el presupuesto general de gastos de 25 de enero de 1875, el gasto mensual del Ejecutivo ascendía a la suma de dos mil quinientos veintitrés pesos, y hoy asciende a la suma de trescientos ochenta y cinco pesos, de forma que se ha obtenido una economía mensual de dos mil ciento treinta y ocho pesos. Tal vez puedo decir con sobrada razón, en vista de las cifras apuntadas, que el Gobierno hondureño es el Gobierno más barato del mundo.

En el Departamento de la Guerra sólo se han llevado a cabo los trabajos preparatorios conducentes a la buena organización del Ejército.

Para el fin indicado mi Gobierno ha creído debido y conveniente difundir de hecho ideas sobre el verdadero mérito y el honor militar: en consecuencia me he limitado a respetar los derechos adquiridos en orden a grados militares, pero me he abstenido de dar ascensos al capricho, y de encarecer las excelencias de la fuerza en detrimento de las ideas y de nuestras instituciones. Será tal vez el primer Gobierno que se funda sin que haya dado un solo grado militar.

Mi Gobierno ha conceptuado además necesario, como medida de orden público y como preliminar para la organización del Ejército, hacer el arreglo de los almacenes llevando a ellos las armas de propiedad naciónal que en su mayor parte se encontraban dispersas a consecuencia de los pasados trastornos públicos. Por estos motivos se emitió en 21 de Diciembre próximo anterior el Decreto Supremo en que se dictaron todas las disposiciones oportunas para recuperar las armas naciónales. A virtud de lo dispuesto se ha recogido por las autoridades la mayor parte del armamento; así es que con esos elementos de guerra y con los que mi Gobierno ha traído al país puedo decir que es fácil armar, en un momento dado, un Ejército competente para la defensa del orden y de los derechos de la República.

Mas no basta haber rehabilitado la idea sobre la importancia que se merece la carrera militar, ni poseer elementos de guerra: se necesita además formar un ejército, por pequeño que sea, en que haya un perfecto régimen, una completa subordinación, y en suma, una efectiva disciplina. Para realizar este importante objeto que atañe a la buena economía, al orden y al honor del país, mi Gobierno se ha ocupado en recoger todos los datos relativos al sistema militar más justo y practicable entre nosotros, y en hacer los estudios y proyectos referentes a las leyes que deben fijar las bases y condiciones del enunciado sistema: un poco tiempo más y Honduras tendrá una organización militar acorde con sus necesidades e intereses.

Paso a ocuparme de los trabajos realizados en el Departamento de Fomento.

Cuando en el mes de octubre ingresé a esta Capital, experimenté una impresión penosa al observar que los pocos edificios que poseemos estaban en ruina, y sin ofrecer ninguna de las condiciones de comodidad y decencia que deben tener en atención a su objeto y al decoro del país.

En pugna con las dificultades consiguientes a la escasez de recursos, la Secretaría General, en el Departamento de Fomento, ha hecho esfuerzos para lograr la reparación de los edificios naciónales y construirlos en las localidades en donde absolutamente se carece de ellos. Respecto a las reparaciones podéis visitar la oficina central de correos, la oficina de telégrafos, las oficinas de la imprenta, la casa de la Administración departamental de aguardiente, el cuartel de la guarnición permanente, la casa de Gobierno, y a la vista tenéis el edificio en que nos encontramos, todo lo cual os dará idea de los trabajos que le ha sido posible realizar al Gobierno. En cuanto a la construcción de edificios, hoy se lleva a cabo la de cómodas y hermosas casas naciónales en la Ciudad de La Paz, en el Puerto de Amapala y en la ciudad de Santa Bárbara. Los trabajos están ya muy adelantados, y es de esperarse que en el año próximo entrante se terminen esas importantes obras.

La construcción y mejora de puentes ha tenido de parte del Gobierno y de las autoridades la atención debida. Se están construyendo dos grandes puentes en la ciudad de Tegucigalpa, y están acopiados los materiales para la construcción de dos puentes en el Río del Hombre, de uno en el de Hernando López y de otro en el de San Juan. El más costoso y principal de dichos puentes, el del río Guacerique, está para darse al servicio público, y es indudable que esa obra favorecerá al comercio del laborioso pueblo de Tegucigalpa y contribuirá a la vez a aumentar el ornato de la Ciudad. Los puentes del ferrocarril que estaban muy deteriorados, se están reparando con la mayor actividad, y construyéndose otros nuevos. Podéis ver, a este respecto, los detallados informes que ha publicado últimamente la prensa oficial. Los Gobernadores Políticos y las Municipalidades, en sus respectivos departamentos, han atendido por su parte a la conservación de los puentes y a la construcción de algunos de utilidad reconocida.

Los caminos públicos se han reparado y mejorado en lo posible en todos los departamentos. El sistema de construcción y reparación de caminos, que hay en el país, es sumamente rudimentario y anti—económico. De aquí proviene que en la estación de las lluvias se destruyen casi en su totalidad las reparaciones y mejoras hechas en la estación de verano. El Gobierno tiene el proyecto de que la Secretaría de Fomento tome por su cuenta exclusiva la dirección superior en orden a la construcción y mejora de caminos, dejando a las municipalidades el único encargo de reparar y mejorar sus caminos vecinales. Para ese objeto el Ministerio de Fomento debe tener bajo sus órdenes los ingenieros y demás empleados necesarios, y disponer de todas las herramientas y enseres indispensables para la verificación de los trabajos.

Llevar a práctica la mejora indicada requiere fondos competentes destinados de un modo exclusivo al pago de ingenieros, de operarios, de inspectores, y/ de las herramientas y demás útiles que, en su mayor parte, deben hacerse venir del extranjero; y por lo tanto, el Gobierno conceptúa que es preciso dar un nuevo arreglo a la contribución de caminos, disponiendo que sus productos ingresen a las cajas del Estado para que cada año formen un fondo de que pueda disponer el Ministerio de Fomento para realizar el proyecto indicado.

En particular voy a informaros del ferrocarril. Como recordaréis, la sección del ferrocarril estaba arrendada a los señores Debrot y Kraft, y aunque desde el año de 1875 de hecho quedó rescindido el arrendamiento, no obstante, el Gobierno no había recobrado la vía férrea ni atendido a su conservación y reparación, sin duda por impedirlo las circunstancias excepcionales del país; así es que el ferrocarril permaneció por mucho tiempo casi en completo abandono. En vista de esa situación de cosas mi Gobierno, en acuerdo de 26 de Diciembre último, dispuso recobrar formalmente la línea férrea, hacer efectivas las obligaciones de los contratistas, formar inventarios de los edificios, máquinas y demás útiles de la empresa, y atender con eficacia a la conservación y reparación de la línea, para cuyo fin fueron nombrados como ingenieros los señores Mayes y Collier, nombrándose además al Señor Gobernador Político de Santa Bárbara, Inspector de los trabajos y de la administración del tráfico. Con posterioridad se ha atendido a los gastos de la obra afectando especialmente, para ello, los productos de la Aduana de Omoa. Estas disposiciones han dado buenos resultados, pues según los últimos informes recibidos por el Gobierno, dentro de poco el camino de hierro estará completamente reparado desde Puerto Cortés, de donde parte, hasta Potrerillos, en donde termina.

Bastante lisonjeras son algunas comunicaciones que el Gobierno ha recibido del exterior con respecto a la prosecución de nuestra línea férrea. Sin embargo, es necesario tomar las cosas por su base y no hacerse ilusiones: fundemos nuestro crédito interno, inspiremos confianza en el extranjero, y todo se hará más tarde o más temprano. De mí sé decir que no pierdo la grande obra del ferrocarril interoceánico.

Nuestra escasa población, y las considerables distancias que separan a los centros administrativos y comerciales, hacen evidente más que en cualquier otra parte, la necesidad de tener numerosas y buenas líneas telegráficas. He aquí por qué tener numerosas y buenas líneas telegráficas. He aquí por qué mi Gobierno ha trabajado con perseverancia para establecer su establecimiento en todas direcciones. Tengo el gusto de participaros que, de esta Capital a la Ciudad de La Paz, a la frontera del Salvador y a la ciudad de Tegucigalpa hay construidas ciento cincuenta millas de telégrafo, y que en las oficinas establecidas prestan sus servicios de la manera más satisfactoria los alumnos de la escuela de telegrafía, que en número de veinte, han sido enseñados y sostenidos por cuenta del Estado. El Gobierno además ha hecho los pedidos de los útiles correspondientes a la construcción de trescientas leguas de telégrafo. La administración pública y el comercio, señores Diputados, tendrán mucha vida y robustez. cuando esté el país cruzado en todas direcciones por el hilo telegráfico, que, de un modo instantáneo, lleve la expresión de nuestro pensamiento hasta las más apartadas regiones del mundo.

En el Departamento de Fomento no se ha descuidado promover la mejora y el planteamiento de establecimientos tipográficos. Se han hecho las erogaciones necesarias para mejorar la Imprenta Naciónal de esta Ciudad, y en la de Tegucigalpa se están arreglando dos imprentas nuevas que el Gobierno ha comprado últimamente. También se ha encargado a Nueva York una imprenta de las de última invención con el objeto de poner bajo mejores condiciones el establecimiento tipográfico de esta Capital.

Se ha promovido el arreglo de la Administración de Correos. Para ello se han emitido en 31 de marzo último las disposiciones conducentes a preparar la nueva organización del ramo. A la vez se ha emitido la Guía Postal de la República, la primera que se conoce en el país, y en breve se ocupará la imprenta de dar a luz la ley orgánica de la Administración de Correos y la reglamentaria, cuyas prescripciones, puestas en práctica con energía y constancia, harán que Honduras posea un sistema postal que satisfaga a sus necesidades y que en el extranjero dé una buena idea sobre la regularidad y prontitud de sus comunicaciones.

La acción del Gobierno en el Departamento de Fomento ha tendido de un modo especial a favorecer los intereses de la agricultura y el comercio. Se han dado estímulos a los pueblos haciéndoles donaciónes de terrenos con el objeto de que se ocupen en labrar la tierra y por decreto de 29 de abril próximo anterior, se ha acordado una protección amplia y decidida a todos los agricultores naciónales o extranjeros que posean o funden fincas de proporciones capaces de suministrarles productos destinados a la exportación. La citada ley contiene todas las franquicias y exenciones a que justamente pueden aspirar los agricultores.

En el propósito de hacer más activo el comercio y de estimular por medios indirectos la inmigración por el Norte, se expidió en 27 de abril un decreto en que se establece que sea franco y de depósito el Puerto de Omoa, y exclusivamente de registro Puerto Cortés. Me anima la esperanza de que la franquicia del puerto de Omoa que atraerá inmigración, trabajo y capitales, la reparación del ferrocarril que facilitará el tráfico, y la navegación del río Guayape que ha de llevarse a cabo en provecho de la agricultura y del comercio, obrarán en el país una profunda revolución económica que dé por resultado el arraigo de los intereses, de la propiedad individual y de los intereses públicos, que cuando están sostenidos firmemente por el trabajo, y favorecidos por las instituciones, hacen imposible el estado de anarquía que empobrece, que desmoraliza y deshonra a los pueblos.

Señores: hablandoos de lo poco que he hecho en los nueve meses que llevo de Gobierno he abusado tal vez de vuestra benévola atención. Mas no debo abusar por más tiempo, y por esto prescindo de daros detalles. Si los queréis, y si sobre mis informes deseáis alguna ampliación, el Señor Secretario General tiene encargo de asistir a todas vuestras sesiones, y de exponeros minuciosamente el curso que han tenido los diversos negocios administrativos, y de representar con lealtad y franqueza las ideas de mi Gobierno.

Señores Diputados: no debo concluir sin hacer votos porque La Providencia que parecía haber apartado sus ojos de esta tierra empapada con la sangre y el llanto de sus hijos, no desvíe de nosotros su mirada protectora, y porque sea permitido a este pobre país levantarse de entre sus ruinas. v sacudir el peso de las malas pasiones que lo abaten y deshonran, para que fuerte por el trabajo, respetable por su crédito, digno por sus instituciones, y grande por la elevación de sus ideas, conquiste el alto puesto a que es acreedor por la entereza y la inteligencia de sus hijos, y por los grandes elementos con que la Naturaleza lo dotara. Más para que estos votos sean cumplidos, tened presente, Señores, que las transformaciones sociales, benéficas y salvadoras para un pueblo, no se operan de una manera fatal: se operan con el concurso de una voluntad activa que tiene por principales móviles las virtudes públicas, y por único fin el mayor bien de la patria. Recordad que en más de medio siglo el personalismo ha imperado entre nosotros y que al fin de la jornada sólo tenemos ruinas y deshonra, y es porque las pasiones nada fundan, las pasiones destruyen. Sólo las ideas, puestas en acción con inteligencia y desinterés, labran la felicidad y el buen nombre de un país. Que termine para siempre el predominio de ciegas pasiones políticas, y que se abra el campo a las ideas de libertad, de justicia y de progreso. En ese sentido trabajad con fe y resolución, Señores Diputados: así tendréis patria, así tendréis decoro naciónal, así aseguraréis el porvenir de la República de Honduras. (generales aplausos).

MARCO AURELIO SOTO

Comayagua, mayo 27 de 1877

MENSAJE DE RENUNCIA DEL DOCTOR SOTO

(Dirigido al Congreso de la Nación haciendo formal renuncia de la Presidencia de la República).

"Señores Diputados:

En el acto de tomar posesión de la Presidencia Constitución al el día 1º. de febrero de 1881, tuve el honor de dirigiros estas palabras:

A despecho de mis particulares deseos, he aceptado por segunda vez la Presidencia; pero declaro que transitoriamente estará a mi cargo la administración de la República, haré un esfuerzo más por procurar su bien, pero reservándome aprovechar una oportunidad propicia para sustraerme del peso abrumador de la responsabilidad que he contraído ante Vosotros, ante la noble Nación hondureña.

La ocasión presente no puede ser más propicia y oportuna para realizar el deseo vivísimo que ha mucho tiempo abrigo de retirarme a la vida privada. El orden más perfecto reina en el interior del país y los vínculos de fraternidad que ligan a Honduras con sus hermanas de Centro—América, son prenda segura de que se conservará la paz exterior.

Cerca de siete años de gobierno imparcial y ajeno a los partidos políticos que existen, han demostrado la conveniencia de que la política interior de la Nación se funde e inspire solamente en las instituciones, en la ley y en los intereses generales. Los diversos departamentos de la Administración Pública están organizados de la mejor manera que ha sido posible hasta el presente. Las obras de progreso iniciadas, no presentan dificultad alguna para su prosecución; y más bien nuevas empresas se desarrollarán a favor de la paz establecida y del interés que está despertando Honduras en el mundo industrial por sus grandes recursos naturales. Mi separación, pues, de la Presidencia en las actuales circunstancias, no tiene inconvenientes, ni puede ocasionar el menor embarazo en la marcha pacífica que sigue la República.

Tengo que agregar otro motivo muy poderoso para justificar mi separación del elevado puesto que, sin merecimiento, ocupo. Poco después de mi llegada al país, comencé a sufrir de una afección en el hígado, la cual se ha agravado, de día en día, hasta llegar al extremo que veréis explicado en las dos adjuntas certificaciones de los dos médicos que me han asistido diariamente en estos últimos años.

Arduos, por demás, son los deberes que impone la Presidencia. El tiempo que llevo de servirla, me ha demostrado que, a pesar de la consagración más absoluta, es imposible cumplirlos con toda exactitud. Un país como el nuestro, que está en formación, necesita de un Gobierno que trabaje incesantemente, sin darse tregua ni reposo. Por lo que, a mí, debo aclarar con toda la sinceridad de mi carácter, que enfermo como estoy, no puedo desempeñar cumplidamente las tareas que corresponden al primer Magistrado de la Nación.

Las razones que os he expuesto, me sirven de sólido fundamento para presentar mi formal renuncia de la Presidencia de la República. Dignaos aceptarla en bien de los intereses generales de Honduras.

Ante vosotros, Señores Diputados, que representáis tan dignamente a la Nación, séame permitido manifestar en este momento al pueblo hondureño, la inmensa gratitud que siento por las constantes muestras de simpatía que me ha prodigado. Confío en que sus generosos sentimientos le harán disculpar los errores que haya cometido en el desempeño del cargo que hoy renuncio, siquiera sea en gracia de la rectitud de mis intenciones, y de mis firmes propósitos de encaminar al país por la senda de la moralidad y del progreso. Mi corazón siempre será del pueblo hondureño, y mis votos más fervientes, serán siempre por la paz, por la honra y por el engrandecimiento de nuestra Patria.

Tegucigalpa, marzo 10 de 1883.

MARCO A. SOTO.

MENSAJE PRESIDENCIAL MARCO AURELIO SOTO

El primero i mas alto deber del Gobernante republicano es, en mi sentir, el de dar cuenta de sus actos administrativos á los Representantes de la Nación. Vengo ahora á cumplir ese deber, exponiéndoos sucintamente, en una relación franca i sencilla, la conducta del Gobierno que presido[1].

El estado de la República, en lo jeneral, es bonancible i, relativamente, próspero. En el interior i con el exterior estamos en perfecta paz. El espíritu de empresa comienza á desarrollarse: en casi todo el país la agricultura toma considerable incremento: trabajos en la industria minera i en los demás ramos industriales se implantan con buen éxito: las pasiones políticas, antes exacerbadas, van amortiguándose: el espíritu de asociación para hacer el bien se reanima, crece i se difunde: los pueblos están dedicados al trabajo, fuente de toda prosperidad; i, bajo los auspicios de la paz i de la confianza, el crédito se aumenta i robustece dentro i fuera de la República.

La política de mi Gobierno con las Repúblicas vecinas ha sido sincera i fraternal, i encaminada siempre á armonizar estrechamente los intereses de los pueblos Centro—americanos. Estos abrigan la certeza de que amo la paz, i de que jamás consentiré en que Honduras sea causa de perturbación para la tranquilidad de Centro—América.

Los Gobiernos de Guatemala, el Salvador i Nicaragua han acreditado ante mi Gobierno Ministros Plenipotenciarios que han sido recibidos con positiva satisfacción i llevado testimonios expresivos de distinguido aprecio i de cordialidad.

Con las Repúblicas del Salvador i Nicaragua se han celebrado Tratados de amistad, comercio i extradicion, i Convenciones telegráficas i postales. Estos pactos están basados en principios de fraternidad i de comunidad de intereses. La Secretaría de Estado los someterá á vuestra consideracion. Por su parte, las Lejislatúras del

---

[1] Se ha respetado la ortografía de los textos originales.

Salvador i Nicaragua han ratificado ya, respectivamente, los Tratados i Convenciones con Honduras.

La República de Nicaragua tuvo un penoso incidente diplomático con el Imperio Alemán motivado por reclamaciones que este le dirijió á causa de agravios que el Cónsul de Alemania recibió en la ciudad de León. Centro—América debe ser una, i mas unida debe aparecer ante la consideración de las naciónes estranjeras. Inspirado en esta idea, mi Gobierno se asoció al de Guatemala para enviar una Legación á Managua con el objeto de mediar amistosamente i de ofrecer al Gobierno de Nicaragua que Honduras i Guatemala compartirían su suerte en los eventos que pudiera traer la cuestión alemana. Por fortuna esta se resolvió lo mas satisfactoriamente posible para ambas partes.

Mi Gobierno tiene acreditada una Legacion en Guatemala i el Salvador, la que contribuye eficazmente á mantener las mas estrechas i amistosas relaciones entre los tres Gobiernos.

El Imperio Alemán ha acreditado al Señor Werner Von Bergen con el carácter de Encargado de Negocios en Centro—América. Mi Gobierno ha reconocido en ese carácter al Señor Von Bergen, i cultiva con la Legación alemana las mejores relaciones.

El Gobierno de Méjico ha acreditado también al Señor Don Francisco Diaz Covarrubias con el carácter de Enviado Extraordinario i Ministro Plenipotenciario. El establecimiento de la primera Legación Mejicana en Honduras lo considero como un hecho altamente satisfactorio, á par que significativo para la unión de los pueblos que componen las Repúblicas Hispano—americanas, unas en su oríjen i en sus destinos.

El Honorable Señor Jorje Williamson, Ministro Residente de los Estados—Unidos de América, vino, hace pocos meses, á visitar la República i al Gobierno. Fué recibido con las atenciones debidas á su carácter i á la buena intelijencia que se conserva con el Gobierno de los Estados—Unidos.

A causa de la situación en que se encontraba el país, tuve á bien enviar sus letras de retiro al Señor Don Vicente Dardon, Ministro de Honduras en los Estados—Unidos; pero esto no ha obstado para que continúen ambos Gobiernos en las mejores relaciones. En reemplazo de la Legación hondureña en Washington, mi Gobierno ha constituido dos consulados, uno en Nueva—York i otro en Nueva—Orleans, que prestan importantes servicios al comercio de la República.

No pudo mi Gobierno aceptar la jenerosa i galante invitación que le hizo el Gobierno de Francia para que Honduras concurriese á la Exposición Universal del año próximo pasado; pero deseando tomar alguna participación en ese grande acontecimiento, tuve á bien nombrar un Comisionado especial á la Exposición, para que representase al país i estudiase, en el Universal Certámen de la industria, lo que creyese mas conveniente á los intereses i mas aplicable á la satisfacción de las necesidades de Honduras.

El Señor Dabry de Thiersant ha sido acreditado con el carácter de Encargado de Negocios de Francia. Amistosas relaciones se cultivan con ese nuevo Ajente diplomático de la República francesa.

Iguales relaciones mantiene mi Gobierno con la Legación Británica. Los reclamos que ésta ha hecho se han atendido debidamente. Se ha verificado el arreglo sobre el pago de la deuda que reconoció el Gobierno de Honduras por el Tratado celebrado con la Gran Bretaña, en 1º de Marzo de 1852. En virtud de lo estipulado, Honduras reconoció como deuda la suma de $80,000: se comprometió á pagarla al Gobierno inglés por anualidades de $12,000, contadas desde el primero de Abril de 1852; i reconoció el 5 por ciento de interés sobre las cantidades que dejasen de pagarse. Hasta 1873, Honduras había pagado $79,546.12 1 centavos. Como esta suma fué pagada con grande irregularidad, hubo intereses que satisfacer i capitalización de los mismos; i de esta suerte, el año de 1876 Honduras adeudaba todavía $60,552.83 centavos, según la liquidación practicada. Los intereses públicos i el buen nombre.dj Gobierno exijian que se procediese á arreglar el pago de esa deuda tan cue rosa para el país. Se dieron instrucciones al Ministro de Honduras en Guatemala para que entrase en arreglos con el Señor Sidney Locock, Representante del Gobierno Británico. De acuerdo con las instrucciones trasmitidas Representante hondureño se ajustó el convenio con que se o3 dará cuenta por la Secretaría de Estado, i en cuya virtud la deuda quedó consolidada i reducida á $50,000, pagaderos por anualidades de $10,000 en las Aduanas de la

República. El Convenio ha comenzado á cumplirse en el año que acaba de terminar.

La Legación Británica ha pedido el cumplimiento del Tratado de 28de Noviembre de 1859, por el que Honduras se obligó á pagar al principal de los mosquitos la suma de $50,000, durante diez años, para que se invirtiese en la educación de los habitantes de la Mosquitia, cuyo territorio Inglaterra devolvió á Honduras por el referido Tratado. Mi Gobierno, que tiene decidido interés en cumplir los compromisos de la Nación, ha manifestado á la Legación inglesa el deseo que lo anima de entrar en arreglos para el pago de la deuda; i una vez definido quien sea la persona que según el Tratado debe recibir los $50,000 como principal de los mosquitos, el reclamo pendiente será terminado de una manera satisfactoria.

Motivos de justicia i de conveniencia indujeron á mi Gobierno á denunciar los Tratados que ligaban á Honduras con algunas naciónes, i cuyos términos estaban para concluir. El Gobierno se propone sustituir los antiguos Tratados con nuevos pactos que, basados en una reciprocidad efectiva, proporcionen mayor i mas beneficioso incremento á las relaciones internaciónales. Esta idea, que ha sido bien acojida por los Gobiernos á quienes se ha dirijido el de Honduras, ha comenzado á ponerse en práctica, presidiendo á las estipulaciones de los Tratados recientemente concluidos con las Repúblicas hermanas del Salvador i Nicaragua.

Así como mantener i ensanchar las mejores relaciones con los Gobiernos de los demás países ha sido uno de los principales fines de la política exterior de mi Gobierno, así también en la política interna el sostenimiento del órden público ha sido el principal objeto de sus trabajos i esfuerzos. Si el país hubiera continuado en el desconcierto anárquico en que estaba cuando me hice cargo del Poder, Honduras quizá no existiría.

El programa que expuse á los hondureños, al asumir el Mando Supremo en Amapala, i la manifestación que hice al Congreso cuando acepté la Presidencia Constitución al, han sido las bases de mi política en el interior. Justicia para todos, imparcialidad i completo olvido de lo pasado, i un sistema de Gobierno extraño á los partidos que, en mala hora, han dividido á los hondureños; hé aquí, en síntesis, la única política que he creído puede salvar la situación que atraviesa la República. Mi bandera ha sido, es i será la bandera naciónal, —la bandera del progreso, de la honra i dignidad de la patria.

No obstante, el programa político que desde el principio me impuse i que he cumplido fielmente, hubo quienes aceptaran mi Gobierno sobre la base de una simple tregua, i solo miéntras se desarrollaban trabajos revolucionarios que existían en jérmen. Yo tenía conocimiento de ellos, pero abrigaba la esperanza de que no pasarian al terreno de los hechos en presencia de la triste situacion del país, i de un Gobierno imparcial i justiciero que no tenia otra mira que la de hacer el bien que pudiese.

Renuncié el Poder que me confiaron mis conciudadanos, convocando á elecciones para Presidente Constitución al: los pueblos votaron libremente, i los círculos políticos estuvieron en libertad absoluta para trabajar por el candidato que mas les satisfaciese. Una inmensa mayoría me dió sus votos, i la circunstancia de ver una elección casi unánime me determinó á aceptar el Poder Constitución al. El Congreso Extraordinario, elejido también libremente, i al cual concurrieron Representantes de todos los círculos políticos, declaró mi elección i me invistió de facultades omnímodas.

Yo creí que en vista de esos hechos, en vista de que la opinión pública se manifestaba en el sentido de la paz i de los nuevos principios que proclamaba i cumplía mi Administración, los trabajos de trastorno, de que os he hablado, terminarían por completo. Pero no fué asi. Yo me formaba una ilusión. En el exterior había trabajos revolucionarios que se hacían en grande escala i que estaban conexionados con los que se operaban en Honduras.

En el mes de Julio de 77 tuve aviso de que se había intentado un asalto en el cuartel de Santa Rosa, donde existía considerable número de armas i enseres de guerra. No podía explicarme un hecho aislado, i entónces pedí la causa i los reos capturados. Vinieron estos i declararon sobre la responsabilidad de otros cómplices de mas significación: estos descubrieron todo el plan de la rebelion, i quienes eran las personas de los principales caudillos. Entónces ví confirmarse lo que yo no creía, pero lo que la opinión pública tenia ya indicado. El Jefe de la revolución resultó ser el Jeneral Don José María Medina, en connivencia con los revolucionarios del exterior, i, en el interior, con los que formaban el resto de su partido personal.

Yo había sometido á juicio á todos los individuos que iban apareciendo complicados en el asalto del cuartel de Santa Rosa, i, sin faltar á la justicia i a mis deberes de Gobernante, no pude menos de someter al mismo juicio al General Medina i á los nuevos cómplices que resultaron. Dispuse entónces que el Comandante Jeneral de los Departamentos de Gracias i Copán, que era el Juez lejítimo de la causa, la siguiese conforme á la lei. Siendo militar el delito, i militares la mayor parte de los que resultaron complicados en el asalto, se procedió conforme á las leyes de la materia i se organizó un Consejo de Guerra de Oficiales Jenerales en la Ciudad de Santa Rosa. El Consejo fué compuesto de Jefes dignos i honrados que pudieron investir el cargo de verdaderos Jueces. Ese Tribunal siguió i terminó la causa con los requisitos de lei, condenando á todos los reos principales á la pena capital.

A la sazon el índijena Calixto Vasquez, á quien por su ferocidad le han dado el sobrenombre de "Corta—Cabezas," i que según varias declaraciones que obran en la causa, aparecía comprometido i en connivencia con el Jeneral Medina, se habia lanzado á las montañas de Santa María, iniciando una nueva carrera de crímenes con el asesinato del Comandante local de aquel pueblo i de algunos de sus leales compañeros. El Gobierno instantáneamente levantó las fuerzas necesarias para ahogar ese levantamiento salvaje, sintiendo vivamente que, por una causa indigna é injustificable, fuese á derramarse de nuevo la sangre hondureña.

El Consejo de Guerra, en cumplimiento de las leyes respectivas, elevó su fallo al Gobierno, á efecto de que éste usara ó no del derecho de gracia que la Constitución le otorga. Tremenda situación fué esta para el personal del Gobierno: estaban de un lado los sentimientos humanitarios, los impulsos generosos i hasta los ideales de una penalidad perfecta: estaban de otro lado la anarquía, cínica i audazmente entronizada, la lei demandando un ejemplar castigo, i la justicia i el país entero reclamando medidas radicales para contener el caudillaje que ha devorado la patria, que la ha mantenido en un estado de desorganización, i de horribles inquietudes i zozobras que ya la hacían perder hasta el consuelo de la esperanza.

En presencia de situación tan difícil i excepcional, tuve que hacer el sacrificio de mis sentimientos personales. No encontré razon alguna en que apoyar el indulto de los dos principales Jefes militares que, traicionando á su patria i á su honrosa carrera, habian puesto todos los medios que estaban á su alcance para consumar con la guerra civil la última ruina del país, llevando en mira solamente sus ambiciones personales i la satisfacción de sus ódios i venganzas. Sus antecedentes de trastornadores incorrejibles eran de todos conocidos, i eran á la vez una condenación pública. Negué el indulto á los dos Jefes principales de la anarquía, i lo acordé para todos los demas reos que habian sido condenados á la pena capital. No podia hacer otra cosa que sacrificar mis ideas i sentimtentos ante la justicia i ante los mas caros intereses de la Nación, que, al confiarme la Autoridad Suprema, me encargó principalmente de la conservación del órden i la paz.

La Secretaría de Gobernación os presentará la causa orijinal: en ella vereis que el frustrado asalto de Santa Rosa iba á comenzar con el asesinato de las personas mas respetables de aquella ciudad, i con el saqueo de sus propiedades: en ella vereis la legalidad de los procedimientos, la amplitud que se dio al derecho de defensa, i la justicia del fallo emitido por el Consejo de Guerra de Oficiales Jenerales.

Aparte de esos lamentables sucesos i de la asonada del indíjena Vasquez, reducida solamente á las montañas de Santa María, i bien pronto deshecha debido al considerable número de fuerzas que le opuso el Gobierno, i á la buena disposición de los pueblos, el órden público, desde que inauguré mi Gobierno Provisional hasta la fecha, se ha mantenido en todos los ámbitos del país. Fuera de duda es que el pueblo hondureño desea i ama la paz i que solo el espíritu de caudillaje puede amenazar la tranquilidad pública i los mas vitáles intereses de la Nación.

El Gobierno continúa organizado con el Secretario Jeneral que tiene su cargo los Despachos del Ejecutivo. Mi deseo ha sido formar un 'Gabinete completo; pero para verificar esto se me han presentado dificultades que no he podido salvar. En el Gobierno lo primero que debe haber es unidad de acción i de propósitos. Esta circunstancia no puede alcanzarse si las personas que forman el Gabinete no son de las mismas ideas, si no están inspiradas en los mismos sentimientos. Sabido es que los hombres notables, los que pueden ser competentes para el desempeño de las Secretarías de Estado pertenecen, mas ó ménos, á las diversas fracciones políticas del país. Yo he creido que el Gobierno no debe pertenecer á ninguna fracción. Si formaba pues el Gabinete con los hombres caracterizados de un bando, el Gobierno tomaba el color político del bando á que ellos pertenecían. Si lo formaba trayendo un representante de cada partidlo, no habría unidad en el Gobierno, i este se convertiria en un campo de Agramante, estando como están aún palpitantes las pasiones políticas i los intereses de partido. Buscar otro espediente, buscar personas sin competencia para llenar simplemente los huecos, habria sido inútil i costoso. Por estos motivos no he aumentado el número de Secretarios del Despacho, siguiendo asi el consejo de la opinión sensata que ha visto un peligro en la alteración del personal del Gobierno, tal como está constituido. Para mi i para el Secretario Jeneral que ha desempeñado i desempeña las Carteras con toda idoneidad é intelijencia, habría sido placentero i cómodo traer mas colaboradores; pero esto no habría podido hacerse sin alarmar la mayoría de los hondureños que ven una garantía en la imparcialidad del actual Gobierno, cuyo personal es ajeno, enteramente ajeno, al pasado i á los particulares intereses de los bandos políticos del país. Creo que un poco mas tarde, cuando el espíritu de partido acabe de amortiguarse, la susceptibilidad pública sea ménos sensible, i esté ya afirmada la política de Gobierno para todos los hondureños, podrán utilizarse, en beneficio del país, las notables aptitudes de sus hombres públicos, sin distinción alguna.

En el mes de Agosto del año de 77 vine á esta ciudad, i he continuado aquí porque he encontrado mas elementos para la administración pública i para promover el progreso de la Nación. La localidad donde reside un Gobierno talvez parecerá cosa insignificante ó indiferente á quienes no piensen con detenimiento; pero no así á aquellos que se fijen en lo que es la labor administrativa, i más en Honduras. El lugar de residencia de la Administración decide, en mucho, del éxito de los Gobiernos i de la suerte de los gobernados. Para el servicio jeneral del país el Gobierno necesita disponer de varios elementos que debe tener á la mano, los que no se obtienen sino es por la acumulación de los negocios, de los capitales i de la población.

He procurado organizar los Departamentos, colocando de autoridades á las personas mas idóneas i que están en capacidad de representar, en cada seccion, la política de imparcialidad i justicia que sustenta el Gobierno. Débese á esto la tranquilidad de que disfrutan los pueblos, i el haberse hecho efectivas en todas partes las garantías que el Gobierno acuerda á la seguridad, á la propiedad, á la libertad i á los derechos individuales. Para obtener este fin ha sido necesario, algunas veces, colocar en los departamentos personas extrañas que, por su falta de antecedentes, no infundan sospechas ni temores á unos.ni á otros, i sí confianza á la jeneralidad.

La administración pública ha sido verdaderamente activa, dadas las necesidades i circunstancias del país. En el año pasado circularon, segun datos de la Administración jeneral de Correos, 22,519 comunicaciones oficiales i, según los suministrados por la Superintendencia de telégrafos, se trasmitieron 36,368 despachos oficiales, conteniendo 1.217,949 palabras.

El derecho electoral ha sido respetado en todas sus manifestaciones. Los Diputados al Congreso Extraordinario i los que hoi forman el Cuerpo Lejislativo han sido electos por el voto expontáneo de los pueblos. No ha habido candidaturas oficiales ni trabajos i manejos de las autoridades en pro ó en contra de ninguna persona. Las elecciones de Presidente i de autoridades locales han sido tambien enteramente libres i extrañas á influencias é intrigas oficiales.

Las Municipalidades han funcionado en la órbita de sus atribuciones; i placentero me es informaros que en casi todos los pueblos de la República se ha llevado á cabo ó se ha iniciado una obra de beneficio jeneral. Prueba esto que los pueblos son progresistas, i que solo les ha faltado paz i confianza para desarrollarse i engrandecerse.

La cuestión de fondos entraña el secreto de toda mejora pública. Noté que las Tesorerías municipales, segun la lei, eran movibles cada año, lo que ocasionaba que al entrar el nuevo Rejidor encargado de la Tesorería se interrumpiese la administración municipal. Por esto, en acuerdo de 27 de Octubre de 1877, se dispuso que el cargo de Tesorero fuese servido por una persona especial inamovible i debidamente responsable de los fondos que administrase. Esta disposición aumentará los fondos municipales i los garantizará mas, pero no hai duda de que su mejora tambien depende de la organización de las Municipalidades, que es bastante defectuosa, i que por lo mismo debe reformarse. El Municipio tiene una importantísima representación en el sistema republicano, i, para que llene su cometido, debe dársele una lejislación mas justa i adecuada á sus diversos fines.

El Congreso Extraordinario tuvo á bien investirme de facultades amplias para la conservación del órden i la organización del país. Para lo primero hasta hoi me han bastado las facultades consignadas en la Constitución i en las leyes secundarias. El Gobierno no ha dictado ninguna providencia excepcional, i ningún hondureño está fuera del país por haber sido expatriado: algunos que permanecen en el extranjéro están por su propia voluntad, i pueden volver á la República cuando mejor les plazca. Para lo segundo, sí, he hecho uso de ellas al emitir leyes que han cambiado por completo la organización del país. El Congreso las tomará en su alta consideración.

El Congreso de 77 me facultó también para que convocase, cuando lo creyera oportuno, una Constituyente que diese un nuevo Código político á la República. No he verificado esto porque deseo que el Congreso actual tome en consideración tan importante asunto. Vosotros decidireis sobre si el país necesita una nueva Constitución acorde con su estado actual i con los modernos principios constitución ales.

El Gobierno encontró los edificios públicos de la Capital en mui mal estado; asi es que uno de sus primeros trabajos fué repararlos i ponerlos en capacidad de servir para sus respectivos objetos.

Al cuartel de Comayagua se le han hecho muchas mejoras. En esa ciudad se compró tambien una buena casa á propósito para un estáblecimiento de enseñanza ó para cualquiera oficina pública.

Se han suministrado algunos fondos para terminar la casa naciónal de Santa Bárbara: la construcción del edificio de la Comandancia de Amapala so ha suspendido últimamente para hacer esa obra bajo un nuevo plan mas perfecto i arquitectónico: en La Paz está á medio construirse una casa naciónal i se ha comprado otra casa mui propia para las oficinas telegráficas.

En esta ciudad se ha comprado la casa donde está establecido el Colejio Naciónal de segunda enseñanza: ese edificio se ha reparado i mejorado mui notablemente.

Para el Colejio de Señoritas se han arrendado dos casas que están reparadas i dispuestas convenientemente: lo propio se ha hecho con las casas que sirven para la escuela de Bellas Artes i para las oficinas de correos i telégrafos.

En Choluteca no existía ningún edificio público. Se ha comprado una casa mui buena i capaz para el servicio de todas las oficinas públicas.

La Factoría de tabacos necesitaba un edificio amplio i adecuado á su objeto: se arrendaba por $1,200 anuales el edificio que ocupa la Factoría: este pertenece ya á la Nación, i puede servir tambien para las oficinas departamentales.

El Gobierno pidió una buena imprenta para montar convenientemente la Tipografía Naciónal. Está ya en esta ciudad una prensa de Campbell que tira de setecientos á mil ejemplares por hora, i que puede moverse á mano ó por vapor: no ha podido comenzar á usarse por haberse perdido en el camino unas pequeñas piezas: su repuesto está para llegar. Se ha comprado tambien otra imprenta que está en Santa Bárbara, i que se ocupará especialmente de la impresion de textos de enseñanza.

La libertad de imprenta se ha mantenido sin restriccion alguna en la República. Existen varios periódicos, i en hojas sueltas ha salido á luz multitud de publicaciones sobre diferentes objetos. La Paz, El Copaneco, El Progreso, El Orden i La Patria se han publicado, respectivamente, en Tegucigalpa, Santa Rosa, Santa Bárbara, Comayagua i Juticalpa.

El derecho de asociación para fines útiles se ha ejercitado también libremente. En varias cabeceras de Departamento, i en poblaciones de menor significación, se han organizado sociedades, ya para conservar el órden, impulsar el progreso, la enseñanza pública, ya para desarrollar el buen gusto i cultivar las bellas artes. Satisfactorio es ver cómo á favor de la paz la iniciativa individual toma vida i el espíritu naciónal se manifiesta espaciándose en los horizontes de lo bueno i de lo bello, i en las esperanzas de un mejor porvenir.

Las tribus selváticas del Departamento de Yoro, que estaban cuando vine al país en una cuasi esclavitud, se han declarado libres. El Gobernador, como representante del Gobierno i principal autoridad departamental, es el encargado de guardar los intereses de esas tribus. El estado en que ahora se encuentra no es mas que una mejora relativa. Es necesario tomar otras medidas i hacer gastos considerables para lograr el catequizamiento de los selváticos que forman una numerosa población, inútil hoi para la vida del país. Esa raza desheredada merece la atencion de los poderes públicos. Los selváticos tienen una índole suave i apacible, son sencillos i sin vicios: son capaces de aprender i mui aptos para los trabajos industriales. Yo habria hecho mas por los selváticos satisfaciendo así, no solo un deber, sino un deseo de mi corazón, si hubiese encontrado ajentes que por su filantropía é intelijencia fueran capaces de ir á las selvas á conquistar para la civilización i para el país esa raza que vive en la ignorancia i la miseria.

Los habitantes del Departamento de la Mosquitia están en las mismas circunstancias que los selváticos de Yoro, con la desventaja de no tener éstos algunos vicios i defectos de aquellos. El Gobierno ha encargado á las autoridades de aquel Departamento estudien i propongan las medidas que juzguen convenientes para encaminar á la vida social i al adelanto á los habitantes de la Mosquitia. Mucho, muchísimo hai que hacer para civilizar á los selváticos i á los mosquitos; pero mas que todo, se necesitan ajentes idóneos para acometer tan ardua empresa.

El importante Departamento de las Islas de la Bahía se ha mantenido en paz. La manera en que estaba constituido era enteramente escepcional: su anexión á la República era, si se quiere, de nombre: apénas si el Gobierno intervenia en confirmar el nombramiento obligado de algun Gobernador. Tal situación mantenida desde el año de 1859 en que las Islas volvieron á formar parte de Honduras, no podia ménos de enjendrar la mas completa indiferencia entre las Islas de la Bahía i el resto de la República. Yo me he propuesto hacer cesar ese estado de cosas que, á la larga, traeria por inevitable resultado la pérdida para la Nación de esas importantes Islas, llamadas á un gran porvenir. Puedo aseguraros que el resultado de mis esfuerzos, secundados hábil i enérjicamente por el actual Gobernador Político, es bastante satisfactorio. Actualmente en las Islas de la Bahía impera ya la autoridad del Gobierno: el idioma español se enseña en las escuelas: las municipalidades se organizan conforme á las ordenanzas del país, las leyes de hacienda están implantadas: la lei militar también se ha puesto en práctica; i, por primera vez en la historia del país, han venido al Gobierno remesas del producto de las rentas de aquellas Islas.

Ese Departamento comienza á palpitar con la vida de la Naciín. La indole de sus habitantes es buena, i con gusto han aceptado las reformas que se han ido introduciendo. Una vez puestas en práctica las leyes, i conocidos los resultados de su aplicación, debe hacerse un reglamento especial de las Islas para que aquellos habitantes conozcan mejor la lejislacion naciónal i puedan cumplirla. La lejislacion civil i penal debe traducirse al inglés para que la conozcan i pueda obligárseles á su cumplimiento. Estoi seguro de que, con buenas autoridades, la obra de, la asimilación de las Islas al resto de la República puede obtenerse pronta i satisfactoriamente. Ademas del Gobernador, existe ahora un Comandante de armas con una guarnición para dar seguridad á aquel Departamento.

Los Tribunales de Justicia están hoi como los organizó el Congreso Estraordinario. Además de los trabajos ordinarios han tenido el de despachar un número considerable de causas retrasadas que habia con motivo de la paralización de los Tribunales durante los últimos trastornos.

Algunos Juzgados de primera Instancia no ha sido posible proveerlos, ya por falta de personal idóneo, ya porque los letrados competentes no aceptan las judicaturas en lugares distantes i malsanos.

El Poder judicial ha obrado con entera independencia, i todas las autoridades de la República han obedecido sus órdenes, capturando los reos prófugos prestando su auxilio para el buen desempeño de la Administración de justicia.

El acuerdo de 26 de Abril de 1877, en que se autorizó á la Secretaría Jeneral para que tomase las providencias conducentes á obtener los mejores escritos sobre lejislacion i los códigos mas notables en materia civil, penal, de enjuiciamiento civil i criminal, de minería i de comercio, produjo los mejores resultados. Los Gobiernos de Europa i América, á quienes la Secretaría Jeneral se dirijó, solicitando esos trabajos sobre lejislacion, los enviaron de la manera mas galante i obsequiosa.

Listos los materiales se nombró la Comisión que debía aprovecharlos. Esta Comisión ha dispueto del material mas vasto de que haya podido disponer Comisión alguna en Centro—América, pues tiene á la vista casi todos los Códigos de Europa i América. Once meses lleva de un trabajo asiduo i constante: están terminados ya los Códigos civil, penal, de comercio, de minería i de procedimientos i la lei de organización i atribuciones de los Tribunales.

La Comisión ha tomado por modelo los Códigos de Chile, ménos en materias económicas. El Código civil de Chile está calcado sobre el Código de Napoleón, que fué emitido en principios de este siglo, cuando apenas empezaba en Francia la revolución económica. El porvenir manifiestamente económico de Honduras hizo adoptar á la Comision reformas capitales que difieren en gran manera de su admirable modelo. En lo jeneral, los proyectos que ha presentado la Comision consignan las mas amplias libertades civiles i económicas. Las reformas que se introducena se han inspirado en las ideas de los jurisconsultos mas eminentes de Chile, i en las doctrinas de los autores modernos mas avanzados de la escuela económica.

En el Código civil se estabece el rejistro como única prueba del estado civil: se reconocen los matrimonios mixtos i los matrimonios de estranjeros, como medida económica i altamente civilizadora: la inmigración de familias ó colonias industriosas es imposible si la lei solo reconoce el matrimonio eclesiástico: se consigna la patria potestad de la madre i de los padres naturales: se ha quitado la odiosa denominación de hijos que hacia la lejislacion anfigua: el nuevo Código civil no reconoce mas que hijos lejítimos i naturales: en el derecho de testar se han introducido tambien reformas radicales, ampliando la libertad de los testadores para promover el desarrollo de la producción económica i para la conservación de la disciplina doméstica: en la sucesion intestada tienen parte los hijos naturales i la mujer en concurrencia con los hijos lejítimos i demas herederos: la lejislacion hipotecaria, base fundamental del crédito, se ha reformado conforme á los principios modernos: la hipoteca es especial, pública é inscrita. Se han abolido los privilejios del fisco, de los menores, de la dote, &: la lei cuida i proteje por otros medios los bienes de los incapacitados: se establece el rejistro de la propiedad para garantía de esta, i la libertad del interes del dinero.

El Código penal está redactado en sentido liberal i humano: las penas mayores son de diez años de presidio, i la muerte én los delitos atroces; como el asesinato i el parricidio.

El Código de comercio de Chile es talvez la obra mas perfecta de la lejislacion chilena: por este motivo la Comision lo ha adoptado casi sin modificaciones sustanciales.

En el Código de minería la propiedad de las minas se concede por denuncia, compra—venta &, tanto á los naciónales como á los estranjeros: está redactado en sentido liberal, consultando á la mas beneficiosa explotacion de las minas.

Grande influencia tiene en la vida i progreso de la sociedad la Administración de justicia expedita i barata: los procedimientos establecidos en el Código de la materia son breves, claros i sencillos; por ellos las cuestiones judiciales se terminarán pronta i fácilmente.

La nueva lejislacion exije una nueva organización en los Tribunáles: este es un trabajo previo, como fundamento de toda reforma en materia de lejislacion: con la actual organización de Tribunales es imposible todo procedimiento regular: dos Cortes de apelacion con facultades iguales i con el derecho de conocer, en súplica la una, de las causas que falla la otra, i vice—versa, dan por resultado la falta de unidad i el no poder formarse una jurisprudencia de los Tribunales: el proyecto de lei de organización establece una Corte Suprema de Justicia compuesta de cinco Majistrados i dos Cortes de apelacion compuesta de tres: con una lejislacion clara i precisa el recurso de súplica que eterniza los pleitos se hace inoficioso; por lo tanto, se establece el recurso de casacion: la Corte Suprema de Justicia queda encargada de la parte económica del poder judicial, i de estudiar en la práctica la aplicacion de los nuevos Códigos: ese proyecto establece la Administración de justicia gratuita: no hai costas procesales: todos los actos del juicio, ménos la instruccion del sumario en ló criminal, son públicos.

Tales son los caractéres mas salientes de los trabajos de la Comisión Codificadora. El Gobierno ha estado en constante relacion con los individuos que la forman para caminar de acuerdo en las ideas i principios capitales que presiden á la nueva lejislacion. No obstante, esos proyectos serán revisados cuidadosamente, i despues se pondrán en práctica en la República.

Solo en nuestro país ha quedado vijente la antigua lejislacion española cuyos vicios i defectos están universalmente reconocidos. No hai obra de lejislacion perfecta: la lejislacion tiene que seguir la marcha dé todas las cosas humanas, —mejorar i progresar. Yo juzgo que uno de los mayores bienes que puede hacerse al pueblo hondureño es darle una lejislacion nueva que garantice plenamente los fueros de la justicia i los derechos del ciudadano. Nada importa el aumento en el presupuesto de gastos que implica la reforma, si se consideran los grandes beneficios que se derivan de una buena i clara lejislacion, i de una verdadera administración de justicia.

El Gobierno ha conservado las mejores relaciones con los dignos representantes de la Iglesia.

El cementerio de esta poblacion i la mayor parte de los de la República se mantienen en un estado tal de abandono, que por humanidad era necesario dictar alguna providencia que evitase los grandes males que á la salubridad pública están aún ocasionando. Las Municipalidades no influian en el cuidado i aseo de los lugares de enterramientos, porque se excusaban diciendo que era á los curas á quienes correspondia ese deber. Estos á su vez decian que estaban faltos de fondos, i que á las Municipalidades tocaba reparar i cuidar los cementerios. Para cortar ese estado de cosas dispuse en acuerdo de 14 de Enero próximo pasado que las Municipalidades se encargasen del cuidado i policía de los cementerios. Estos son lugares que deben estar rejidos por las leyes de la hijiene pública i por las autoridades que representan los intereses de las ciudades i poblaciones.

La contribución del diezmo, abolida en todas partes del mundo, habia quedado solo en Honduras. Tal observación debia chocar á los hondureños. En esta época de libertad los pueblos hicieron oir su voz en contra de esa institución. Una vez que la opinión pública estuvo unánime i compacta á este respecto, el Ejecutivo debia corresponder á ella, aboliendo esa institución injusta i odiosa que pesaba principalmente sobre la clase pobre. Con tal motivo emití el decreto de abolición del diezmo el dia 30 de Enero anterior. Los considerandos i artículos de esa disposición os pondrán de manifiesto las razones en que se ha fundado el Gobierno, i los términos prudentes i conciliatorios en que se ha llevado á cabo tan importante medida.

Los pueblos que se instruyen i educan son necesariamente pacíficos, progresistas, ricos i dichosos. Por esto la instrucción primaria, que es la que mas beneficia á la mayoría del pueblo, debe ser uno de los objetos de preferente atención para los Gobiernos.

Con escasez de medios poco puede hacerse en este ramo importantísimo: me he limitado á que los Municipios cumplan con las leyes existentes, i algo se ha hecho en este sentido.

El año de 1877 el número de escuelas de primeras letras ascendió á274 con 9,123 alumnos, i el de escuelas de niñas á 21 con 812 alumnas. La contribución de escuelas que recaudan i administran los Municipios importó en ese año $30,187. 33 centavos: el Gobierno subvencionó las escuelas con $4,441.

En 1878 el número de escuelas de niños ascendió á 309 con 10,978 alumnos: las escuelas de niñas llegaron al número de 55 con 2,098 alumnas. Se invirtieron en estos establecimientos $39,560. 785: el Gobierno gastó en subvenciones $5,841. 24 centavos.

Como veis, hai un pequeño progreso, pero esto poco significa. La instrucción primaria tiene que organizarse mui ampliamente, como cumple á un país republicano que debe cifrar su porvenir en la educación de la juventud.

Pero esto no puede lograrse sino se toman providencias radicales. De nada ó de poca cosa sírve aumentar el número de escuelas i destinar mayores sumas para su sostenímiento, sino' ha de mejorarse el sistema de enseñanza. Parecemos de maestros: sin ellos lá enseñanza no tiene base. Para ser verdadero maestro se necesita aprender esta profesión, en mi concepto la mas noble, pues los maestros de escuela constituyen el sacerdocio de la civilización. Los maestros se forman en las Escuelas normales: estas hacen falta i deben establecerse para que sean el sólido fundamento de la enseñanza primaria.

Couvencido de esto, i viendo que para llevar á cabo mi idea de establecer una escuela normal de cada sexo en los Departamentos no contaba el Gobierno con los recursos necesarios, dispuse que la Secretaría de Instruccion Pública dirijiese una circular á los Gobernadores políticos, excitando por su medio á las Municipalidades para que contribuyesen al sostenimiento de dos escuelas normales en cada Departamento: estas escuelas debian estar servidas por profesores competentes que el Gobierno pediria al estranjero: los Municipios contestaron manifestando su buena disposición; pero los fondos con que han ofrecido cooperar no bastan para llenar el fin apetecido.

El primer pensamiento que tuve fué establecer dos escuelas normales centrales á donde debian concurrir dos alumnos de cada sexo, enviados por los respectivos Departamentos. Despúes se me ocurrió establecer esas escuelas en las cabeceras departamentales, cosa que juzgo hacedera. Este proyecto tiene sobre el primero la ventaja de economizar mucho tiempo, i de dar un impulso simultáneo á la enseñanza, formando á la vez maestros i maestras que con dos años de aprendizaje pudiesen desempeñar las escuelas de sus pueblos respectivos. No debe prescindirse de establecer las escuélas normales: por de pronto deben establecerse siquiera las centráles; todo lo que no sea formar maestros que den un buen sistema á la enseñanza primaria, es inoficioso, es edificar sobre arena.

Habreis notado que hai un gran desnivel entre el número de escuelas de niños i de niñas. La educación de estas debe ensancharse. El Gobierno ha comenzado á ocuparse de tan importante objeto. En el Departamento de Comayagua, en el año pasado, se estableció en cada pueblo una escuela de niñas, por iniciativa del Gobernador político. Esto prueba que lo mismo puede hacerse en todos los demas Departamentos. Tan notable abandono ha habido en este ramo que en esta ciudad no existia una escuela de niñas. El Gobierno creó un Colejio de enseñanza elemental el 13 de Noviembre de 77, al que asisten 79 alumnas: el 25 de Abril de 78 creó otra escuela en la Villa de Concepción, que cuenta hoi con 38 discípulas.

Se ha establecido tambien un Colejio de Señoritas, montado al sistema americano, i servido por profesoras estranjeras. En este establecimiento hai entre ínternas, medio internas i externas, 37 alumnas.

La segunda enseñanza era entre nosotros casi nula. Abstracta, metafísica en su sistema, i deficiente en las materias de enseñanza, no podia dar resultados satisfactorios en la práctica. Los individuos que han llegado á obtener títulos profesionales pueden observar la deficiencia de la segunda enseñanza que recibieron. El Gobierno para llenar el vacío ha organizado este ramo bajo un sistema amplio i práctico que suministre conocimientos útiles á la juventud, creando por acuerdo de 13 de Agosto de 78 un Colejio Naciónal de enseñanza secundaria que tiene un cuerpo completo de profesores: en este año se enseñan todas las materias que comprende el primer curso: concurren al establecimiento 76 alumnos.

La juventud hondureña está ávida de instrucción. Abierto apenas un nuevo plantel ya cuenta numerosos alumnos, i ya se nota en la enseñanza un progreso manifiesto.

El Colejio de San Cárlos, establecido en Santa Rosa, marcha perfectamente bien bajo la intelijente i esmerada direccion que tiene. Ese Colejio en nada desdice de los de igual jénero que hai en Centro—América. En el año anterior i en el presente ha tomado notable ensanche, i cada año promete mas para el porvenir. En el año de 1877 se gastó en ese establecimiento la suma de $3,405. 23 44 centavos, i en el de 78 la de $4,178. 52 & centavos.

La enseñanza profesional en la Universidad necesita de reformas radicales. Ha sido tambien abstracta, i hábil solo para formar abogados i canonistas. Para la época en que se creó i para los elementos con que ha contado, la Universidad ha sido un progreso i un bien para la República, pues que de ella han salido notabilidades en el Foro i en la Iglesia. Pero ahora la enseñanza profesional necesita tomar un gran desarrollo, i la Universidad tiene que ser un centro de enseñanza superior, en donde el aprendizaje práctico i científico proporcione copiosos beneficios.

El Gobierno ha principiado la reforma, estableciendo un curso preparatorio para entrar en los estudios de las ciencias prácticas que dan en su aplicacion utilidades positivas. La Universidad, en cuanto haya el personal necesario, se organizará con Facultades donde se sigan las profesiones que se necesitan, i en especial, las carreras de naturalistas, químicos, mineralojistas, injenieros &, hoi descuidadas, i que son sin embargo las que mas convienen á los hondureños para servir sus propios interesés i los intereses económicos de la República.

En 15 de Abril de 78 se estableció una escuela de dibujo i pintura en esta ciudad: la enseñanza es diurna i nocturna: 52 alumnos concurren de dia, i 55por la noche: asisten á este establecimiento algunos artesanos: las bellas artes deben estudiarse como complemento de la cultura individual i social i como un auxiliar de los oficios industriales.

En el ramo de Fomento se han llevado á cabo algunas mejoras é iniciado otras de interes para la República.

La grande extensión de nuestro territorio i el desierto son obstáculos que dificultan en alto grado las comunicaciones de los particulares i el curso de la buena administración pública. El telégrafo i un buen servicio postal son los medios para acortar las distancias i crear relaciones frecuentes é instantáneas.

Cuando vine al país, no habia un palmo de telégrafo. Con escasos recursos empecé la obra de tender el alambre i únir por él los principales puntos de la República, i á ésta con los países vecinos i hermanos. Hoi tenemos construidas, seiscientas noventa i dos millas de telégrafo que unen á Honduras con Nicaragua, el Salvador i Guatemala por líneas directas, i en el interior los Departamentos de Tegucigalpa, Choluteca, La Paz, Comayagua, Santa Bárbara, Copan, Gracias i el importante puerto de Amapala: hai funcionando diez i ocho oficinas telegráficas. En Trujillo hai materiales de telégrafo para cien leguas: servirán para unir aquel puerto con Yoro, Cédros i Tegucigalpa. En esta línea están ya colocados casi todos los postes i se ha comenzado á trabajar en ella, yendo ya por el Valle de los Anjeles. En Puerto Cortez hai material telegráfico para cincuenta leguas: se empleará en unir este puerto i el de Omoa con San Pedro Sula i Santa Bárbara: dos injenieros están en la actualidad ocupados en construir esta línea. Están para llegar á Amapala materiales telegráficos para cien leguas, que se aprovecharán en unir á Tegucigalpa con la cabecera del Departamento de Olancho i con la del Paraíso i Danlí: en estas lineas se ha empezado el trabajo de la colocacion de postes.

En la construcción de las líneas, en el establecimiento de las oficinas, i en los materiales que están ya en el país se han gastado $104,169. 2 centavos. Para terminar las otras lineas que están en construcción, con cincuenta oficinas mas, se gastarán $52,000, según el presupuesto presentado por el Superintendente de telégrafos. Entónces tendremos en servicio mil quinientas cuarenta i siete millas de telégrafo i sesenta i ocho oficinas con sus correspondientes aparatos. Toda esta red telegráfica costara $156,169.02 centavos.

Comparado el costo de nuestras líneas con lo que han pagado por las suyas las Repúblicas vecinas, las de Honduras resultan mui baratas. En aquellas se han contratado á $280 la milla de telégrafo, inclusive el valor de los postes, i últimamente á $230. Comparados los gastos hechos con la primera cifra ha habido aquí una economía de $114,000. 14 centavos, i con la segunda, de $81,664. Este resultado se ha obtenido porque el Gobierno ha construido las líneas por su propia cuenta, i porque los pueblos, siempre deseosos de ayudar en las obras de progreso, han abierto calles i proporcionado gran número de postes gratuitamente ó por un valor insignificante. Hago constar este hecho con gratitud, porque él prueba una vez mas las buenas cualidades que adornan al pueblo hondureño.

El movimiento de ingresos i egresos habido en las oficinas telegráficas es el siguiente: el valor de los partes oficiales trasmitidos segun la tarifa, importa $30,073.50 centavos: el valor de los telégramas particulares asciende á$4,672.50 centavos: total$34,746. Los egresos por sueldos de empleados, escuelas de telegrafía, alquileres de casas &, importan $21,421. 94 centavos. Hecha la resta, á favor del telégrafo resulta la suma de $13,324. 6 centavos. Ahora que las oficinas telegráficas del país sirven de intermediarias á las comunicaciones de las otras Repúblicas, i cuando funcionen ya todas las oficinas del interior, el producto de los despachos particulares aumentará considerablemente.

El 7 de Junio de 1877 el Gobierno celebró una contrata con el Señor J.A. de Braam, en virtud de la cual éste se comprometió á tender un cable telegráfico submarino desde Puerto Cortez en el Atlántico, hasta el cabo de San Antonio en la Isla de Cuba, donde se enlazará con las líneas que de allí parten para Europa, Estados Unidos de Norte América, Istmo de Panamá é Islas Antillanas. Segun informes recientes que he recibido, el Señor de Braam ha organizado una compañía anónima para llevar á cabo su empresa, i ha obtenido del Gobierno de España la concesion de establecer en el Cabo San Antonio la estacion para el Cable submarino. Parece indudable que esta obra se efectuará, i entónces Honduras podrá felicitarse de haber obtenido la inmensa ventaja de comunicarse con el mundo por el telégrafo submarino, sin costo alguno.

Tampoco habia en el país, cuando me hice cargo del Gobierno, administración de correos regularmente establecida. Existe hoi el servicio postal con bastante regularidad, i sus oficinas están montadas con los útiles necesarios i que se usan en el estranjero. Hai seis lineas principa les de correos i sieté accesorias. Por medio de estas trece lineas se ponen en comunicación entre sí las poblaciones del interior i con los países estranjeros, desde dos veces por mes hasta tres veces por semana, según su particular importancia.

El movimiento total de correspondencia i encomiendas habido en las administración es, segun aparece del informe presentado por el

Administrador Jeneral del ramo, ascendió, en el año anterior, á 95,994 piezas. Estas han sido trasportadas en 753 viajes, i por una distancia media de 53,878 leguas españolas.

Se ha hecho una nueva emisión de sellos postales que bastará para muchos años. En esos sellos el Gobierno acordó grabar el retrato del Jeneral Morazan, como un tributo á la memoria de ese ilustre hondureño que sirvió á la causa Centro—americana.

El Gobiérno ha acordado adherir la República de Honduras á la "Convención de Union Postal Universal" firmada en París el 1° de Junio de 1878. Esta Convención se ha formado á consecuencia del tratado constitutivo de la Union Jeneral de Correos ajustada en Berna el 9 de Octubre de 1874. La "Union Postal Universal" constituye un solo territorio postal para el cambio recíproco de correspondencias entre sus oficinas de Correos. Han firmado esa Convención los Representantes de casi todas las naciónes del mundo. Honduras reportará, en mi entender, un beneficio positivo entrando en la Unión Postal que tiene por objeto facilitar las comunicaciones entre todos los puntos del Universo, haciéndolas fáciles, expeditas i baratas. Talvez esto ocasione alguna disminución en las exíguas entradas de correos, pero esto no debe ni tomarse en cuenta al obtener en cambio una ventaja tan inmensa. Las obras de beneficio público no deben verse como un negocio que produzca ganancias: en esto debe atenderse principalmente al buen servicio de la Nación.

Los vapores de la línea del Pacífico han continuado tocando en el puerto de Amapala. Últimamente se ha subvencionado un vapor extraordinario para que llegue al mismo puerto. Tocan, pues, mensualmente en Amapala tres vapores de venida i tres de vuelta.

Al vapor Norte—Americano "E. B. Ward" se ha hecho una concesión, sobre las bases publicadas en acuerdo de 14 de Diciembre del año próximo pasado. Este vapor que está obligado á arribar en las costas del Norte á los puertos de Truajillo, Roatan é Iríona, i á los embarcaderos de Balfate i la Ceiba, presta mui buenos servicios á los exportadores de frutas. Llevándose éstas por vapor á Nueva Orleans obtienen mejores precios i el comercio de ellas puede aumentarse mucho. Además ese vapor es un nuevo medio de trasporte para la correspondencia con los Estados Unidos, para la conducción de pasajeros, i para la venida de inmigrantes.

Por acuerdo de 25 de Noviembre último se ha hecho una concesión á la Compañía "Nueva York i Honduras," establecida en los Estados Unidos. La concesión se reduce á otorgar el derecho en una zona desierta de la costa del norte para constituir toda clase de empresas agrícolas é industriales. La Compañía se compromete á establecer una línea de vapores que, tocando en los puertos limítrofes de dicha zona, hagan en grande escala el comercio de exportación de los productos naturales i agricolas del país, lo mismo que el comercio de importación de mercaderías extranjeras: á hacer efectiva con sus embarcaciones la navegación de los principales rios que desembocan en el mar del Norte; i átraer inmigrantes que, merced á sus hábitos de trabajo i á sus aptitudes industriales, contribuyan eficazmente á la beneficiosa explotación de las riquezas naturales en que abunda la costa del Norte.

A la Compañía Anglo—francesa, cuyos excelentes vapores han comenzado á tocar en Puerto Cortez, se le ha concedido la exencion de los derechos de puerto, i el Gobierno está en arreglos para hacer un convenio definitivo que asegure la llegada mensual de los vapores de esa línea, cuya importancia i beneficios para el comercio de la República son incalculables.

Por acuerdo de 31 de Marzo último se hizo una concesión para el establecimiento de un "vapor Correo naciónal ganadero" entre los puertos de la Isla de Cuba isu adyacente de Piños, i los de Puerto Cortez, Trujillo é Iriona, en la costa atlántica de Hondúras. El objeto de esa línea marítima era trasportar con prontitud, frecuencia i regularidad, en las mejores condiciones posibles, los ganados hondureños al mercado de Cuba. El concesionario estaba obligado á poner todos los vapores necesarios para exportar nuestros ganados: los vapores debian ser de la mejor clase i á propósito para su objeto, i tenian que hacer escala, por lo ménos tres veces al mes, en los puertos de Iriona, Trujillo i Puerto Cortez. Establecida esa línea marítima habria facilidad para la exportación i para el tráfico, seguridad en la buena conducción de los ganados, i regularidad en las comunicaciones con Cuba. A una empresa, que para llevarse á cabo necesitaba grandes sumas, i para sostenerse hacer gastos mui fuertes, era necesario que el Gobierno le diese garantías de estabilidad, i una protección correspondiente á los positivos servicios que iba á prestar. Una subvención, por equitativa que fuese, debia ser demasiado elevada i costosa para el Erario público. Por esto se escojitó un medio de protección indirecta.

No habiendo presentado el concesionario el vapor en la primera quincena de Enero, como estaba comprometido á hacerlo, la concesión ha caducado por sí misma. Pero la necesidad imperiosa de esa línea está en pié, i demanda que en la primera ocasion se satisfaga, para que la riqueza del país i el comercio ganadero entre Honduras i Cuba no tenga los graves obstáculos con que hoi tropieza.

La riqueza pecuaria es una de las principales de la República. Evidente es que nuestros ganados tienen demanda i consumo productivo fuera del país. Es necesario, pues, quitar las trabas al comercio ganadero, i ponerlo en aptitud de comunicarse directamente con los cubanos importadores i consumidores, para que de esta relación dimane, como una consecuencia lójica, el aumento del valor de los ganados. Espero que el Congreso fije su atención especial sobre la cuestión ganadera, i resuelva lo que crea conveniente para dar mas importancia á la propiedad pecuaria.

El Gobierno, por acuerdo de 26 de Diciembre de 1876, recuperó la línea férrea construida entre Puerto Cortez i la Pimienta. Esa vía de comunicación se hallaba en un estado deplorable; i en repararla se ha invertido la suma de $78,817.76 centavos inclusive sus productos, hasta el dia 31 de Julio de 1878. Relativamente á los fondos de que el Gobierno dispone, esa suma es mui considerable, pero ha sido forzoso erogarla para dar vida al comercio de aquella sección de la República. Hoi la linea férrea se encuentra en condiciones bastante regulares para el servicio público. Como esa sección fué pésimamente construida, seria necesario hacerla de nuevo para evitar las inundaciones que casi la destruyen en el invierno, i para ponerla en perfecto estado.

Por la Secretaría de Fomento se han dado las oportunas órdenes é instrucciones necesarias á las autoridades departamentales para que reparen i mejoren los caminos, en cumplimiento de la lei de la materia.

La importancia comercial de las plazas de Amapala i Tegucigalpa demanda ya una carretera que las comunique. Se han hecho estudios sobre este particular i dado algunos pasos para principiar la apertura de esa importante carretera, pero aun no se ha podido asegurar los fondos que se necesitan para tamaña empresa.

La lei de Fomento de agricultura que emitió el Gobierno ha comenzado á producir excelentes resultados. Faltan á esa disposición reglamentos que deben desarrollar sus principios jenerales, i hacer efectivas todas las garantías que otorga. Las disposiciones reglamentarias se irán expidiendo para dar plena satisfacción á los fines de la lei cardinal.

Se han comprado algunos terrenos para cederlos á los pueblos i darles patrimonio con la siembra del café. En el distrito de Sabana Grande, que es mui propio para el cultivo de esa planta de fruto tan valioso, se han comprado 28 i 2/3 caballerías de tierra: 1723 manzanas se distribuirán entre los que quieran sembrar café, bajo la única condición de que se ha de sembrar cierto número de árboles para adquirir la propiedad definitiva del terreno. Hai ya algunas plantaciones hechas i muchos almácigos preparados para sembrarlos en la estación próxima.

En varias poblaciones se han llevado á cabo obras de ornato público.

Se ha establecido en la ciudad de Santa Rosa una manufactura de tabacos por cuenta del Gobierno, dirijida por inteligentes cubanos.

La elaboración de puros ha mejorado mucho i los aprendices estan mui aprovechados. Comprendiendo el Gobierno que el tabaco no puede ser un ramo de riqueza i de exportación, si no se cultiva i beneficia bien, se ha empeñado en lograr este objeto colocando inteligentes instructores á disposición de los empresarios que se dedican á ese ramo de agricultura.—Poco se ha logrado aún, pues los cultivadores no quieren atreverse á cambiar de sistema: no se vence en un dia la rutina i las preocupaciones.

La Secretaría de Fomento os dará cuenta con las proposiciones que el Gobierno ha recibido para traer al país colonos de las Islas Canarias é inmigrantes de California. Hacer venir población honrada é industriosa, hé aqui uno de los medios mas activos para cambiar benéficamente la faz de la República; pero para esto se necesita disponer de fondos destinados exclusivamente á ese objeto, i saberles dar un empleo conveniente.

La empresa de establecer una Casa de Moneda ha sido mas grande i costosa de lo que el Gobierno se imajinaba; pero no ha desmayado ante los obstáculos, convencido como está de la necesidad de plantear ese establecimiento. Palmario es que el pais carece de moneda suficiente para las transacciones diarias: esa falta no debe existir en un país minero por excelencia. El cuño llenará la necesidad que hai de moneda circulante, i estimulará á los empresarios de minas que tendrán mayores beneficios amonedando el oro i la plata.

Se ha hecho un contrato para la dirección i servicio de la Casa de Moneda. Caleulo que esta, por lo menos, podrá pagar sus gastos anuales. Algunas piezas de la máquina de vapor han faltado para poner en movimiento toda la maquinaria. La Secretaría de Fomento os presentará las muestras de las monedas de plata i cobre que se han hecho.

Tambien os presentará un proyecto de lei monetaria para la acuñacion de monedas de plata i cobre. Segun ese proyecto, la acuñación debe hacerse en estos términos:

CLASE DE MONEDAS.	PESO EN GRAMOS.	LEI EN MILESIMOS.
1 peso,100 centavos.	25	900.
50 "	12.50.	id.
25 "	6.25.	id.
10 "	2.50.	835.
5 "	1.25.	id.

Se acuñarán tambien monedas de cobre de 1 centavo i de medio centavo con la lei de 1,000 milésimos, i peso de 4.50. i 2.25 gramos. Emitida la lei sobre estas bases, la moneda hondureña quedará igual á las monedas de la misma clase que se acuñan en Francia, España, Italia, Béljica, Perú, Chile, i Guatemala. En cuanto á las monedas de los Estados Unidos hai las diferencias i proporciones siguientes: el peso legal americano de 412 i 1/2 granos Troy, ó sea 26.72 gramos, vale mas que el peso hondureño, 7 centavos. Las monedas de 50 i 25 centavos pesan respectivamente 12.50, i 6. 25 gramos, con lei de 900 milésimos: son, por consiguiente, iguales á las monedas hondureñas de la misma clase. Se ha adoptado para la moneda el sistema decimal, por ser el mas perfecto: ese sistema está en práctica en casi todos los países civilizados.

La cuestión monetaria es sumamente complicada i difícil. No conviene dar á la moneda naciónal mayor peso i lei que el que tienen las monedas corrientes que circulan en el país por su valor legal. Lo que sucederia entónces es que la moneda naciónal se exportaria, dejando en cambio monedas extranjeras que valen ménos. Tampoco conviene darle un peso i una lei inferiores, pues la moneda debe considerarse como una mercadería, que está en las mismas condiciones que cualquiera otra. Necesítase, pues, buscar un término medio haciendo una moneda que tenga fácil i conveniente circulación. Yo espero que el Congreso estudiará atentamente la cuestión, i resolverá lo mas conforme á los intereses del comercio de la República.

La Secretaría de Fomento os presentará una memoria que ha sido dirijida al Gobierno por los comerciantes de Puerto Cortez, sobre la situación i necesidades del comercio de la costa del Norte. Vosotros la estudiareis, i resolvereis sobre los interesantes puntos que contiene, lo que os parezca conveniente. Yo pienso que el comercio naciónal debe protejerse, i que leyes adecuadas deben facilitar el cambio de nuestros productos i evitar el comercio ilícito que defrauda los intereses fiscales i los del comercio lejítimo i honrado.

El 31 de Marzo del año pasado acordé que todos los años, en el mes de Setiembre, se efectuase una Exposición de productos naturales é industriales del país. La primera Exposición se verificó en la fecha señalada. A pesar del poco tiempo de que se dispuso, i de las dificultades que tiene la realización de un pensamiento nuevo, nuestra modesta Exposición fué una sorpresa verdaderamente grata para los corazones patriotas. La Exposición demostró que Honduras es un país fecundo en riquezas naturales, i que los hondureños poseen notables dotes de intelijencia, i hasta de génio: la Exposición demostró que á la República, para presentarse con ventaja en los mercados extranjeros, ofreciendo excelentes productos agrícolas é industriales, solo le ha faltado que sus hijos cambien el rifle por la azada, i la guerra por la paz, i la anarquía por el órden, i la licencia por la libertad, i el estacionamiento por el progreso.

Es un axioma administrativo, universalmente reconocido en todos los países del mundo, que la Hacienda pública es la base del Gobierno i el nervio mas activo del órden i progreso de una nación.

Vosotros conoceis, mejor que yo, el estado en que se hallaba la Hacienda pública cuando me hice cargo del Poder. La memoria presentada por el Honorable Secretario de Hacienda al último Congreso Lejislativo, que se reunió en Enero de 1875, ofrece un cuadro mui fiel de la situación en que se encontraba la Hacienda pública en Honduras.

Segun consta en la memoria á que me he referido, el producto total de las rentas públicas se calculaba, en el año de 75, en la suma de $259,032; é importando el presupuesto de gastos $331,949, resultaba un déficit de $72,917. Es de notarse que el presupuesto jeneral de gastos decretado por el Congreso para los años de 1876 i 1877 se limita, casi exclusivamente, á determinar las erogaciones correspondientes á los sueldos de los empleados públicos.

Una de las principales entradas, en la época aludida, era proveniente del pago de derechos en las aduanas por la importación de mercaderías extranjeras. Mi Gobierno no ha alterado las tarifas i demas diposiciones que decretó el anterior Congreso para el cobro de derechos causados por importación i exportación. La única modificación que hice, por decreto de 12. de Setiembre de 1876, fué la de establecer el pago total de los derechos en moneda efectiva. Como se satisfacia una parte en papel de la deuda pública, aquella justa medida ocasionó al comercio un pequeño aumento que consiste en la diferencia del precio á que se compraban los papeles que se admitian por las aduanas en pago de un tanto por ciento. Mas para la hacienda pública no ha habido aumento alguno, porque recibia los papeles de crédito contra el Estado por su valor intrínseco, i no por el valor nominal en que se cotizaban en el mercado. A lo espuesto se agrega que el comercio, en los años de 76 i 77, tuvo una rebaja del 15 por ciento en el pago de derechos, i que, por negociaciones que ha efectuado se han admitido en las aduanas documentos de crédito contra el Erario público que no tenian mas que un valor nominal; de suerte que, aun con respicencia á los intereses de los comerciantes, considerados los beneficios que han recibido por los motivos espuestos, resulta que el pago total én efectivo, en mui poco ó en nada, vino á alterar las condiciones bajo las cuales se satisfacian anteriormente los referidos derechos.

La renta de aguardiente estaba organizada bajo el sistema de remates: los destiladores pagaban el impuesto establecido por la lei de 11 de Abril de 1874. Para la venta de licores ultramarinos estaba prevenido el pago de derechos de patentes: estas tenian el importe, por año, de $25 hasta $200. La renta de aguardiente i licores ultramarinos, segun los datos que se han podido obtener, producia de 50 á $60.000.

Mi Gobierno, en 1. de Diciembre de 1876, emitió una lei orgánica del ramo de aguardiente que ha recibido las modificaciones demandadas por la práctica. De conformidad con esa lei los destiladores no pagan ningun derecho por la destilación: el Gobierno compra el aguardiente al productor; dejándole buena utilidad; i lo vende á los consumidores obteniendo ganancia. El resultado del nuevo sistema es el siguiente: en el año civil de 1877 produjo la renta $197,025.48 centavos; i en el de 1878, $270,395.50 3/8. De un año á otro ha habido el aumento de $73,370.02g centavos. El impuesto por la venta de licores ultramarinos ha habido que modificarlo: para facilitar el comercio de ese artículo se suprimieron los derechos de patente, sustituyéndolos con el aumento de un 50 por ciento sobre el valor de los derechos de importación de licores:

La renta de tabaco estaba organizada de un modo irregular, pues en unos Departamentos se vendia libremente ese artículo, i en otros la venta se hallaba sujeta á contratas. Los agricultores pagaban el impuesto de $16 por la siembra de cada 8.000 matas. El Gobierno emitió una lei organizando bajo otra forma la renta de tabaco. En el nuevo sistema adoptado se abolió el impuesto sobre la siembra. Segun los datos remitidos por la Factoría de tabacos, esa oficina ha recibido 647,598 libras de tabaco de primera clase, 306,696 de segunda, i

7,896,650 puros de varias calidades i precios. Valor de todo lo recibido en compra, $115,325.10 centavos. Del estado de productos i gastos se deduce que, calculándose un 50 por ciento de beneficio sobre el tabaco que se expende en el interior, esta renta ha dado de utilidad, desde su creación hasta Enero último, la suma de $119,936.031 centavos. En esta i suma está incluida la utilidad que se calcula sobre las existencias que hai, pues están almacenadas en la Factoría 239,9651 libras tabaco de primera,105,159 de segunda, i 378,000 puros, cuyos artículos tienen de valor principal $30,955.50 centavos, sobre el que debe tirarse un 50 por ciento por las utilidades que se calculan. La deuda actual de la Factoría es de $8,849.39 centavos. El Gobierno ha dispuesto pagar el 1 por ciento de interes sobre el valor de las certificaciones que representan para sus tenedores los créditos pasivos de la Factoría que ha extendido dichos documentos.

Los productos i beneficios de la renta de tabaco dependen, en gran par te, de la existencia de mercados seguros en el exterior, en donde tenga favorable colocación ese artículo. Faltando mercado, el Gobierno no puede comprometerse á comprar la cosecha de tabaco, pues no tiene seguridad de expenderlo, i á la vez, para efectuar la compra, necesita de hacer anticipaciones de considerables sumas.

Por tales motivos, i no pudiendo hacerse por ahora contratas en el exterior, el Gobierno ha dispuesto dejar en libertad á los cosecheros para exportar sus tabacos en el año en curso: únicamente se pagarán los derechos que corresponden á la exportación. El nuevo sistema de administración del ramo de tabaco ha aumentado las rentas, i al propio tiempo ha producido beneficios á los cosecheros que han vendido sus tabacos á buenos precios, sin necesidad de ir á correr las eventualidades de la venta en el exterior. El notable aumento que ha habido en las cosechas es una prueba irrecusable de que la nueva organización ensancha el cultivo del tabaco i favorece á los agricultores en ese ramo. La cosecha del año de 1877 fué de 2,500 quintales de tabaco de primera clase, ó fuerte, i de 1,000 de segunda, ó suave. La mala estación perjudicó mucho las siembras. La cosecha de Copan se calcula, en este año, en 6,000 quintales, mitad de primera i mitad de segunda clase.

Por decreto de 15 de Febrero se dobló el impuesto sobre la exportación de ganado. El impuesto sobre destazo se aumentó en la insignificante suma de cuatro reales por cada res. Esta lei ha sido necesario modificarla. Por acuerdo de 1.° de Enero del corriente año se dispuso que el ganado macho que se exporte por Trujillo é Iriona pague $5, i por los demas puntos de la República, $4. El ganado vacuno hembra paga $16 por derecho de exportación.

El ganado es un artículo de primera necesidad en los lugares donde tiene demanda para el consumo; i es obvio, es un hecho comprobado por la experiencia que el valor del impuesto sobre exportación, lo mismo que los gastos, costo principal del ganado, i las ganancias de los intermediarios en el negocio, tienen que pagarlos los consumidores. En este año hai una circunstancia particular que debe tomarse en cuenta respecto á los exportadores de ganado vacuno para la Isla de Cuba. El Gobierno de ésta dispuso declarar libre, por un año, la importación de ganado á varios departamentos de la Isla. Esta exención da el resultado de que los negociantes en ese artículo que lleven sus ganados á aquellos departamentos, apesar del aumento hecho aquí por la exportación, siempre salen beneficiados. Los que lleven sus ganados á puertos que no tienen aquel privilejio, pueden compensar los dos pesos que mi Gobierno ha aumentado, aprovechándose de la disminución de los derechos de importación acordada en Cuba á los ganados que se llevan en buques de bandera española.

El ganado hembra en Cuba tiene un valor mui considerable: este aliciente ha causado la exportación, con destino á aquella Isla, de un crecido número de vacas, con detrimento de la riqueza pecuaria del país. Para evitar ese mal de graves trascendencias se ha aumentado el derecho de exportación; pero como los precios qué allá se pagan son tan alhagadores, creo con fundamento, que apesar de ese impuesto que á primera vista parece alto, se exportará este año todavía mucho ganado hembra.

La lei que aumenta cuatro reales al derecho de destazo se modificó por acuerdo de 23 de Agosto de 1877, que dispone que en todas las poblaciones, cuyos individuos no formen el número de 500 habitantes, se pague el impuesto de 6 reales. En las poblaciones, pues, donde el destazo no puede ser un negocio, se paga hoi menos impuesto que lo que se pagaba por decreto de 16 de Febrero de 1875.

Ultimamente se acordó doblar el derecho de destazo sobre el ganado hembra, quedando ese nuevo impuesto á beneficio de las Municipalidades, para el fondo de la instrucción primaria. Tal medida, que en nada aumenta las entradas fiscales, solo ha tenido en mira evitar la continua destrucción del ganado hembra que debe conservarse para que con sus frutos se sostenga i aumente la riqueza pecuaria.

Por acuerdo de 28 de Noviembre de 77, con el objeto de obtener algunos fondos que ayudasen para la prosecución de algunas obras públicas, se dispuso establecer una subvención de fomento que la constituye un 10 por ciento sobre los derechos de introducción. Esta subvención produjo, hasta el 31 de Julio próximo pasado, la insignificante suma de $5,483, 691 centavos.

El impuesto de 6 por ciento de alcabala terrestre fué abolido por decreto de 6 de Noviembre de 1876, por demandarlo asi el principio de la libertad económica, i la conveniencia de facilitar las transacciones particulares que encontraban en la alcabala una rémora constante.

El decreto de 9 de Setiembre de 1878 que establece el impuesto sobre la exportación de plata en pasta fué modificado, en virtud de la baja de ese metal en el extranjero: dispuse que el marco de plata tuviese el aforo de $7, en vez del de $8 que le daba aquella disposición.

Desde que inauguré mi Gobierno consagré el principio del respeto al sagrado derecho de propiedad. En consecuencia, abolí las contribuciones extraordinarias de guerra, i las cargas de los servicios gratuitos que pesaban sobre las clases pobres de la sociedad. Ni aun en casos de conflicto he recurrido á una medida extrema para procurar recursos á la Hacienda pública. Los servicios que ha pedido el Gobierno los ha pagado relijiosamente. Considerables sumas se han invertido en fletes, conducciones de maquinarias, armamento i útiles de toda clase: tan sagrada es para mí la propiedad que constituye una fortuna, como el trabajo del jornalero, i como la pequeña propiedad, talvez consistente en una bestia de carga que el pobre posée á fuerza de economías i sacrificios.

Ultimamente se ha emitido una lei de papel sellado reformando la anterior. En todas partes del mundo existe la lei que se llama de timbre: en la que se ha emitido están unidos ambos impuestos. El objeto de esa lei es darle una proporcionalidad mas equitativa al impuesto de papel sellado que la que tenia por la lei anterior, i al mismo tiempo garantizar más las transacciones particulares, consignándolas en un papel oficial.

Las rentas públicas produjeron liquidamente en el año económico de 1877 la suma de $402,452.93 3/8 centavos, i en el de 1,878 $692,793.50 5/8 centavos: entre un año i otro hai el aumento de $290,340.571 centavos. Solo este aumento es mayor que lo que en 1875 calculaba el Honorable Secretario de Hacienda como producto de todas las rentas de la República.

Por la relación que os he hecho habreis notado que el aumento de las rentas no se debe al aumento de impuestos. Como vereis por los estados, ese aumento lo forman los mayores productos de las aduanas, i las utilidades que han dado las rentas de aguardiente i tabaco, debido á su nueva organización, i al esmero en el manejo de los intereses fiscales. El comercio casi se ha triplicado: han hecho falta bodegas en Amapala para guardar la carga que ha llegado de Setiembre á esta fecha. Esto se debe á la confianza i á la paz. El aumento de la renta de aguardiente no se obtiene porque este artículo se venda hoi mas caro que antes: con excepción de este Departamento en que se vendia la botella de aguardiente á 2 reales, en todo el resto de la República tenia el precio de 50 centavos á que hoi se expende. La misma observación puede hacerse con respecto á la renta de tabaco.

A primera vista aparece que el producto de las rentas se ha mejorado, i se mejorará mas cada dia, con buenos agentes, i la mejor administración que sujiera la práctica en los nuevos sistemas. Pero tambien es obvio que el país necesita mayores rentas para organizarse en los distintos ramos, para dar seguridades al órden i á la paz, i para fomentar su progreso. Notorio es que las rentas obtenidas no pueden haber bastado para los gastos que se han hecho, para satisfacer la lista civil i militar, i para llevar á cabo empresas de organización que demandan erogaciones cuantiosísimas. Pesan por consiguiente algunos compromisos sobre el tesoro, i aun quedan cuentas que todavía no ha sido posible liquidar.

Los fondos del Érario público han sido manejados por los respectivos empleados de Hacienda, quienes de su administración han rendido todas sus cuentas ante el Tribunal correspondiente. En la Contaduría obran los libros de las administración es de rentas: la Tesorería Jeneral ha llevado las cuentas de ingresos i egresos. Los ingresos han sido, en el año de 1877, $533,467.55 7/8 centavos, i en 1878, $1,189,546.85 centavos: los egresos ban sido de las mismas sumas en los espresados años.

En el ramo de Hacienda falta mucho que hacer: falta que mejorar las leyes emitidas: que organizar la renta de pólvora: que reglamentar convenientemente el ramo de maderas: que reformar las tarifas; i sobre todo, resta que modificar la lei de Hacienda, i el sistema de contabilidad. El manejo de la Hacienda pública puede obtenerse con mas economía, i con mas regularidad i exactitud, centralizando las rentas departamentales en una sola oficina; i creando una Dirección jeneral de las rentas que tenga un poder efectivo de administración , i una vijilancia superior i eficaz: anexa á la Dirección jeneral debe existir una Oficina de Contabilidad central que lleve las cuentas de la nación, por partida doble, único sistema que dá exactitud, precision i datos seguros á cualquiera hora que se necesiten. La dirección especial que se ha establecido para las rentas de aguardiente i tabaco no puede tener mas que la mision transitoria de fundar esas rentas: una vez terminada esta, el mecanismo administrativo debe simplificarse para que haya mayor actividad i exactitud en la administración.

El Gobierno ha cumplido fielmente los compromisos contraídos dentro y fuera de la República. Asi comienza á fundarse el crédito que debe tener todo país regularmente constituido.

Hasta 31 de Julio de 1878 se amortizaron $131,196. 96 cts. de la deuda interior. Esta amortización es infinitamente mayor que la que pudo haberse hecho con el sistema de admitir papeles de la deuda en el pago de algunos impuestos.

Pero el principio de amortizar la deuda antigua, ya en virtud de una negociación, ya por otra causa cualquiera, no es equitativo ni conveniente á los intereses fiscales. Tal razon, i el deseo de dar un arreglo á la deuda interior que consultara á la igualdad, i estableciera el crédito, son los motivos que el Gobierno tuvo para emitir el decreto de 28 de Octubre del año pasado, que dispone convertir en un solo papel la deuda interior, i amortizarla de una manera gradual. Suponiendo que la deuda llegue á millon i medio de pesos, sin un gravámen considerable, puede amortizarse dentro de 13 años 7 meses, pagándose un uno por ciento progresivo. Segun este sistema, la mayor suma que el tesoro tiene que destinar para la amortización de su deuda, es la de $195,000 en el año décimo tercero. Si el Gobierno actual, en medio de sus dificultades, ha amortizado hasta 31 de Julio de 1878 la cantidad de $131,196. 96 cts. no puede ponerse en duda que dentro de 13 años, época en que las rentas deberán ascender á una gran suma, podrán destinarse $195,000 para el servicio de la deuda. Para verificar la conversión fué necesario mandar á hacer á los Estados Unidos los títulos de la deuda con sus correspondientes cupones, con toda la seguridad requerida para tales documentos. Los vales, perfectamente grabados, han veñido ya, i en cuanto estén rejistrados, firmados i sellados, se procederá á verificar la conversión, para que en el presente año principie á pagarse el primer cupon. Tal es lo que se ha hecho en punto al crédito i á la deuda interior de la Nación.

En cuanto á los empréstitos del ferrocarril, en cuanto á ese abismo en donde se han sepultado el crédito i la honra de Honduras, apénas me ha sido dable acercarme á contemplar las profundidades de su fondo tenebroso. Me he ocupado de acumular datos para que, en su oportunidad, se pueda tomar una resolución definitiva sobre las graves i trascendentales cuestiones concernientes al ferrocarril interocéanico,

El Comisionado Especial que tenian acreditado en Inglaterra los dos Gobiernos que me han precedido, ha continuado durante mi administración desempeñando el mismo encargo que aquellos le confirieron. La Secretaría de Hacienda os presentará los resultados de sus trabajos, lo mismo que las proposiciones que sobre ferrocarril se han dirijido al Gobierno.

En los archivos de la Nación no existen los principales documentos sobre las negociaciones del ferro carril. El país no conoce documento alguno sobre las negociaciones relativas á esa empresa. Por las publicaciones del exterior, por los datos oficiales publicados por el Gobierno Inglés, i por los que han recojido en los archivos de Inglaterra i Francia los Comisionados del Gobierno, he venido á formar una idea, no tan clara i exacta como yo deseara, sobre los empréstitos del ferrocarril. Sabido es que yo soi absolutamente estraño á ese asunto, pues cuando se verificaron los empréstitos ni estaba en el país, ni mi edad me permitía comprender esas materias.

Del estudio que he hecho resulta, en mi modo de pensar, que hai varias cuestiones que resolver. En primer lugar es necesario determinar cuáles de los empréstitos hechos en nombre del Gobierno son lejítimos, por haberse emitido conforme á las disposiciones dadas por los poderes competentes de la Nación. Verificado esto, el Gobierno, en nombre de la República, debe reconocer como deuda suya lo que resulte deber por esos empréstitos, aun cuando el producto de ellos, en su mayor parte, haya quedado en el extranjero en manos de los que explotaron el nombre de Honduras. Asi como creo justo i honrado que el país eche sobre sus hombros la deuda que aparezca lejitimada, juzgo tambien que la que no tenga ese carácter debe desconocerse, declarándose responsables de eila á los que abusaron, emitiendo empréstitos desautorizados. En segundo lugar, creo que la Nación tiene perfecto derecho para exijir á sus Representantes en Europa una estricta cuenta de los usos que hicieron de los poderes que les confirió el Gobiern1o, i de la administración de los fondos que han manejado. Así aparecerá toda la verdad: así se sabrá quiénes son culpables, quiénes inocentes. En tercer lugar debe examinarse bajo qué condiciones es conveniente que el Gobierno entre en arreglos sobre la deuda exterior, i sobre la continuación del ferrocarril interoceánico. En mi sentir, solo se debe entrar en negociaciones que tengan por base el arreglo definitivo de la deuda exterior, i la garantía eficaz de que la obra del ferrocarril sea terminada, sin tener el Gobierno el carácter de empresario.

Estan aquí los Comisionados que en Inglaterra i Francia han tratado de los asuntos del ferrocarril: hai en el Congreso personas que han estado en el Gobierno, i que conocen los antecedentes de ese asunto. Propicia i oportuna es pues la ocasión para que el Congreso estudie, medite profundamente i resuelva lo que mas convenga á los intereses i á la honra de Honduras. Yo pido al Congreso que determine, clara i explícitamente al Ejecutivo, la conducta que debe observar en los asuntos de la deuda exterior i del ferrocarril.

Tiempo es ya de que los Poderes Públicos se ocupen de examinar detenidamente esas materias importantísimas, de vital interes: tiempo es ya de que la Nación se justifique ante el extranjero i recupere su honra injustamente mancillada. El crédito hondureño está en la picota de los mercados extranjeros, azotado despiadadamente, mientras viven en la opulencia algunos de los que no hicieron otra cosa que tomar el nombre de Honduras para estafar al público de Inglaterra i Francia

Réstame hablaros de lo que se ha hecho en el Departamento de la Guerra.

Los almacenes de guerra de la República, cuando vine al país, estaban casi vacíos. Mi primer empeño fué recojer las armas que habia dispersas i que solo podian servir como elemento de desórden. Se recojieron muchas armas, la mayor parte de percusión, i en mal estado. En seguida me ocupé de procurar un armamento moderno i uniforme. Hoi existe en los almacenes una cantidad considerable de rifles Remington, cañones Krup i ametralladoras, i de pertrechos de guerra. Los elementos que existen bastan para sostemer el orden i la dignidad del país. Esos elementos importan una fuerte suma. Están para venir mas armas i enseres de guerra, pero todavia no hai las necesarias para armar el ejército que puede levantarse en la República.

La Constitución establece el principio de que todos los ciudadanos hondureños tienen la obligacion de prestar el servicio militar. Sin embargo de esto la práctica estaba en contrario, i aun la lei, pues el decreto de 1.° de Marzo de 1874 establecia que los hijos de los capitalistas contribuyentes, mayordomos i sirvientes quedaban exonerados del servicio militar. Este, pues, lo prestaban solamente los pobres: solo ellos pagaban la onerosa contribución de sangre.

El resultado de esa situación era que el país no tenia milicias. ni ejército: difícil era atender aun al servicio de guarnición en las plazas de los Departamentos i puertos.

Por acuerdo de 4 de Octubre próximo pasado organicé el servicio militar que deben prestar los pueblos de la República: Esa disposición se funda en principios de justicia, igualdad i equidad. Fija la obligación del servicio para todos los hondureños desde la edad de 18 hasta la de 35 años: no hai excepción de clases ni de categorías. Hasta en los paises monárquicos el Príncipe se confunde con el mas humilde pechero en las lineas del Ejército: ¿por qué entre nosotros que somos republicanos han de consagrarse desigualdades injustificables? Nó: el ciudadano debe educarse en la idea de que su principal deber es tomar el arma i saberla manejar para defender la patria. La nueva lei regulariza i distribuye el servicio militar ordinario, entre todos los milicianos, con el fin de que esa carga pese igualmente sobre todos los hondureños hábiles.

Conforme á lo dispuesto las milicias se están organizando en todo el país, i segun los datos que comienzan á llegar á la Secretaría de la Guerra, pasará de 20,000 el número de milicianos que habrá en la República. Esto no es mas que el principio de la organización militar, pues las milicias solo constituyen el primer elemento de donde debe sacarse el ejército: para formar éste es necesario trabajar mucho, i durante muchos años.

En el estado actual de la civilización la fuerza representa por desgracia todavía un papel mui principal: aún el derecho privado se basa en la fuerza social que hace efectiva la justicia. La organización militar afirma la fuerza pública; pero esta no debe servir mas que para sostener el órden, los fueros de la sociedad, i la independencia de la Nación. Así la fuerza tiene una gran misión que cumplir, sirviendo al derecho i asegurando los inestimables bienes de la paz interior i exterior.

Señores Diputados: Os he relacionado fielmente los principales actos, que en los diversos ramos de Gobierno, marcan por decirlo así, los caractéres distintivos de mi Administración. Por las Memorias respectivas á cada Departamento, que os serán presentadas por la Secretaría Jeneral, formareis idea de los motivos especiales de las leyes i demás disposiciones dictadas, lo mismo que de los detalles administrativos.

No me lisonjeo con la creencia de poseer el don del acierto: estoi convencido de que, en las leyes i disposiciones emitidas, hai vacíos que llenar i defectos que correjir. Tales inconvenientes, propios de toda obra humana, natural es que sean mayores en los trabajos que he llevado á cabo, ya porque así lo han requerido las circunstancias excepcionales de Honduras, ya porque se necesita el apoyo de una dilatada experiencia en la jestion de los negocios públicos de un país, para lograr todo el acierto posible en la labor administrativa.

Teneis amplia i completa libertad para juzgar los actos de mi Gobierno, i hacer las rectificaciones que os parezcan debidas: yo no tengo interes alguno en sostener nada que se pruebe ser inconveniente: mi verdadero i único interes se cifra en hacer el mayor bien á Honduras. En este sentido he trabajado, sin pretensiosa confianza en mis aptitudes, pero sí con las mas rectas intenciones, i con una fé sincera en la causa de la libertad i el progreso, que es la única i lejítima causa que los hondureños deben sustentar para bien de esta Nación tan desgraciada como jenerosa.

Ocasión mui propicia teneis, Señores Diputados, para trabajar en provecho de la República. El país está en vía de reconstituir sus intereses tan lastimados durante algunas épocas de dolorosa memoria: el país atraviesa un período de verdadera transición en que reacciona contra el pasado para convertirse al órden, i hacer de la paz, del progreso i de la dignidad nación al el único objeto de sus aspiraciones: el país sigue una marcha difícil i penosa, en busca del trabajo, de la confianza, del crédito i de las instituciones, bajo cuya sola influencia puede labrarse la felicidad de los pueblos. Para lograr tan noble objeto, mi Gobierno apénas ha podido emprender trabajos preparatorios. La reconstrucción de un país, empobrecido i casi disuelto, no es obra de un momento, es obra de dilatados i perseverantes esfuerzos. Confio en que os empeñareis en la realización de esa grande obra, i en que las sabias disposiciones que dicteis asegurarán el bien i la prosperidad de Honduras. Por el cumplimiento de vuestros altos deberes, merecereis la gratitud naciónal, que es el título mas preciado i glorioso con que pueden honrarse los buenos ciudadanos.

MARCO A. SOTO.

TEGUCIGALPA, Marzo 9 de 1879.

CONTESTACIÓN DEL CONGRESO NACIÓNAL AL MENSAJE DEL SENOR PRESIDENTE

Ciudadano Presidente:

Con sentimientos de mui profunda complacencia ha oido la Soberana Representación Naciónal la lectura del Mensaje que le habeis dirijido en la apertura de sus sesiones. Ese documento, por tantos titulos importante, permítasenos declararlo, es una obra notabilísima que os honra, que enaltece á vuestra patria i que graba vuestro nombre en el libro glorioso donde solo se inscriben los bienhechores de la humanidad.

Señor Presidente: El Soberano Congreso Naciónal, intérprete fiel de los sentimientos del pueblo que representa, no puede ménos que aplaudir, como es debido, vuestro patriótico afan por el progreso i por la honra de Honduras, i que rendiros, en su nombre, el testimonio mas sincero de profundo reconocimiento, porque le procurais el inestimable bien de la paz, fuente saludable i fecunda en positivas conquistas de bienestar social.

La Representación Naciónal ha examinado, Ciudadano Presidente, en detallado análisis, los actos mas salientes de vuestro ilustre Gobierno, i no ha podido ménos que felicitaros por los pacíficos triunfos de reparación que habeis obtenido con éxito tan feliz, i que proclamar sin temor ante la Nación con la sinceridad de la honradez, la bonancible situación que alcanza la República, merced á vuestra constancia en la fatigosa labor administrativa. La idea del trabajo que se va encarnando en el espíritu de los pueblos, las varias empresas de agricultura acometidas en proporciones ántes desconocidas, la explotación de minas, i la industria puesta en acción en sus distintos ramos, han venido sustituyendo felizmente á las combinaciónes de trastorno, á los golpes i maquinaciónes de cuartel, á las pasiones ajitadas, al antagonismo i á las odiosidades políticas, que por tanto tiempo han mantenido obstruidas las vías del progreso.

Este bonancible estado de la República es consecuencia natural de la política atinada, sincera i fraternal de vuestro Gobierno con las Repúblicas vecinas. Armonizados los intereses de los pueblos Centroamericanos, se hace imposible cada vez mas la perturbación del órden en los respectivos Estados, i una paz prolongada con sus benéficos frutos queda afianzada de una manera digna i honrosa. El Congreso reconoce como manifestaciones de esa política trascendentalmente favorable, la recepción i envío de Ministros Plenipotenciarios entre esta República i las de Nicaragua, el Salvador i Guatemala.

Es así mismo satisfactorio el buen estado de las relaciones que el Gobierno cultiva i ensancha con las demas naciónes de América i Europa. Las Legaciones acreditadas de Méjico, de los Estados Unidos de Norte América, de la Gran Bretaña, de Francia i Alemania, son notorios testimonios de la confianza i alta estima que ha llegado á merecer Honduras ante los pueblos mas civilizadlos de la tierra.

Las relaciones i contacto de Honduras con Inglaterra datan de épocas mas lejanas, i viene de allí que la República ha tenido desde mucho tiempo con aquella potencia cuestiones, negocios i arreglos de carácter internaciónal El pretendido protectorado de la Mosquitia en territorio hondureño i la ocupación de las Islas de la Bahia, desde el tiempo del Gobierno federal Centroamericano, ocasionaron diversas negociaciones de donde surjió el tratado de 1859, en virtud del cual, el Gobierno se obligó á pagar al principal de los Mosquitos la suma de cincuenta mil pesos. Las Islas fueron devueltas, que dando desde entonces reconocida i respetada por la Gran Bretaña la soberanía de Honduras en aquellas importantes secciones de su territorio. Por infundada que sea en su oríjen aquella obligación, vuestro Gobierno llena un deber al procurar arreglos consiguientes con la Legación inglesa, siendo indispensable, como afirmais, que previamente se aclare i defina quien sea el tal principal de los Mosquitos.

El Congreso encuentra desde luego ventajoso i económico para los intereses fiscales de Honduras el arreglo concluido para el pago de la deuda británica, reconocida por la convención de 1.º de Marzo de 1852.

En cuanto á los tratados que, por motivos de justicia i de conveniencia, vuestro Gobierno ha denunciado legalmente, tiempo es ya de que se sustituyan con nuevos pactos basados, como vos mismo lo insinuais, en una reciprocidad efectiva que incremente los mutuos intereses i afiance las relaciones internaciónales.

El programa político que el Gobierno se impuso desde su inauguración en Amapala i que ha seguido con relijioso respeto, garantiza la imparcialidad, proteje i apoya las libertades, los derechos i las aspiraciones lejítimas de los habitantes sin excepcion, i hace que la parte honrada i sensata de la sociedad condene como absurda, criminal é injustificable, toda tentativa de trastorno revolucionario. Por eso se recibió en todos los pueblos de la República con desagrado i asombro la noticia de que el Jeneral Don José María Medina, despiadado para con la patria i doblemente ingrato para con el Gobierno, tratara otra vez de encender la guerra civil, sirviéndose de elementos bárbaros, como los que representaba el levantamiento indíjena de Santa María encabezado por el salvaje Calixto Vasquez. Por eso los hondureños en su mayoría se pronunciaron por la expiación de aquel ajitador, que tan repetidas muestras habia dado ya de su incorrejible i funesto carácter de revolucionario sin principios i de mala lei. El Gobierno, fiel á su consigna de mantener el órden público i severo en la aplicación de la lei, no podia menos que someter á juicio, como sometió, al criminal i sus principales cómplices. El tribunal formado de Jueces idóneos, algunos de los cuales eran reputados como amigos de los reos, emitió su fallo con entera independencia con vista del cargo que arrojaron los autos, i á una gran distancia de la residencia del Gobierno. La opinión pública, con severa imparcialidad, ha juzgado tan funesto suceso, i el Congreso no puede menos que aprobar explícitamente la conducta del Gobierno en ese acto de justicia naciónal. Los conceptos del Mensaje, sobre este punto, ponen de manifiesto la penosa lucha verificada entre el cumplimiento del deber del funcionario público i los sentimientos del hombre pensador, bajo la influencia de la civilización moderna. En el seno del Congreso figuran miembros cuyas convicciones se hallan en pugna con la pena capital: ellos tienen fé en el triunfo definitivo de los principios i en la verificación de una penalidad perfecta; i creen que un dia la sangre del hombre no será mas vertida por la cuchilla de la justicia; pero mientras esa le penal exista, como constitución almente existe decretada en Honduras, creen ineludible su aplicación; i cuando se interpone ademas la premiosa necesidad de la conservación del órden público, debe ahogarse un sentimentalismo humanitario, acaso explicable, pero no siempre oportuno.

El desempeño de las carteras del Ejecutivo por un Estadista tan competente é infatigable en las labores del Gobierno como el Señor Rosa, trae ven tajas inmensas que Honduras debe aprovechar. El Congreso es de vuestra opinión, de que en la actualidad seria en Honduras mui difícil llevar al Gabinete hombres adecuados que, con ilustración, imparcialidad política i homojeneidad de ideas, perseverasen en la política progresiva i de reformas, conciliadora i prudente, á la vez que enérjica, que ha colocadlo al pais en vía de transformación i de positivo adelanto.

En cuanto á residencia del Ejecutivo, el Congreso cree que el Gobierno debe escoger aquella que juzgue mas adecuada á sus multiplicadas labores administrativas.

El Congreso aprueba la disposición Suprema que crea las Tesorerías municipales servidas por personas extrañas á las corporaciones é inamovibles durante su buen desempeño. Con esa medida se garantiza en gran manera la beneficiosa institución del Municipio, al favor de la cual los pueblos se han salvado mas de una vez de la anarquía á la caida frecuente de los Gobiernos por consecuencia de nuestras revoluciones. Las naciónes que la reconocen i protejen su existencia, cualquiera que sea su forma de Gobierno, abrigan en su seno ese elemento de la democracia, bastante para enjendrar en el ciudadano, quizá de una manera insensible, simpatías por las instituciones populares i hábitos republicanos, que al fin llegan á triunfar sobre las injustificables instituciones de la monarquía i de las aristocracias. Sin duda que los municipios necesitan entre nosotros, para cumplir sus fines, reformas aconsejadas ya por una dilatada experiencia; pero la Representación Naciónal no estaria en ningun caso por desnaturalizar el carácter democrático representativo de la institucion, ni ménos por enervar los elementos que afianzan su autonomía.

Plausible es que, apesar de las facultades extraordinarias de que se halla investido el Gobierno, le hayan bastado las que le confiere la Constitución política para el mantenimiento del órden en la República. Eso significa la capacidad administrativa del Gobierno, la índole suave i buenas inclinaciónes de los pueblos, i ha servido esto de verdadera valla á los perturbadores de oficio que, convencidos de la ineficacia de sus maquinaciónes en el interior, é impelidos por sus violentos deseos de mando, han salido de la Republica con el nombre de emigrados políticos sin persecución de ningun jénero, á buscar en vano en los Gobiernos vecinos un apoyo para la verificación de sus proyectos.

El Congreso Extraordinario de 1877, pulsando ya los inconvenientes que trae la vijente Constitución política, facultó al Ejecutivo para la Convocatoria de una Asamblea Naciónal Constituyente. El Congreso juzga que, en presencia de las reformas económicas i político—administrativas que ha venido estableciendo el Gobierno, es llegada la época de una revisión del Código fundamental, para armonizarlo con el sistema que trata de implantarse definitivamente, siguiendo los adelantos modernos de la ciencia de Gobierno.

El país debe ver con satisfacción que el Ejecutivo, apesar de la exigüidad de los fondos fiscales, no ha descuidado dededicar á la conservación, reparos i construcción de edificios naciónales cuantiosas sumas de dinero. Así cuenta el Gobierno donde radicar con decencia i comodidad sus oficinas i establecimientos de enseñanza, de beneficencia i de seguridad pública, desde la capital hasta los últimos Departamentos.

Notoria ha sido para los hondureños la lastimera situación en que desde muchos años han permanecido las tribus selváticas del Departamento de Yoro i los habitantes de la Mosquitia en nuestro territorio. Han sido por desgracia i sin justificación para los Gobiernos desde nuestra emancipación política, materia de explotación. La erección de la Mosquitia en Departamento i el decreto del Gobierno que emancipa á los nómades de Yoro, salvan en mucho tales inconvenientes i dejan de exhibir á aquellos hondureños desgraciados como esclavos miserables i hombres desheredados de los beneficios sociales; pero quizá no basten esas medidas como lo indicais, para garantizar la personalidad política de aquellos habitantes i colocarlos en el sendero de las mejoras físicas i morales: por lo tanto, el Soberano Congreso os recomienda de una manera especial, lleveis á la práctica los felices proyectos de catequizamiento i de adelanto social en aquellas secciones.

De distinta índole eran los inconvenientes administratives con que los Gobiernos han tocado en las Islas de la Bahía desde que fueron devueltas por la Gran Bretaña, como parte integrante de la República. Habia faltado en el Ejecutivo la enerjía i valor moral que demandaba la extirpación de elementos extraños i de hábitos contrarios á los intereses de la nación hondureña. El Congreso reconoce en el actual Gobierno el acierto, oportunidad i eficacia con que ha dictado las medidas que han dado por consecuencia la regularidad administrativa en aquella sección, i su incorporación práctica i positiva á la República hondureña.

La independencia legal, que segun las instituciones políticas del país corresponde á los Tribunales de Justicia en el concierto de la administración pública, se ve, conforme ha debído esperarse, que se ha conservado fielmente, marchando á la vez el Ejecutivo en perfecto equilibrio con el poder judicial hácia el fin comun para que han sido instituidos.

Sensible es por otra parte que motivos ajenos á la buena disposición de ambos Poderes hubiesen impedido hacer, como conviene, la provisión de algunas judicaturas departamentales, porque semejante deficiencia estará eficazmente influyendo en perjuicio de los derechos de los particulares i de la causa naciónal; sin embargo, el Congreso cree deber confiar en que el vacío apuntado se llenará de un modo satisfactorio, tan luego como se decrete el presupuesto de gastos fiscales, donde importa fijar una buena dotacion de pago relijioso á los juzgados de 1. Instancia, para que entonces el Poder Ejecutivo excojite personales idóneos i pueda apremiarlos, en caso necesario, al desempeño de esos importantes destinos.

Honduras recojera inmensos bienes con la nueva lejislación que está para darse a luz: este es un trabajo de reforma reclamado desde mucho tiempo ántes por las condiciones del país. Partiendo de las reformas radicales que lijeramente apuntais, atendiendo u los antecedentes que se han tenido á la vista para su formación, i con certeza de que en esta labor ha concurrido la competencia de personas eminentemente empeñadas en la felicidad de la República, debe creerse que la obra se armonizará, sino en el todo, en su mayor parte, con los verdaderos intereses de los hondureños, reservándose á las indicaciones de la práctica su mejora 'progresiva. En todo caso, vale mas tener una legislación clara i precisa que garantice la prontitud é impersonalidad de la justicia, en armonía con la conveniencia civil i económica de los habitantes de la República.

Es mui satisfactorio para el Congreso Naciónal la situación de buena intelijencia que conserva el Poder Ejecutivo de la República con los Representantes de la Iglesia. Un modo de ser tan en perfecto acuerdo con la política de concierto i armonía social que se ha trazado el Gobierno, debe estimarse como otro elemento que garantiza el órden i prosperidad de los pueblos.

La secularización de cementerios acordada con fecha 14 de Enero recien pasado es una disposición congruente con las atribuciones del Poder civil, i con los verdaderos intereses de la nación: tanto bajo el punto de vista económico, cuanto respecto á salubridad pública. Encuéntrase en esa reforma de beneficio jeneral un medio eficaz para remover la incuria con que ántes de hoi se ha tratado la conservación i policía de esas localidades, dignas por razon de su destino de un celo i protección reparadores.

La abolición del diezmo eclesiástico, proclamada por la jeneralidad de los hondureños i sancionada por el Ejecutivo en su resolución de 30 del citado Enero, redime á la clase contribuyente del pago de un impuesto injusto en principios de buena lejislacion, ruinoso porque afectaba en términos inconsiderados un ramo de riqueza que demanda el mayor ensanche, aparte de gravitar lastimosamente sobre los productores proletarios, i odioso hasta por la forma abusiva con que habitualmente se ha colectado. Tales disposiciones esencialmente benéficas i de carácter civilizador, merecen el aplauso de la Representación Naciónal.

Es tambien mui grato para la Representación Naciónal todo cuánto informais sobre la situacion en que se halla la instruccicn pública. Por los datos que suministra vuestro Mensaje, se nota que la enseñanza de ambos sexos va tomando un ensanche gradual i conveniente al positivo adelanto de los hondureños, debido con bastante especialidad á la iniciativa progresista de vuestro Gobierno. Justifican tal aserto la diferencia ascendente que hoi tiene á su favor el número de escuelas de instrucción primaria, fundadas en la mayoría de los pueblos de la República, i la creación de planteles de enseñanza secundaria en esta ciudad, Santa Rosa i Santa Bárbara.

Es mui digno de particular contemplacion el impulso que se da actualmente á la instrucción sistemada de la mujer, quien tanto influye en la suerte de las familias, base del conjunto social. Un paso de esta naturaleza augura al pueblo hondureño un futuro de conquista civilizadora.

El Congreso espera que el Gobierno, en su afan por el perfeccionamiento social, no desistirá de verificar la redentora idea de establecer escuelas normales en la capital de cada uno de los Departamentos, como base indispensable para la creación de un plan de enseñanza uniforme.

En el ramo de Fomento el Congreso reconoce los constantes i atinados esfuerzos del Gobierno en fundar obras de utilidad verdadera, que son un testimonio vivo de cuanto puede realizar la voluntad, cuando obra á impulsos del mas puro patriotismo.

La red telegráfica que cruza nuestro territorio i que nos pone en contacto con las Repúblicas hermanas es ciertamente un adelanto trascendental, ya porque él nos encamina á la realización del fecundo pensamiento de Union Centroamericana, como por lo mucho que expedita la marcha de la administración pública, tan difícil i lenta en pueblos separados por inmensas distancias.

Se hace mas necesaria la conservación i aumento numérico de las líneas telégraficas, por el feliz anuncio de estar para establecerse por el Atlántico, el cable submarino, que nos pondrá en comunicación instantánea con las principales naciónes del Globo A este respecto, la contrata i arreglos verificados por el Gobierno con el Señor J. A. de Braam, es un nuevo hecho que caracteriza la era de transformación en que ha entrado el país. Tan avanzado paso en la vía del progreso se debe exclusivamente á vuestra iniciativa i relaciones personales, sin que cueste á la Nación un centavo, i sin haber hecho al contratista concesiones que de alguna manera graven los intereses fiscales de Honduras.

Es igualmente plausible el estado en que se halla el servicio postal, por cuyo medio la República se comunica interior i exteriormente con absoluta garantía en la correspondencia i de la manera mas expedita i puntual.

Es una inspiración de verdadero patriotismo la idea de colocar en los sellos postales el retrato del Jeneral Morazan como manifestación de gratitud i que grabará en la memoria de las jeneraciones futuras el recuerdo del ilustre hondureño que mas enaltece la historia política de Centro—América.

Honduras no debia quedar fuera de los incalculables beneficios que reportará á las naciónes la Convención de Union Postal Universal firmada en Paris. Es un gran paso práctico que se dá en pos de la liga universal de intereses que asimilará la vida de las naciónes; i para haber llegado á tan convenientes arreglos, no importa la aparente disminución de entradas que pudiera haber en la renta de correos.

El observador imparcial encuentra en cada uno de los actos del Gobierno pruebas inequívocas i palmarias de su tendencia á condensar todos los elementos que conducen al verdadero progreso de la Nación. Asi, entre las reformas, acuerdos i providencias que habeis dictado, vemos los importantes arreglos para el aumento de los vapores de la línea del Pacífico, i para la llegada segura i regular de los que últimamente tocan en los puertos de la costa del Norte, cuyo movimiento ha comenzado ya á hacer sentir el incremento del comercio de artículos extranjeros i frutos del país por aquel litoral. Vemos tambien la recuperación i reparacion de la seccion del camino de hierro interoceánico construida entre Puerto Cortez i la Pimienta, la cual habia sido casi abandonada desde el año de 1873. El buen estado en que á esfuerzos del actual Gobierno hoi se halla esa vía de comunicación es de grande importancia i utilidad, no tanto porque ella facilita i acelera el trasporte i movimiento comercial, cuanto porque el Gobierno de la Nación da una muestra de que fija sus miradas en una empresa tantas veces contrariada i combatida; pero que llegará un dia á verificarse para engrandecer i quizá para unir definitivamente á

Centro—América. Al actual Gobierno, afortunado i audaz en la realización de grandes ideas, talvez esté reservada la gloria de llevar á su término esa grande obra.

El Gobierno se ha consagrado con laudable celo á la apertura i mejora de las vías de comunicación, verdaderas arterias del progreso. Facilitar las relaciones entre los pueblos es satisfacer una gran necesidad para el fomento de la agricultura, i demandada por las exijencias de la industria i del comercio. El Congreso considera esta labor administrativa de vital interes para el engrandecimiento de la República.

Tambien son de mucha importancia al país los adelantos que se están haciendo en Copan en el cultivo i elaboración de tabaco, mediante la enseñanza de intelijentes expresamente traidos de Cuba. Asi, esa especie de trabajo industrial, llegará mui en breve á constituir un patrimonio valioso para los habitantes de aquel Departamento, i un ramo de positiva riqueza naciónal.

El Congreso adhiere al pensamiento del Gobierno que reconoce la necesidad de procurar una inmigración provechosa á la República, como un elemento capaz de trasformar la faz de los pueblos. Con vista de las proposiciones que se han hecho al Gobierno en este sentido, i tomando en cuenta el estado de la caja naciónal, el Congreso dictará una conveniente resolución que faculte al Ejecutivo para llevar á efecto sus propósitos sobre el particular.

Con marcada especialidad llama la atención del Congreso la empresa acometida por el Gobierno de establecer en el país una casa de moneda. Nadie pondrá en duda su necesidad i los incalculables beneficios que reportará á la República en jeneral; i es de esperarse que los obstáculos cedan ante la enerjía i combinaciónes económicas del Gobierno.

Mui grave i complicada es la cuestion de moneda. Afecta todos los intereses materiales de una nación, i puede decirse, que en último resultado, el verdadero lejislador en la materia es el negociante que sobreponiéndose de hecho á cualquiera disposición legal, hace conservar en las transacciones i en el mercado el equiibrio indispensable entre el valor aproximativamente intrínseco de la moneda i el de las mercancías que la representan. El Congreso estudiará á fondo esta materia, nueva en la práctica entre nosotros, i desde luego encuentra mui conveniente i aceptable la regulación de monedas que en su peso i lei explicais en vuestro mensaje; i se promete encontrar en el proyecto de lei que presentará la Secretaría de Estado, resuelto el problema i allanadas las dificultades.

La Exposicion Naciónal de Honduras que tuvo lugar en Setiembre del año próximo pasado, hasido un hecho de carácter esencialmente progresivo el primero de esta naturaleza en Centro—América. Débese á la intelijencia combinadora i voluntad perseverante del personal del Gobierno el éxito cumplido de su verificacion dentro de un término apénas bastante para encarnar la idea en los pueblos, impresionados por primera vez bajo esta forma civilizadora. Ese múltiple concierto de las manifestaciones del jénio, de los artefactos, de las producciones de la industria i de los frutos naturales del país, formaron un cuadro digno de la contemplación de los hombres intélijentes i capaz de enjendrar en el patriotismo las mas gratas esperanzas en el porvenir.

La hacienda pública, palanca poderosa i base la mas firme de un Gobierno, presenta un cuadro lisonjero, atendido el estado de las rentas en años anteriores. Basta la simple comparación del rendimiento de unos años con otros, para palpar el incremento que ha alcanzado el erario, mediante reformas que la ciencia económica aconseja i que pueblos avanzados han ensayado con ventaja.

La lei orgánica de la renta de aguardiente, la de tabaco, la de papel sellado, i los decretos i disposiciones sobre aduanas i contribucion pecuaria, han producido, como era de esperarse, sus mejores efectos, aumentando los ingresos fiscales á una cifra sorprendente, si la comparamos con cualquiera delas épocas pasadas. El Congreso espera de la ciencia con que el Ejecutivo trata las materias económicas una progresiva riqueza para la hacienda pública.

El impuesto de la alcabala, inaceptable ante los principios de buena lejislacion económica, ha sido suprimido con acierto por el Gobierno.

Vasto es el campo administrativo en materia de rentas. Para su organización mucho ha hecho el Ejecutivo; pero hai sin duda defectos que correjir i vacíos que llenar sobré ramos especiales de la hacienda pública i sobre organización completa i definitiva para establecer un sistema satisfactorio de contabilidad. Cree el Congreso que el Gobierno, investido como se halla de plenitud de facultades, es el llamado á perfeccionar la administración pública, con entera independencia de rutinas inexplicables i bajo un nuevo sistema que lo abrace todo, que simplifique, expedite i aclare el manejo de los caudales de la Nación.

Ver que el Gobierno de Honduras cumple con decidida voluntad sus compromisos interiores, constituye una esperanza consoladora, i es nada menos que establecer el crédito naciónal en que descansan los Gobiernos del mundo. Se hace mas interesante la consideración de este punto, si se atiende á que Honduras conserva en el exterior intereses de superior entidad, que solo con su crédito puede afianzar.

El decreto emitido para amortizar continua i gradualmente la deuda interior, garantiza el pago á los acreedores de la hacienda pública, consultando la exhaustez relativa de los productos fiscales. El plan de esa lei entraña, ademas de un fondo dé justicia, una combinación orijinal i acertada en el terreno económico.

La Representacion naciónal se detiene ante el caos que se le ofrece al contemplar los empréstitos negociados en Inglaterra i Francia para la construcción del ferrocarril interoceánico de Honduras. Enorme es la deuda que por consecuencia de estos empréstitos pesa sobre la Nación, i mayor su descrédito en los centros monetarios de Europa, sin tocar aun una esperanza que satisfaga por completo la ansiedad de los hondureños, por ver terminada la obra que mas halagos les presenta, i que una vez realizada engrandecerá al país como prodijiosa rapidez.

Sin embargo de los esfuerzos del Gobierno por sus investigaciones directas, i mediante la de sus ajentes enviados al efecto, no se ha podido fijar i esclarecer todo cuanto interesa en estos graves negocios.

La conducta irregular de los Representantes i agentes de Honduras en Europa, sus procedimientos informes i á veces desautorizados, la deficienacia de documentos i antecedentes en los archivos del Gobierno, el silencio hasta el cinismo de los mismos Representantes i ajentes ante la censura de la opinión pública, pregonada con estrépito por sonadas logrerías i deshonrosas especulaciones, todo está probando que hai en el seno de ese abismo tenebroso, grandes responsabilidades sobre la conciencia de hombres á quienes es tiempo ya de exhibir i llamar á cuentas, siquiera sea para justificar la ninguna complicidad del pueblo i Gobierno hondureños. A este efecto, el Congreso dictará por separado i con conocimiento de los datos que el Gobierno haya podido recojer i le presente, las medidas mas eficaces, premiantes i salvadoras.

La Representación naciónal tomará á la vez en su alta consideración los resultados de los trabajos del Comisionado Especial que el Gobierno tenia acreditado en Inglaterra para la jerencia de estos asuntos, i resolverá al mismo tiempo sobre las proposiciones de ferro—carril dirijidas al Gobierno. Entre tanto, el Congreso estima mui oportunas i seguras las bases que exponeis someramente para la continuación de la empresa hasta su término.

En el ramo de la guerra se encuentran igualmente mejoras promovidas por el Poder Ejecutivo, durante el período transcurrido desde los últimos meses del año de 1876 hasta la fecha.

La lei de milicias de 4 de Octubre último comprende á todos los hondureños, sin mas excepción que la edad i otras causas que en ella se especifican: puntos por cierto dignos de fundada limitación. En tales términos, la lei consulta la igualdad constitución al que debe haber sobre el particular, mas que otras disposiciones emitidas en épocas precedentes acerca del servicio militar en Honduras. Indudablemente esa reforma influirá con eficacia en beneficio del país. Un número de milicianos como el que ha debido resultar de la organización militar bajo aquel sistema, da una base suficiente para la formación de un ejército respetable, salvaguardia del órden público i sosten de la integridad naciónal.

Como una medida previsora i de seguridad pública, ha mandado el Gobierno recojer las armas naciónales que, despues de las continuas revoluciones quedaron diseminadas en toda la República, i ha hecho venir del extranjero abundantes elementos de guerra de moderna invención. Considerables sumas de dinero ha invertido el Gobierno en estos elementos, aunque en gran parte son debidos á su iniciativa, á sus relaciones i aun á sus expensas personales; pero por grande que sea la erogación, poco significa, toda vez que ella tiende á dar respetabilidad al país i á contener cualquier desbordamiento de los trastornadores de la quietud pública.

Antes de concluir, séame permitido, Señor Presidente, exhortaros á que continueis la política exterior que vuestro Gobierno ha observado con tanto tino como intelijencia. Habeis cumplido vuestros deberes internaciónales, habeis respetado los derechos agenos, i los hondureños ven con orgulloso placer, i como una lójica consecuencia de esa política sensata, la mas cumplida reciprocidad.

ABELARDO ZELAYA,
D.P.
Jesús Maria Rodiguez,   Luis Bográn,
D.S.   D.S.

TEGUCIGALPA, Marzo 12 de 1879.

DICTAMEN SOBRE CONTESTACION AL MENSAJE.

Congreso Lejislativo:

La Comisión que ha tenido en estudio el Mensaje que os dirijió el Señor Presidente de la República, Doctor Don Marco Aurelio Soto, viene hoy á llenar su honroso cometido abriendo dictámen sobre cada uno de los puntos ó asuntos principales de que se habla en aquel documento notable. Despues de los debates i resoluciones consiguientes, atribución i deber de la Secretaría es dar la forma mas adecuada á la contestación, aunque acaso seria mas solemne, mas conforme á las prácticas parlamentarias i de mas alta etiqueta, que aquella contestación fuese dada personalmente por el Honorable Señor Presidente del Congreso.

En sentir de la Comisión, el Congreso al contestar el Mensaje Presidencial, por el órgano que á bien tenga, debe aplaudir i aprobar la conducta del Ejecutivo, no solo tomando en complejo el cuadro trazado por el Señor Presidente, sino haciendo, hasta donde sea dable, un análisis de los actos sometidos á la consideración i deliberaciones de la Representación Naciónal. Debe, ademas, ofrecer tomar en su consideración, para resolver sucesiva i separadamente cada una de las materias importantes que se insinúan en el Mensaje, i concluir por exhortar al Ejecutivo su perseverancia en la política interna i exterior que viene siguiendo desde la inauguración de su personal en el Poder, política fructuosa que ofrece garantías de paz, i que consolida una intelijencia franca con las Repúblicas vecinas i con las demas naciónes de su contacto.

Bastaria á la Comisión lo espuesto para dar por satisfecho su cometido. Dispuesta se halla á sostener en los debates, si fuese preciso, su opinion sincera sobre la aprobación esplícita de los actos del Ejecutivo consignados por el Señor Presidente en su Mensaje, en una forma sencilla i republicana que le honra; pero quiere la Comisión entrar en el análisis, en cuanto le sea posible, de esos actos, siquiera sea para dejar en este mismo dictámen, justificadas sus opiniones respectivas.

Satisfactoria es en verdad la situación actual de la República comparativamente al pasado, i halagüeñas esperanzas promete para el porvenir. La idea dominante del trabajo que se extiende por todos los pueblos; las varias empresas de agricultura acometidas en proporciones ántes desconocidas; la explotacion de minas, i la industria puesta en accion en sus distintos ramos, han venido sustituyendo felizmente á las combinaciónes de trastorno, á los golpes i maquinaciónes de cuartel, á las pasiones ajitadas, al antagonismo i á las odiosidades políticas que por tanto tiempo han mantenido obstruidas las vías de progreso.

Este bonancible estado de la República, consecuencia natural i espontánea es de la política atinada, sincera i fraternal del Gobierno con las Repúblicas vecinas. Armonizados los intereses de los pueblos centro americanos, se hace imposible cada vez mas la perturbación del órden en los respectivos Estados; i una paz prolongada, con sus benéficos frutos, queda afianzada de una manera digna i honrosa.

El Congreso debe reconocer como manifestaciones de esa política trascendentalmente favorable, la recepción i envío de Ministros Plenipotenciarios entre esta República i las de Nicaragua, el Salvador i Guatemala; i en concepto de la Comisión, debe emitir por separado su resolución especial para cada uno de los Tratados i Convenciones con que dará cuenta, en sus Memorias, la Secretaría Jeneral del Ejecutivo.

Es así mismo satisfactorio el buen estado de las relaciones que el Gobierno cultiva i ensancha con las demas Naciónes de América i Europa. Las Legaciones acreditadas de Méjico, de los Estados Unidos de Norte América, de la Gran Bretaña, de Francia i Alemania, prueban una vez mas la confianza i la alta estima que ha llegado á merecer Honduras ante los pueblos mas civilizados del mundo.

Las relaciones i contacto de Honduras con Inglaterra datan de épocas mas lejanas; i viene de allí que la República ha tenido desde mucho tiempo con aquella potencia, cuestiones, negocios i arreglos de carácter internaciónal. El pretendido protectorado de la Mosquitia en territorio hondureño i la ocupación de las Islas de la Bahia desde el tiempo del Gobierno federal centro americano, ocasionaron distintas negociaciones, de donde surjió el Tratado de 1859, en virtud del cual el Gobierno se obligó á pagar al principal de los mosquitos la suma de $50,000, i fueron devueltas las Islas; habiendo quedado desde entónces reconocida i respetada por la Gran Bretaña la Soberanía de Honduras en aquellas importantes secciones de su territorio.

Por infundada, pues, que fuese en su oríjen aquella obligación, el Gobierno llena un deber al procurar los arreglos consiguienes con la Legación inglesa, siendo indispensable, como apunta el Señor Presidente de la República, que previamente se aclare i se defina quien sea el tal principal de los mosquitos.

La Comisión encuentra desde luego ventajoso i económico para los intereses fiscales de Honduras el arreglo concluido para el pago de la deuda británica reconocida por la Convención de 1.° de Marzo de 1852, i cree que el Congreso, con vista del respectivo Tratado, deberá darle su especial aprobación.

En cuanto á los tratados que por motivos de justicia i de conveniencia el Gobierno se vió en el caso de denunciar legalmente, tiempo es ya de sustituirlos con nueros pactos, basados, como el Gobierno se propone i lo insinúa el Señor Presidente de la República, en una reciprocidad efectiva, que incremente los mutuos intereses i afiance mas las relaciones internaciónales.

El programa político que el Gobierno se impuso desde su inauguración en Amapala, i que ha seguido con relijioso respeto, garantiza la imparcialidad, proteje i apoya las libertades, los derechos i las aspiraciones lejítimas de los habitantes sin excepción, i hace que la parte honrada i sensata de la sociedad condene como absurda, criminal é injustificable toda tentativa de trastorno revolucionario. Por eso se recibió en todos los pueblos de la República con desagrado i asombro la noticia de que el Jeneral Don José María Medina, despiadado para con la patria i doblemente ingrato para con el Gobierno, tratara otra vez de encender la guerra civil, sirviéndose de elementos bárbaros, como los que representaba el levantamiento indíjena de Santa María, encabezado por el salvaje Calixto Vasquez. Por eso los hondureños, en su mayoría, se pronunciaron por la expiacion de aquel ajitador que tan respetidas muestras habia dado ya de su incorrejible i funesto carácter de revolucionario sin principios i de mala lei. Por eso el Gobierno, fiel á su consigna de mantener el órden público, i severo en la aplicacion de la lei, no podia ménos de someter á juicio, como sometió, al criminal i á sus principales cómplices. El Tribunal formado de Jueces idóneos, algunos de los cuales aun reputados como amigos de los reos, emitió su fallo con entera independencia, con vista del cargo que arrojaran los autos i á una gran distancia de la residencia del Gobierno. Todo esto, en sentir de la Comisión, presenta mas de relieve la conducta recta é imparcial del Ejecutivo en un suceso que ha juzgado ya la opinión pública, i por cuyo desenlace el Gobierno ha merecido plácemes de los pueblos, quienes inmediatamente recibieron el beneficio inestimable de no volver á los abismos de la anarquía, de donde en feliz hora vino á sacarlos el personal del actual Gobierno.

El Congreso, pues, debe dar esplícita aprobación á ese procedimiento, contrariado por los principios i sentimientos del personal del Gobierno mismo. Los conceptos del Mensaje sobre este punto ponen de manifiesto la penosa lucha verificada entre el cumplimiento del funcionario público i los sentimientos del hombre pensador, bajo la influencia de la civilización moderna. En el seno de la comisión ocupada del exámen del asunto figuran miembros cuyas ideas i convicciones se hallan en pugna con la pena capital: ellos tienen fé en el tiempo definitivo de los principios i en la verificación de una penalidad perfecta; i creen que un dia la sangre del hombre no será mas vertida por la cuchilla de la justicia; pero mientras esa lei penal exista, como constitución almente existe decretada en Honduras, creen ineludible su aplicación; i cuando se interpone, ademas, la premiosa necesidad de la conservación del órden público, debe ahogarse un sentimentalismo humanitario, acaso esplicable pero no siempre oportuno.

El desempeño de las carteras del Ejecutivo por un estadista tan competente é infatigable en las labores de Gobierno, como el Señor Rosa, actual Secretario Jeneral, trae ventajas inmensas de que deben aprovecharse los países que se hallen bajo las condiciones i circunstancias de Honduras. Aquí, como el Señor Presidente de la

República lo hace notar, seria por ahora poco ménos que imposible llevar al Gabinete hombres adecuados que con ilustración, imparcialidad política i homojeneidad de ideas, perseverasen en la política progresiva i de reformas, conciliadora i prudente á la vez que enérjica, que ha colocado al país en via de transformación i de positivo adelanto. La Comisión cree, por estas razones, que el Congreso debe dejar al Presidente de la Nación en plena libertad para organizar su Gabinete con el personal que le aconsejen las circunstancias i su reconocido tacto administrativo.

En punto al lugar de residencia del Gobierno, la Comisión piensa que debe dejarse á la libre determinación del Señor Presidente de la República. En Honduras; agotada por las revoluciones, puede decirse que no hai una población que en la actualidad llene todas las condiciones deseables para la administración pública, i para promover el progreso de la Nación; i el Gobierno, sobre quien pesa cargo tan difícil i complicado, no debe estar en la obligación de residir en localidades determinadas, donde acaso no cuente con los elementos indispensables para el servicio jeneral del país. En la época de reconstrucción que atravesamos, seria contraproducente limitar, hasta en este punto, las disposiciones del Ejecutivo.

La Comisión encuentra razonables los motivos que inspiraron al Gobierno la creación de Tesorererías municipales servidas por personas extrañas á las corporaciones, é inamovibles durante su buen desempeño. Con esa medida se garantiza en gran manera la beneficiosa institución del municipio, al favor de la cual los pueblos se han salvado, mas de una vez, de la anarquía á la caida frecuente de los Gobiernos por consecuencia de nuestras: revoluciones. Las Naciónes que las reconocen i protejen su existencia, cualquiera que sea su forma de Gobierno, abrigan en su seno ese elemento de la democracia, bastante para enjendrar en el ciudadano, quizá de una manera insensible, simpáticas por las instituciones populares i hábitos republicanos que al fin llegan á triunfar sobre las injustificables instituciones de la monarqnía i de las aristocracias. Sin duda que los Municipios necesitan entre nosotros, para cumplir sus fines, reformas aconsejadas ya por una dilatada esperiencia; pero la Comisión no estaria, en ningun caso, por desnaturalizar el carácter democrático representativo de la instrucción, ni ménos por enervar los elementos que afianzan su autonomía.

Plausible es que á pesar de las facultades extraordinarias de que se halla investido el Gobierno, le hayan bastado las que le confiere la Constitución política para el mantenimiento del órden en la República. Eso significa la capacidad administrativa, la índole suave i buenas inclinaciónes de los pueblos; i ha servido esto de verdadera valla á los perturbadores de oficio, que convencidos de la ineficacia de sus maquinaciónes en el interior, é impelidos por sus violentos deseos de mando, han salido de la República con el nombre de emigrados políticos, sin persecución de ningun jénero, á buscar en vano en los Gobiernos vecinos un apoyo para la verificación de sus proyectos.

El Congreso Extraordinario de 1877, pulsando ya los inconvenientes que trae la vijente Constitución política, facultó al Ejecutivo para la convocatoria de una Asamblea Naciónal Constituyente. La Comisión juzga que, en presencia de las reformas económicas i político—administrativas que ha venido estableciendo el Gobierno, es llegada la época de una revisión del Código Fundamental, para armonizarlo con el sistema que trata de implantarse definitivamente, siguiendo los adelantos modernos de la ciencia de Gobierno.

El pais debe ver con satisfacción que el Ejecutivo, á pesar de la exiguidad de los fondos fiscales, no ha descuidado de dedicar á la conservación, reparos i construcción de edificios racionales, cuantiosas sumas de dinero. Así cuenta el Gobierno donde radicar con decencia i comodidad sus oficinas i establecimientos de enseñanza, de beneficencia i de seguridad pública, desde la capital hasta los últimos Departamentos.

Notoria ha sido para los hondureños la lastimera situación en que desde muchos años han permanecido las tribus selváticas del Departamento de Yoro, i los habitantes de la Mosquitia en nuestro territorio. Han sido por desgracia, i sin justificación para los Gobiernos desde nuestra emancipación política, materia de explotación. La erección de la Mosquitia en Departamento i del Gobierno que emancipa á los nómades de Yoro, salvan en mucho tales inconvenientes i dejan de exhibir á aquellos hondureños desgraciados como esclavos miserables i hombres desheredados de los beneficios sociales. Pero quizas no basten esas medidas, como el Señor Presidente de la República lo indica, para garantizar la personalidad política de aquellos habitantes i colocarlos en el sendero de las mejoras físicas i morales; i la Comisión cree, por lo tanto, que el Congreso debe recomendar con especialidad al Ejecutivo llevar á la práctica sus felices proyectos de catequizamiento i de adelanto social en aquellas secciones.

De distinta índole eran los inconvenientes administrativos con que los Gobiernos han tocado en las Islas de la: Bahía, desde que fueron devueltas por la Gran Bretaña como parte integrante de la República. Habia faltado en el Ejecutivo la enerjía i valor moral que demandaba la estirpación de elementos extraños i de hábitos contrarios á los intereses de la nación hondureña; i debe el Congreso reconocer en el actual Gobierno el acierto, oportunidad i eficacia con que ha dictado las medidas que han dado por consecuencia la regularidad administrativa en aquella sección i su incorporación práctica i positiva á la República hondureña.

La independencia legal que segun las instituciones políticas del país corresponde á los Tribunales de justicia en el concierto de la administración pública, se vé, conforme ha debido esperarse, que se ha conservado fielmente, marchando á la vez el Ejecutivo en perfecto equilibrio con el Poder Judicial.

Sensible es, por otra parte, que motivos ajenos á la buena disposición de ambos Poderes hubiesen impedido hacer como conviene la provisión de algunas Judicaturas departamentales, porque semejante deficiencia estará eficazmente influyendo en perjuicio de los derechos de los particulares i de la causa naciónal; sin embargo, la Comisión cree deber confiar en que el vacío apuntado se llenará de un modo satisfactorio, tan luego se decrete el presupuesto de gastos fiscales, donde importa fjarse una buena dotación de pago relijioso á los Juzgados de 1. Instancia, para que entónces el Poder Ejecutivo escojite personales idóneos i pueda apremiarlos, en caso necesario, al desempeño de esos importantes destinos.

A juicio de la Comisión, Honduras recojerá inmensos bienes con la nueva lejislación que está para darse á luz: este es un trabajo de reforma reclamado desde mucho tiempo ántes por las condiciones del país. La propia Comisión no conoce hasta hoi de ese cuerpo de ciencia mas que los lijeros detalles que indica el Mensaje del Señor Presidente; no obstante, partiendo de esas reformas radicales, atendiendo á los antecedentes que se han tenido á la vista para su formación, i con certeza de que en esta labor ha concurrido la competencia de personas eminentemente empeñadas en la felicidad de la República, debe creerse que la obra se armonizará, sino en el todo, en su mayor parte, con los verdaderos intereses de los hondureños; reservándose á las indicaciones de la práctica su mejora progresiva. En todo caso, vale mas tener una lejislacion clara, precisa, que garantice, sin estipendio de parcialidades, la prontitud é impersonalidad de la justicia, en armonía con la conveniencia civil i económica de los habitantes de la República.

Mui satisfactorio es para el Congreso Naciónal la situación de buena intelijencia que conserva el Poder Ejecutivo de la República con los Representes de la Iglesia. Un modo de ser tan en perfecto acuerdo con la política de concierto i armonía social que se ha trazado el Gobierno, debe estimarse como otro elemento que garantiza el órden i prosperidad de los pueblos.

La secularización de cementerios, acordada con fecha 14 de Enero recien pasado, es una disposición congruente con las atribuciones del poder civil i con los verdaderos intereses de la nación, tanto bajo el punto de vista económico, cuanto respecto á salubridad pública; encontrándose en esa reforma de "beneficio jeneral, que ella es el único medio de remover la incuria con que ántes de hói se ha tratado la conservación i policía de esas localidades, dignas, por razon de su destino, de un celo i proteccion reparadores.

La abolición del diezmo eclesiástico, proclamada por la jeneralidad de los hondureños i sancionada por el Ejecutivo en su resolución de 30 del mes citado, redime á la clase contribuyente del pago de un impuesto injusto en principios de buena lejislación, ruinoso porque afectaba en términos inconsiderados un ramo de riqueza que demanda el mayor ensanche, aparte de gravitar lastimosamente sobre los productores proletarios, i odioso hasta por la forma abusiva con que habitualmente se ha colectado.

Tales disposiciones, pues, esencialmente benéficas i de carácter civilizador, merecen el aplauso de la Representación Naciónal.

Es tambien mui grato para los individuos de la Comision todo cuanto informa el Señor Presidente de] Estado sobre la situación en que se halla la instrucción pública. Por los datos que ministra en este sentido su importante Mensaje, se nota que la enseñanza de uno i otro sexo va tomando un ensanche gradual i conveniente al positivo adelanto de los hondureños, debido con bastante especialidad á la iniciativa progresista del actual Gobernante: justifican tal aserto la diferencia ascendente que hoi tiene á su favor el número de escuelas de instrucción primaria, fundadas en la mayoría de los pueblos de la República, i la creación de planteles de enseñanza secundaria en esta ciudad, la de Santa Rosa i Santa Bárbara.

Es mui digno de particular contemplación el impulso que se da actualmente á la instrucción sistemada de la mujer, quien tanto influye en la suerte de las familias, base del conjunto social. Un paso de esta naturaleza augura para el pueblo hondureño un futuro de conquista civilizadora mas ó ménos afirmada en su ideal i vida práctica.

La Comisión piensa que el Gobierno, en su afan por el perfeccionamiento social, no desistirá de verificar su redentora idea de establecer escuelas normales en la capital de cada uno de los departamentos, como base indispensable para la creacion de un plan de enseñanza idéntico para todos los pueblos en el porvenir.

En el ramo de Fomento la Comisión reconoce los constantes i atinados esfuerzos del Gobierno en fundar obras de utilidad verdadera, que son un testimonio vivo de cuanto puede realizar la voluntad cuando obra á impulsos del mas puro patriotisino.

La red telegráfica que cruza nuestro territorio i que nos pone en contacto con las Repúblicas hermanas, es ciertamente un adelanto trascendental, ya porque él nos encamina á la realización del fecundo pensamiento de Unión Centroamericana, como por lo mucho que espedita la marcha de la administración pública, tan difícil i lenta en pueblos separados por inmensas distancias.

Se hace mas necesaria la conservación i aumento numérico de las líneas telegráficas, por el feliz anuncio de estar para establecerse por el Atlántico el cable submarino que habrá de ponernos en comunicación instantánea con las principales naciónes del globo. A este respecto la contrata i arreglos verifica dos por el Gobierno con el Señor J. A. de Braam es un nuevo hecho que caracteriza la era de trasformación en que ha entrado el país. Séale permitido á la Comisión consignar aquí que tan avanzado paso en las vías del progreso, es debido exclusivamente á la iniciativa i relaciones personales del Señor Presidente de la República, sin que cueste á la nación un centavo i sin haber hecho al contratista concesiones que de alguna manera graven los intereses fiscales de Honduras.

Es igualmente plausible, en sentir de la Comisión, el estado en que se halla el servicio postal, por cuyo medio la República se comunica interior i exeteriormente con absoluta garantía en la correspondencia i de la manera mas puntual i cumplida.

Debe verse como inspiración de verdadero patriotismo la idea de colocar en los sellos postales el retrito del Jeneral Morazán, como manifestación de gratitud i que grabará en la memoria de las jeneraciones el recuerdo del hondureño que mas enaltece la historia política de Centro América.

Honduras no debia quedar fuera de los incalculables beneficios que reportará á las naciónes la Convención de Union Postal universal firmada en Paris. Es el primer paso práctico que se da en pos de la liga universal de intereses que asimilará la vida de las naciónes; i para haber llegado á tan convenientes arreglos, no importa la aparente disminución de entradas que pudiera haber en las rentas de correos.

El observador imparcial encuentra en cada uno de los actos del Gobierno pruebas inequívocas i palmarias de su tendencia á condensar todos los elementos que conducen al verdadero progreso de la nación. Así, despues de las reformas, de los acuerdos i providencias que la Comisión ha venido comentando á la lijera, vemos los importantes arreglos para el aumento de los vapores de la Línea del Pacífico, i para la llegada segura i regular de los que últimamente tocan en los puertos de la costa del Norte, cuyo movimiento ha comenzado ya á hacer sentir el incremento del comercio de artículos extranjeros i frutos del país por aquel litoral. Vemos tambien la recuperación i reparación de la sección del camino de hierro interoceánico construida entre Puerto Cortez i la Pimienta, la cual habia sido casi abandonada desde el año de 1873. El buen estado en que, á esfuerzos del actual Gobiernio, hoi se halla, esa vía de comunicación, es de grande importancia i utilidad, no tanto porque ella facilita i acelera el trasporte i movimiento comercial, cuanto porque el Gobierno de la nación da una muestra de que fija sus miradas en una empresa tantas veces contrariada i combatida, pero que en concepto de la Comisión, llegará un dia á verificarse para engrandecer, i quizas para unir definitivamente á Centro—América. Al actual Gobierno, afortunado i audaz en la realización de grandes ideas, talvez le esté reservada la gloria de llevar á su término esa grande obra.

El Gobierno se ha consagrado con laudable celo á la apertura i mejora de las vías de comunicación, verdaderas arterias del progreso. Facilitar las relaciones entre los pueblos es satisfacer una gran necesidad para el fomento de la agricultura i demandada por las exijencias de la industria i del comercio. La Comisión considera esta labor administrativa de vital interes para el engrandecimiento de la República.

El impulso que el Gobierno ha dado á la agricultura, á cuyo efecto emitió la lei de 29 de Abril de 1877, hace esperar con fundamento grandes ventajas en sus distintos ramos. Los buenos resultados que ya comienzan á notarse seguirán despertando i ensancharán gradualmente entre los hondureños el espíritu dc empresa bajo la influencia benéfica de la presente Administración .

Tambien son de mucha importancia para el país los adelantos que se están haciendo en Copan en el cultivo i la elaboración del tabaco, mediante la enseñanza de intelijentes expresamente traidos de Cuba. Así esa especie de trabajo industrial llegará mui en breve á constituir un patrimonio valíoso para los habitantes de aquel Departamento, i un ramo de positiva riqueza naciónal.

La Comisión cree que el Congreso debe adherir al pensamiento del Gobierno que reconoce la necesidad de procurar una inmigración provechosa á la República, como un elemento capaz de trasformar la faz de los pueblos. Con vista de las proposiciones que se han hecho al Gobierno en este sentido, i tomando en cuenta el estado de la caja naciónal, el Congreso dictará una conveniente resolución que faculte especialmente al Ejecutivo para llevar é efecto sus propósitos sobre el particular.

Con marcada especialidad deberá llamar la atención del Congreso la empresa acometida por el Gobierno de establecer en el país una casa de moneda. Nadie pondrá en duda su necesidad i los incalculables beneficios que reportará á la República en jeneral; i es de esperarse que los obstáculos cedan ante la enerjía i combinaciónes económicas del Gobierno.

Como el Señor Presidente lo insinúa, grave i complicada es la cuestión de moneda. Afecta todos los intereses materiales de una nación, i puede decirse que, en último resultado, el verdadero lejislador en la materia es el negociante, que sobreponiéndose de hecho á cualquiera disposición legal, hace conservar en las transacciones i en el mercado el equilibrio indispensable entre el valor aproximativamente intrínseco de la moneda i el de las mercaderías que la representan. De aquí la necesidad para el Congreso de estudiar á fondo esta materia nueva en la práctica entre nosotros. La Comisión encuentra desde luego mui conveniente i aceptable la regulación de monedas que en su peso i lei esplica el Señor Presidente en su Mensaje; i se promete encontrar en el proyecto de lei que presentará la Secretaría de Estado resuelto el problema i allanadas las dificultades.

La Exposición Naciónal de Honduras, que tuvo lugar en Setiembre del año próximo pasado. ha sido un hecho de carácter esencialmente progresivo, el primero de esta naturaleza en Centro— América. Débese á la intelijencia combinadora i voluntad perseverante del personal del Gobierno el éxito cumplido de su verificación dentro de un término apénas bastante para haber encarnado la idea en los pueblos impresionados por primera vez bajo esta forma civilizadora. Ese múltiple concierto de las manifestaciones, de los artefactos, de las producciones de la industria i de los frutos naturales del país, formarán un cuadro digno de la contemplación de los hombres intelijentes i capaz de enjendrar en el patriotismo las mas gratas esperanzas para el porvenir.

La hacienda pública, palanca poderosa i base la mas firme de un Gobierno, presenta un cuadro lisonjero, atendido el estado de las rentas en años anteriores. Basta la simple comparación del rendimiento de unos años con otros, para palpar el incremento que ha alcanzado el erario mediante que la ciencia económica aconseja i que pueblos avanzados han ensayado con ventaja.

La lei orgánica de la renta de aguardiente, la de tabaco, la de papel sellado i los decretos i disposiciones sobre aduanas i contribución pecuaria, han producido como era de esperarse sus mejores efectos, aumentando los ingresos fiscales a una cifra sorprendente, si la comparamos con cualquiera de las de épocas pasadas. El Congreso debe esperar de la ciencia con que hoi se tratan, las materias económicas, en el Ejecutivo, una progresiva riqueza para la Hacienda pública.

El impuesto de la alcabala, inaceptable en los principios de buena lejislacion económica, ha sido en sentir de la Comisión, suprimida con acierto por el Gobierno.

Vasto es el campo administrativo en materia de rentas. Para su organización mucho ha hecho ya el Ejecutivo; pero como apunta el Señor Presidente, hai defectos que correjir i vacíos que llenar sobre ramos especiales de la hacienda pública, i sobre organización completa i definitiva, para dejar establecido un sistema satisfactorio de contabilidad. Cree la Comision que el Gobierno, investido comno se halla de plenitud de facultades, es el llamado á perfeccionar la administración pública en este ramo vital, con entera independencia de rutinas inesplicables i bajo un nuevo sistema que lo abrace todo, que simplifique, espedite i aclare el manejo de los caudales de la Nación.

Ver que el Gobierno de Honduras cumple con decidida voluntad sus compromisos interiores, constituye. una esperanza consoladora, i es nada menos que establecer el crédito naciónal en que descansan los Gobiernos de mundo. Se hace mas interesante la consideración de éste punto, si se atiende á que Honduras conserva en el exterior intereses de superior entidad que solo con su crédito puede afianzar.

El decreto emitido para amortizar continua i gradualmente la deuda interior, garantiza el pago á los acreedores de la hacienda, pública, consultando la exhaustez relativa de los productos fiscales. El plan de esa lei entraña ademas de un fondo de justicia, una combinación orijinal i acertada en el terreno económico—.

La Comisión se detiene ante el cáos que se le ofrece al contemplar los empréstitos negociades en Inglaterra i Francia para la construcción del ferro—carril interoceánico de Honduras. Enorme es la deuda que por consecuencia de estos empréstitos pesa sobre la Nación, i mayor su descrédito en los centros monetarios de Europa, sin tocar aún una esperanza que satisfaga por completo la ansiedad de los hondureños por ver terminada la obra que mas halagos les presenta, i que una vez realizada engrandecer el país con prodijiosa rapidez.

Sin embargo de los esfuerzos del Gobierno por sus investigaciones directas i mediante la de sus ajentes enviados al efecto, no se ha podido 'fijar i esclarecer todo cuanto interesa en estos graves negocios. La conducta irregular de los Representantes i Agentes de Honduras en Europa; sus procedimientos informes, i á veces desautorizados; la deficiencia de documentos i antecedentes en los archivos del Gobierno; el silencio hasta el cinismo de los mismos Representantes i Ajentes ante la censura de la opinión pública pregonada con estrépito por sonadas logrerías i deshonrosas especulaciones; todo está probando que hai en el seno de ese abismo tenebroso, grandes responsablidades sobre la conciencia de hombres á quienes es tiempo ya de exhibir i llamar á cuentas, siquiera sea para justificar la ninguna cumplicidad del pueblo i Gobierno hondureño. A este efecto, la Comisiona cree que el Congreso debe dictar por separado, i con conocimiento de los datos que el Gobierno haya podido recojer i le presente, las medidas mis eficaces, apremiantes i salvadoras.

El Congreso deberá tomar á la vez en su alta consideración los resultados de los trabajos del Comisionado especial que el Gobierno tenia acreditado en Inglaterra para la jerencia de estos asuntos, i resolver al mismo tiempo sobre las proposiciones de ferro—carril dirijidas al Gobierno, i con las cuales dará cuenta la Secretaría Jeneral, segun la indicación del Señor Presidente en su Mensaje. Entre tanto, la Comisión estima mui oportunas i seguras las bases que el mismo Señor Presidente se sirve exponer someramente para la continuación de la empresa hasta su término.

En el ramo de la Guerra se encuentran igualmente mejoras promovidas por el Poder Ejecutivo, durante el período trascurrido desde los últimos meses del año 1876 hasta la fecha.

Bajo todos aspectos se nota el celo del actual Gobierno por la tranquilidad i progreso de estos pueblos. Como una medida previsora i de seguridad pública ha mandado recojer las armas naciónales que despues de las contínuas revoluciones quedaron diseminadas en toda la República, i ha hecho venir del estranjero abundantes elementos de guerra de moderna invención. Considerables sumas de dinero ha invertido el Gobierno en estos elementos, aunque gran parte son debidos á su iniciativa, á sus relaciones i aun á sus expensas personales; pero por grande que fuese la erogación, poco significa, toda vez que ella tiende á dar respetabilidad al país i á contener cualquier desbordamiento de los trastornadores de la quietud pública.

Honorable Congreso:

La Comisión ha terminado sus trabajos sin presunción de infalibilidad en sus juicios. Dispuesta se halla á tomar parte en las discusiones sobre cada uno de los puntos del Mensaje presidencial que se ha permitido analizar, i se dará por mui satisfecha si mediante vuestras luces rectificase errores en que con la mayor buena fé quizá haya incurrido.

Arias.   Meza.
Ferrari.   Lopez de Arce.

MARCO AURELIO SOTO, EL REFORMADOR

(UN ESBOZO NOVELADO DE SU VIDA Y OBRA)

POR MARCO ANTONIO ROSA/ESCRITOR HONDUREÑO

A manera de Prólogo:

Al escribir este boceto de Marco Aurelio Soto, "El Reformador", me satisface tener la oportunidad de referirme —en la ocasión que se celebrará el primer centenario de haber declarado a la ciudad de Tegucigalpa, Capital de Honduras— a un personaje que me es familiar, y digo familiar porque supongo que algunos hondureños conocen mi Biografía del Dr. Rosa, primo hermano del Dr. Soto que convivió con éste por más de un cuarto de siglo y, lógicamente, sus vidas, sus pensamientos y sus obras están estrechamente vinculadas.

EL AUTOR

CENTENARIO DE TEGUCIGALPA COMO CAPITAL DE LA REPÚBLICA

Los hondureños —con ligerísimas excepciones— somos implacables para juzgar, y crueles en la referencia a nuestros ilustres hombres del ayer, aquellos que nos sacaron del atraso y nos legaron mayor sentido de dignidad como Estado libre, soberanía como Nación independiente... Y no sólo es deslealtad y grosería, sino injusticia e ingratitud, porque al juzgarles, solemos hacerlo sin base histórica alguna, porque no leemos y mucho menos investigamos... En consecuencia, cualquier apreciación está basada en relatos escuchados a políticos de profesión. Así, para complacer a este pueblo simplón y obstinado, necesario es escribir TRES HISTORIAS DE HONDURAS: una para satisfacer el sectarismo político de los conservadores; otra, para quedar bien con los liberales y la tercera para complacer a los demás sectores...

¿Cuál es la causa de que apenas se conozcan los merecimientos de los próceres Dionisio de Herrera, José Trinidad Cabañas, Juan Lindo, José Santos Guardiola, Celeo Arias, Marco Aurelio Soto, Ramón Rosa, Policarpo Bonilla y algunos más?...

Uno de los hondureños más calumniados es MARCO AURELIO SOTO, "EL REFORMADOR". Grande es el número de escribidores quienes desde el siglo pasado se ocuparon de denigrarlo; unos, remunerados por la mano generosa y corruptora de Justo Rufino Barrios, quien, de la noche a la mañana tornose enemigo irreconciliable del Reformador, después de haber sido su gran amigo y protector.

Según refiere el historiador Doctor Rómulo E, Durón, cuando Barrios ejercía la presidencia de la República de Guatemala, le dijo: "Ya usted sabe doctor Soto, que nunca he querido que se separe de mí, pero ahora que Honduras está en peligro usted debe sacrificarse por su país, por mí que soy su amigo, por nuestro partido y por Guatemala que también es su patria"... Más, después no concebía que "El Reformador" se opusiese a que él, Barrios, llegara a la presidencia de Centroamérica, sin consultar a los otros cuatro pueblos de las parcelas del Istmo.

En el siglo pasado, enemigos del Reformador fueron aquellos que en su Gobierno no pudieron conseguir empleo por incapacitados, deshonestos o abúlicos. Soto siempre fue muy exigente con sus servidores públicos. También se sumaban a la lista los contrabandistas o los perturbadores del órden público, a quienes perseguía sin miramientos. Asimismo los reincidentes quienes ¿por qué no decirlo? Mientras —para que no se escuchasen sus lamentos—la Banda de los Supremos Poderes ejecutaba alegres marchas,..

Recuérdese que cuando Marco Aurelio Soto tomó las riendas del poder, abiertas estaban las heridas sufridas por un pueblo en las últimas montoneras; no había respeto por la vida humana ni por la propiedad privada; reinaba la anarquía, el desbarajuste, la confusión, el caos... Las rentas del Estado apenas llegaban a un cuarto de millón de pesos al año; no obstante con el Gobierno de Soto las finanzas recibieron un impacto formidable. La renta se multiplicó al millón de pesos anuales. A tales beneficios cabe añadir la creación de las bases del sistema bancario hondureño, establecidas por Decreto del 2 de febrero de 1882, que iban a brindar en años posteriores, sus frutos más óptimos. Así nació la primera Institución Bancaria del país: "Banco de Honduras" que en la actualidad es uno de los principales de la República.

Respecto al sueldo del Presidente, apenas alcanzaba para cubrir una pequeña parte de sus gastos.

La mina del Rosario estaba en plena producción. Las acciones se doblaban y multiplicaban y, como Don Marco Aurelio sumaba a las suyas las que había comprado a Enrique Gutiérrez, su fortuna era ya considerable.

Cuando Soto dejó la presidencia después de siete años de labor constructiva, fresco estaba el recuerdo de Morazán, Herrera y Cabañas, próceres que al abandonar el poder, sólo llevaron consigo innumerables deudas; en cambio "El Reformador" tomaba el camino de Europa, para disfrutar allá de su riqueza formada —como antes se dijo— por las acciones de la Rosario Minning Company.

Hombres talentosos, ilustrados y honestos que en el futuro escriban la historia de Honduras, tienen forzosamente que colocar en lugar cimero, la figura inmortal del verdadero REFORMADOR DE

HONDURAS, doctor MARCO AURELIO SOTO, sin olvidar a la insigne y esclarecida personalidad de RAMON ROSA, médula de su Gobierno.

DECRETO NO. 11, EN QUE SE DECLARA LA CIUDAD DE TEGUCIGALPA POR AHORA, CAPITAL DE LA REPÚBLICA

MARCO AURELIO SOTO

Presidente constitución al de la República de Honduras a sus habitantes hace saber:

Que la Asamblea Naciónal Constituyente:

Considerando, que la ciudad de Tegucigalpa reúne las condiciones y elementos necesarios de población i riqueza para la residencia del Gobierno i de la Corte Suprema de Justicia i reunión del Congreso, que en ella se encuentran el almacén principal de la guerra, la casa de la Moneda i la Imprenta Naciónal, lo mismo que las oficinas centrales de renta, telegráficas i de correo; por tanto:

DECRETA

Artículo único: SE DECLARA LA CIUDAD DE TEGUCIGALPA, POR AHORA, CAPITAL DE LA REPUBLICA.

Dado en el salón de sesiones en Tegucigalpa a 30 de octubre de 1880. Al Poder Ejecutivo Manuel Gamero, Presidente, Luis Bográn, Secretario, Jerónimo Zelaya, Secretario.

Por tanto ejecútese:

Tegucigalpa, noviembre 2 de 1880

MARCO A. SOTO

El Secretario de Estado en el Despacho de Gobernación y Justicia y Fomento.

E. GUTIERREZ

Y por disposición del señor Presidente, imprímase y publíquese.

GUTIERREZ

LA GACETA Número 94 de noviembre 15 de 1880.

Antes de 1876 Honduras parecía la tierra de nadie... lugar desamparado, hacinamiento humano donde la vida, la propiedad y el tiempo no valían nada...Época de dolor, saturada de lágrimas, encharcada de sangre. La muerte agazapada detrás de cada pino, a la vera de los caminos; esperando en las ciudades, a la vuelta de cada esquina, para segar vidas con su inexorable guadaña... Situación motivada por las constantes revoluciones que sin otro fin que el pillaje y la venganza, armaban una serie de caudillos que vivían de esa industria macabra, provechosa sí para sus bolsillos, pero abrumadora para el Estado en cuanto a atraso, incertidumbre, desolación y muerte...

Honduras necesitaba un hombre, pero un hombre de férrea voluntad experimentado en política, de pensamiento cultivado y ágil, de paciencia franciscana, de mano enguantada pero fuerte, como la de un hondureño que vivía en Guatemala cuyo nombre era MARCO AURELIO SOTO.

En medio de las últimas montoneras que abatían los cuatro puntos cardinales del Estado, se formó un grupo de buenos hondureños decididos a redimir el país. Se pusieron de acuerdo en enviar un representante a Guatemala, que llevara la palabra ante Marco Aurelio Soto destacados hondureños de la talla de Policarpo Bonilla, Antonio R. Reina, Miguel A. Navarro, Miguel R. Dávila, Purificación Velásquez, Martín Uclés, Jerónimo Zelaya, Enrique Midence y de cien firmas más de sobresalientes hombres de letras y políticos de altura. Es más, esta petición iba acompañada de otra respaldada por muchas municipalidades del país, que apoyaban la venida de un hombre como Soto quien, seguros estaban conseguiría la pacificación de Honduras y el surgimiento de un Gobierno de corte estrictamente democrático.

La petición de los hondureños unida al viejo deseo de Justo Rufino Barrios de asegurar la unión; luego el anhelo de Don Marco Aurelio Soto de venir a Honduras a intentar pacificarla, a base de olvido del pasado y renunciamiento a los partidos políticos, decidió a Soto de acuerdo con su primo el Doctor don Ramón Rosa —quien lo acompañaría como Ministro General— venir a Honduras como Presidente provisional.

Serían como las 3 de la tarde del sábado 26 de agosto de 1876, cuando al Puerto de Amapala en la Isla del Tigre, al sur de la República de Honduras, se aproximó un vaporcito que tenía por nombre "El Invencible". El primero en desembarcar fué el Doctor Marco Aurelio Soto; le seguían su primo el Doctor Ramón Rosa, el expresidente de Costa Rica general Tomás Guardia, los doctores Celeo Arias y Adolfo Zúniga; estos dos últimos regresaban del destierro.

Pero la situación era aflictiva; todo el país estaba en armas; Soto con la ayuda de su primo don Ramón, comenzó la pacificación del Estado y, a la vez, ambos intentarían levantar la economía. Temprano de esa misma noche se redactó el Decreto de la inauguración del Gobierno Provisional del Doctor Marco Aurelio Soto, con base en las actas y representaciones en que los pueblos lo habían proclamado Presidente Provisional de la República y llamado al Ejército del Gobierno Supremo, por Decreto del 21 de agosto de 1876, en el que, también el Presidente Provisional, general José Ma. Medina, se adhería al voto espontáneo de los pueblos.

El Presidente Provisorio, el Secretario General y demás comitivas, llegaron a Tegucigalpa el 22 de septiembre y salieron para la capital, Comayagua, el 11 de octubre de 1876.

El Doctor Rosa decía: Es necesario que emprendamos una lucha, pero una lucha titánica para despertar esta gente aletargada.

"Son quizá las monstruosidades producidas por la pereza, la ignorancia y el analfabetismo las que han colmado al pueblo de desgracias y de oprobios. Si queremos el progreso, primo, —decía el Dr. Rosa— hay que obligar a nuestros paisanos a romper con el pasado que abruma, hay que luchar hasta aniquilar los vicios coloniales que son la perdición y la deshonra. El poder teocrático ha esclavizado a la conciencia y pervertido el pensamiento del pueblo. El privilegio ha roto la igualdad social y, como tú bien lo sabes, mi querido primo, la ignorancia ha impedido la práctica de las instrucciones libres e imposibilitado la existencia del espíritu público; consecuentemente nos es obligatorio derramar a manos llenas la instrucción de los pueblos haciéndola apremiante".

La marcha del nuevo Gobernante y acompañante hacia la Capital, habíanse llevado a cabo sin mayores contratiempos. Cerca de Comayagua les esperaba la comisión que iba a encontrarles, compuesta por don José María Fiallos, Pedro Francisco de la Rocha, Joaquín Meza y, como representantes de la Curia, los presbíteros Alfonso David y Antonio Ortega. Uno de los primeros era portador de un hermoso ramo de flores.

El Doctor Rosa propuso echar pie a tierra bajo la acogedora sombra de un hermoso amate, para esperar allí, la llegada de tan gentiles patricios. La comisión de recibo se aproximó. Uno de ellos se desprendió del grupo para—con elocuente discurso— hacer entrega del ramo, no al Gobernante, como todos los esperaban, sino al Doctor Celeo Arias...

Doña Celestina Mijango, compañera de hogar del doctor Soto, pensó entonces en la reciente entrada a Tegucigalpa, cuando con abundancia de flores y francas demostraciones de simpatía, se les ofrendó un verdadero homenaje.

En Comayagua, el Presidente provisional encontró gran vacío político y social; pero él tenía una concepción precisa de las circunstancias.

"Para nada me extraña —decía a don Ramón—la actitud de esta gente hacia nosotros. No debemos olvidar, hombre, que son genuinos conservadores de camándula y rosario; que, bien enterados están que fui yo el único ministro en el Gobierno de García Granados que legalicé con mi firma el Acuerdo separando a la Iglesia del Estado, y los comayaguas jamás me perdonarán ésta —para ellos— tamaña irreverencia...".

En el aspecto físico esta ciudad es desconsoladora... ¿Has reparado en ello, queridísimo Ramón? Las casas derruidas, que no acierta uno a decir si es por pobreza, o por indolencia que sus moradores no han podido ni enjalbegarlas. La Capital de Honduras da la triste impresión de ser un pueblón abandonado de la mano de Dios... y me pregunto: ¿Qué han hecho estos señores, adormilados en más de trescientos y pico de años de tener la Capital en este bien ubicado valle de Comayagua?

Por Decreto del 29 de mayo de 1877, el Congreso declaró popularmente electo al Doctor Marco Aurelio Soto, como Presidente Constitución al de la República, en virtud de haber obtenido 16,603 sufragios en una base electoral de 20.635. El Doctor Soto prestó la promesa de Ley el 30 de mayo de aquel año, ante el Presidente de la Cámara, don Abelardo Zelaya.

Entre tanto, Soto, decía el Doctor Vallejo:

"Hemos puesto todo nuestro empeño y buena voluntad en emprender la reconstrucción intelectual y física de la nación. Se ha atendido a las escuelas primarias que antes del 76 estuvieron desiertas; pero y la enseñanza se ha establecido y ella será laica y obligatoria, no enseñanza sin Dios, —como maliciosamente la han interpretado los enemigos del Gobierno—impulsaremos, como jamás antes se haya hecho, la instrucción primaria y la secundaria. Ya ha sido comisionado el Doctor Antonio Ramón Vallejo para organizar los documentos y demás papeles que servirán para dar vida al Archivo que instalaremos conjuntamente con la Biblioteca Naciónal en Tegucigalpa. Es más, Ramón —prosiguió don Marco Aurelio— ya se están tendiendo las líneas telegráficas que unirán las principales poblaciones del país. Se hace hasta lo imposible para incrementar la apertura de caminos rurales y el mejoramiento de los pocos tramos de carretera que ya se encuentran abiertos; se atiende con urgencia al desarrollo de la agricultura, ganadería, explotación minera y tantos adelantos materiales más que, directa o indirectamente impulsarán la economía naciónal".

Ante tal entusiasmo —hablaba el Doctor Vallejo—hay algo que me preocupa... ¿Ha tenido novedades de lo relacionado con el plan de rebelión encabezado por el General José María Medina?

"Francamente no, pero usted sabe que conocemos al dedillo sus movimientos y el de sus secuaces, y que notificados están ya los Comandantes de Armas de Gracias y Copán. Déjalo, hombre, que ellos solos van a caer en la trampa".

El traslado de la Capital a Tegucigalpa se efectuó en el mes de agosto de 1877, precisamente el día 11, llegando a esta "Ciudad el 15 al mediodía".

En el trayecto el Presidente Soto no podía conciliar el sueño haciéndose tantas preguntas para las cuales no encontraba respuestas satisfactorias. Entre otras si el traslado de la Capital a Tegucigalpa sería en verdad beneficioso para la República. ¡Temía al juicio de la historia!

"¿Qué pensarán los hombres del mañana, cuando hagan un análisis del lugar otrora escogido para Capital por los Conquistadores, y el sitio seleccionado por mi Gobierno?.

Seguramente dirán que Comayagua está ubicada en el corazón de Honduras, en extenso valle bañado por caudalosos ríos, lugar propicio para el desarrollo de una metrópoli de uno o más millones de habitantes. En cambio la nueva Capital tendrá que seguir aprisionada por los mismos cerros y barrancos que rodean Tegucigalpa…"

Opuestamente reflexionaba: ¿Acaso no cuenta para el desarrollo de una capital el elemento humano, la riqueza de la comarca, el clima que la favorece, la buena calidad del agua? Ya Comayagua en sus trescientos cuarenta años de vida capitalina —se decía como defendiendo su causa— tuvo suficiente oportunidad de transformarse si no en una metrópoli; por lo menos en una urbe digna de Centroamérica. Y en fin, ¿qué es este lugar? Un pueblón donde el progreso cedió el paso al tradicionalismo, donde pareciera que se echa al olvido el amor patrio. La agricultura, la ganadería, la industria que son tan productivos, no han podido desarrollar allí, por enervamiento de los pudientes y falta de ánimo en los trabajadores.

A veces me pregunto —seguía Don Marco Aurelio con sus reflexiones—si la tala de los bosques que circunda la ciudad es la causa de que el clima de la vieja Capital se haya convertido en un infierno y si tal temperatura origina la indolencia y flojera de los comayaguas; pero aún así ¿qué tiene que ver este factor con su conservatismo acervado ysu ineficiencia latente? Le venían a su mente las frases del Doctor Antonio Ramón Vallejo: "Si su Gobierno continúa aquí, jamás llevará a buen fin las obras de progreso que ha iniciado. Los comayaguas no han dejado de sentir animadversión por usted y sus colaboradores desde la llegada a Comayagua...".

También recordaba que sus viejos malquerientes decían que él personalmente estaba interesado en el traslado de la Capital, para estar cerca de las minas "La Colonial y La Española" que había comprado con Gutiérrez. ¡Vaya simpleza! Querer convertirme en guardián de un mineral que ha estado abandonado por más de medio siglo... Me gustaría anticipar a mis detractores —pensó un tanto contrariado— que ya formamos una Sociedad en los Estados Unidos, y vendimos la mitad de las acciones de la mina, con el objeto de que los norteamericanos vengan a explotarla como es debido. Este quizá sea un nuevo ingreso para el fisco, fuente de trabajo para muchos compatriotas y un filón de riqueza para el país, amén de nuestro propio beneficio. Ahora sonreía al pensar que el traslado a Tegucigalpa según los últimos rumores obedecía a "cruel venganza suya contra la sociedad comayagüense, por desprecios inferidos a su persona y a la de "su querida" —como ellos llamaban a doña Celestina Mijango con quien él se había desposado en la ciudad de La Paz—, siendo madrina una de las distinguidas damas comayagüenses...".

Doris Stone, conocida escritora continental escribe en su interesante obra "Estampas de Honduras".

"Una compañía francesa había puesto a funcionar una planta improvisada hecha sobre viejos pozos de las galerías que los españoles habían cavado en Yuscarán. Abrieron un salón de baile e introdujeron lo que les gustaba llamar "Un Pedazo de París" en las paredes montañosas de Honduras. El champán corría como agua y las promesas de riquezas inaccesibles y paraísos orientales brotaban para tentar a los que quisieran hacerse ricos de la noche a la mañana. Smith y McCarthy dueños del mineral de San Juancito llegaron a la conclusión de que las viejas explotaciones españolas que estaban cerca de Cantarranas requerían esfuerzo y sudor para que reportaran beneficios. Yuscarán en cambio, se aparecía como la botija famosa al pie del arco iris. No hubo necesidad de hablar mucho para persuadirlos que vendieran "La Rosario". Soto —por medio de Enrique Gutiérrez— les compró el fundo y en muy poco tiempo, las dos vetas más ricas de las inmediaciones "La Colonial y La Rosario" quedaron monopolizadas".

"Aquella operación fué más que emocionante para Marco Aurelio Soto y su asociado el General Enrique Gutiérrez. Escogieron como su representante en Nueva York a Julius J. Valentine, quien llevó a victorioso término sus gestiones al reunir el MILLON QUINIENTOS MIL DOLARES que representaba el capital de la nueva empresa. El Presidente Soto y el General Gutiérrez recibieron 750,000.00dólares a título de compensación".

Es muy posible que ya en 1879 Don Marco Aurelio Soto era de los Presidentes más ricos de Latinoamérica. Durante su gobierno no retiró los dividendos repartidos por la Rosario Mining Company sino que los convirtió en acciones. Así, al abandonar el país en 1883 —presionado por el Gobierno de Guatemala— por oponerse a que Barrios fuese Presidente de Centroamérica sin la debida consulta y aprobación del pueblo, su capital en acciones de la Rosario Mining Company ascendía a varios millones. Además, Don Marco Aurelio Soto había comerciado con tierras y ganado y estas ganancias se sumaban a su gran capital minero.

Mientras un asalto armando al cuartel de Santa Rosa de Copán, planeado por el General José María Medina para derrocar al Gobierno de Soto estuvo a punto de alterarlo todo. El Doctor Adolfo Zúñiga escribía:

"Alentado el General Medina por toda una vida de crímenes y de impunidad, se apresta nuevamente al desorden y prepara, con la más completa sangre fría, nuevos días de luto y desolación a la Patria. ¿Seguiremos tolerándole? ¿Esperaremos a que nuevamente nos clave otra vez el puñal homicida? ¿Quién podrá dudar que el General Medina ha estado en inteligencia con los revolucionarios de Centro América, y que él era el primero en dar vida al grito de alarma con el asalto del cuartel de Copán? Para quienes pudieran dudarlo, basta recordar la estúpida infamia del 16 de diciembre de 1875, que cubrió de oprobio y de baldón al General Medina, aún a los ojos de su propia conciencia. El problema está planteado ante la sociedad, Medina y su comparsa: La justicia que alguna vez había de llegar para tan insignes criminales se ha encargado de su resolución".

El 25 de diciembre 1877 fueron capturados Medina y sus compinches. También en La Paz, el Licenciado Manuel Colíndres y unos señores Suazo. Para la captura de otros cómplices de la revolución frustrada, se habían girado las pertinentes órdenes, previniendo que serían juzgados con todo el rigor de la ley.

"El Gobierno no quiso hacer uso de las facultades extraordinarias que le otorgara el Congreso, sino que pidió el dictamen de la Suprema Corte de Justicia, sobre los procedimientos legales, y de acuerdo con ese dictamen, fue que se formó un Consejo de Guerra que se reunió en Santa Rosa de Copán y que se integró así: Comandante General de División D. Emilio Delgado: Presidente. Los Jueces: Generales

D. Eusebio Toro y Luis Bográn; Coroneles efectivos: D. Inocente Solís y Belisario Villeda, Manuel Bonilla y Antonio Cerro; siendo Fiscal el General Agustín Aguilar, y Auditor de Guerra: el Licenciado Justo Cálix. Dicho Consejo deliberó en sesión permanente hasta las 12 de la noche del día 23 de enero. El resultado final fue el siguiente: Medina y Marín condenados a muerte. Ismael Álvarez y Juan Casaca, Carlos Madrid, José María Espinoza y Fernando Medina: indultados".

"El General José María Medina y principal cómplice Ezequiel Marín fueron ultimados el 7 de febrero de 1878 a las 9 a.m. en el cementerio de Santa Rosa de Copán".

"El 4 de junio de 1880, el Doctor Soto, estando el país en plena paz y habiendo cesado los motivos que indujeron al Gobierno a resumir todos los despachos del Ejecutivo en una sola Secretaría General, reorganizó el Ministerio nombrando al General D. Enrique Gutiérrez Secretario de Estado en los Despachos de Gobernación, Justicia, Negocios Eclesiásticos y Fomento; y a D. Abelardo Zelaya, Secretario de Estado en los Despachos de Hacienda y Crédito Público; quedando el Doctor Rosa encargado de las Carteras de Relaciones Exteriores, Instrucción Pública y Guerra".

En esos días el Presidente Soto resolvió hacer un viaje a Guatemala acompañado de hondureños notables; y mientras él estaba ausente del país, una nueva conspiración se fraguaba encabezada por el Teniente Coronel Abelino Cobos, quien por su mala cabeza y ruina causa, pagó con su vida el 30 de agosto, después de haber sido juzgado por un Consejo de Guerra, presidido por el Comandante General del Departamento de Choluteca.

Ese mismo año se emitieron los Códigos Civil, Penal, de Procedimientos, de Comercio y de Minería, en cuya redacción tomaron parte además del Doctor Rosa, los Doctores Carlos Alberto Uclés, Adolfo Zúñiga y Jerónimo Reina.

Del Doctor Marco Aurelio Soto, escribe el consagrado historiador Doctor Rómulo E. Durón.

"Consagrada con la libertad de cultos, la separación de la iglesia y el Estado; esta época se enlazó con la de las radicales reformas establecidas en 1829 en Guatemala al influjo del General Francisco Morazán, y en Honduras al influjo del Presbítero, D. Francisco Antonio Márquez que había desaparecido con la caída de la Federación en 1840".

El 30 de octubre de 1880 la Asamblea Naciónal declaro a Tegucigalpa, Capital de la República de Honduras.

"De conformidad con la nueva Constitución fue electo Presidente el Doctor Soto para un período de cuatro años, habiendo obtenido 24,521 votos, en una base de 29,795 sufragios. Tomó posesión del cargo el 1º. de febrero de 1881".

"En el nuevo período el Doctor Soto continuó su vasta obra de organización. Dictó el Código de Instrucción Pública, el Penal Militar, la Ordenanza Militar, la Ley de Tribunales, la de Notariado y el Código de Aduanas; creó el Departamento de Colón hasta el Cabo de Gracias a Dios, y por cuantos medios le fue posible procuró elevar al país y dignificarlo. Respetó la Independencia del Poder Judicial; protegió las ciencias, las artes, las letras; otorgó concesiones generosas a la inmigración y siempre fue su empeño el engrandecimiento de Honduras. A este tiempo, la producción de las rentas había alcanzado a más de un millón de pesos".

"En la Administración del Doctor Soto —sigue narrando el historiador Durón— habían colaborado los más notables hijos de Honduras, centroamericanos eminentes y distinguidos extranjeros: Máximo Jerez era profesor; José María Reina Barrios, que más tarde llegó a la Presidencia de Guatemala, fue Mayor de Plaza de Tegucigalpa; Carlos Ezeta, que fue Presidente de El Salvador, había sido ayudante del Estado Mayor del Presidente; Tomás Estrada Palma, que fue después el primer Presidente de Cuba, había sido

Director General de Correos y Director del Colegio Naciónal de 2a. Enseñanza; Máximo Gómez, Jefe de la revolución de Independencia de Cuba, había sido Comandante de Armas de Amapala, y Antonio Maceo, el famoso guerrillero de la misma; Comandante de Armas de Puerto Cortés, J. Gabriel Cadalso y Antonio Pierra habían sido colaboradores de la prensa oficial y Profesor el primero, José Joaquín Palma, el cantor de la primera Exposición Naciónal de Honduras, era Secretario Particular del Presidente Soto y Profesor de Literatura. Si hubiera de ser mencionados todos los ilustres colaboradores del Presidente Soto, la lista llenaría muchas páginas".

"En la alocución que el 15 de septiembre de 1880 pronunciara el Presidente don Marco Aurelio Soto, en la que se conmemoraba la Independencia de Centroamérica, entre otras cosas dijo: "EL TESTAMENTO DEL GENERAL MORAZÁN CASI NO SE CONOCE, CUANDO ES LA HOJA EN QUE DEBIERAN APRENDER A LEER LOS NINOS DE LA REPUBLICA CENTROAMERICANA. ESTE DOCUMENTO VENERABLE ES LA ORACION DEL PATRIOTISMO, QUE LAS MADRES DEBERIAN HACER REZAR A SUS HIIJOS AL DORMIRLOS, PARA QUE TODO CENTROAMERICANO DESDE LA INFANCIA, SEPA QUE NO TIENE PATRIA...".".

La Reforma que Soto había iniciado en 1876 iba adelante, venciendo obstáculos, pero avanzando:

Libertad de Cultos. Libertad de Enseñanza. Libertad de Prensa. Libertad de Asociación. Inviolabilidad de la Vida Humana. Recurso de Habeas Corpus.

Los parques y paseos públicos iban tomando forma; ya se había acordado la construcción del edificio que se destinaría para Escuela de Medicina; también estaba en camino la construcción del edificio de telégrafos y muchas obras más que poco a poco irían construyéndose.

Se habían mandado a erigir las estatuas de nuestros próceres en las principales plazas de esta ciudad. Una estatua ecuestre de bronce al General Francisco Morazán, una de mármol al Sabio José Cecilio del Valle y bustos del mismo material, al Presbítero José Trinidad Reyes y al General José Trinidad Cabañas. Muchos de sus preciados logros habrán de ser acreditados a la Administración realizada por Soto y Rosa.

Alternatividad del Poder en la Constitución del Ejecutivo, admitiendo por una vez, la reelección sucesiva.

Completa independencia del Poder Judicial. Respeto al Derecho de sufragio. En el Departamento de Hacienda: exclusión de empréstitos forzosos en tiempos normales. Favorecimiento y garantía para establecer instituciones bancarias, particularmente de bancos agrícolas, hipotecarios.

En el Departamento de Fomento: Protección decidida a la agricultura. Facilidades al comercio. Apertura de vías de comunicación. Ensanche y perfeccionamiento de los servicios telegráficos y postal. Protección a las inmigraciones útiles sin que el Estado sea empresario.

En el Departamento de Instrucción Pública. Instrucción Primaria y Secundaria para ambos sexos; siendo obligatoria y gratuita y de carácter civil. La Instrucción Religiosa debe reservarse para el hogar o para el sacerdocio.

En el Departamento de Guerra, organización completa del servicio militar obligatorio, sin distinción de clases sociales.

Se habían redactado los códigos ya antes mencionados. Se emitió la Constitución Política del 80; la organización de la Universidad y de los colegios mixtos de segunda enseñanza, tanto en la Capital como en algunos Departamentos. Concedió becas a jóvenes aptos para que hicieran estudios en el extranjero e importó profesores de España para la Universidad Central. Fundó el primer Centro Hospitalario, organizó el servicio de correos y la casa de la moneda, promulgando leyes para la acuñación del patrón plata; funcionaban ya en la Capital el Archivo y la Biblioteca Naciónales. Los ingresos del Tesoro Público habían aumentado de 260 mil a más de un millón de pesos anuales.

En resumen, "toda la afanosa obra realizada quizá sirva para que las generaciones por venir, busquen en nuestra labor, —decía Rosa— la de ansiosos reformadores".

Convencido don Marco Aurelio que debería separarse del Poder para evitar un choque armado con Guatemala, salió de Tegucigalpa el

9 de mayo de 1884 vía el puerto de Amapala, con rumbo a los Estados Unidos. Le acompañaban además de su familia, el doctor Ramón Rosa con su esposa e hijos. También viajaría con ellos el Secretario Privado del Presidente: José Joaquín Palma.

Tan pronto los doctores Soto y Rosa llegaron a San Francisco de California, comenzaron a realizar publicaciones en los principales diarios para dar a conocer a nuestro país.

En una sesión a la que fueron invitados por la Cámara de Comercio de San Francisco, exhibieron muestras de minerales, maderas preciosas, y otros productos del agro; asimismo repartieron pequeñas muestras de café hondureño y, el doctor Soto, presentó un informe pormenorizado sobre Honduras.

Días después pasaron a la gran metrópoli de Chicago, donde su actuación logró un verdadero éxito. En seguida el doctor Soto salió para Washington en visita oficial, al tiempo que su primo, el doctor Rosa se embarcaba para San José de Costa Rica.

"Mientras don Ramón viajaba, don Marco Aurelio había enviado a Tegucigalpa, a su secretario particular, el poeta Palma con su segunda renuncia a la Presidencia. Dicha renuncia —esta vez le fue admitida—y en tal virtud, devolvió las DIEZ MIL LIBRAS ESTERLINAS que le habían acordado para gastos. De suerte que su viaje a los Estados Unidos y la propaganda que le hizo al país, resultaron gratis y muy beneficiosos".

El 11 de septiembre de 1883 cuando Palma venía hacia Honduras, muere el General Enrique Gutiérrez. Esta muerte inclinó hacia el General Bográn —gran amigo de Barrios— las posibilidades para ascender a la Presidencia de la República. El desaparecimiento del General Gutiérrez —amigo fiel del Doctor Soto— fue celebrado con triunfo por las prensas de El Salvador y Guatemala.

El 18 de septiembre de 1883 fueron descubiertas en las principales plazas de Tegucigalpa, por el General Bográn, las estatuas de Morazán, Valle, Cabañas y Reyes. El 30 del mismo mes el General Luis Bográn ascendía a la Presidencia de Honduras.

Marco Aurelio Soto nació en Tegucigalpa el 13 de noviembre de 1846, hijo de don Máximo Soto —uno de los fundadores de la

Universidad de Honduras— y doña Francisca Martínez. Comenzó sus estudios en escuelas públicas de esta capital.

En 1857, con su padre, don Máximo, se trasladó a Guatemala en donde en 1867, obtuvo el título de Licenciado en Leyes. Fue en aquella ciudad donde don Marco Aurelio forjó su personalidad y mostró sus capacidades de estadista y político de altura.

Desde 1869, cuando don Ramón Rosa llegó a Guatemala, don Marco Aurelio no volvió a separarse de su primo.

En Guatemala don Marco Aurelio y don Ramón trabajaron en la Prensa y la Tribuna en pro de la revolución del 71, que trajo a Guatemala la Reforma. Después desempeñaron iguales faenas para afianzar tal régimen.

En los dos años que el General Miguel García Granados ocupó la Presidencia de Guatemala, don Marco Aurelio desempeñó los honoríficos cargos, de Ministro de Gobernación, Justicia, Instrucción Pública y Negocios Eclesiásticos. En los cuatro años siguientes cuando el General Justo Rufino Barrios ocupó la Presidencia, don Marco Aurelio estuvo a su lado como Ministro desempeñando diversas Carteras. Así que cuando el Doctor Soto vino a Honduras, no era un político improvisado, era ya un maestro en esa ciencia. Y había puesto especial empeño en ello, porque desde temprano con Ramón Rosa, habían señalado como meta la redención de su bien amada patria: HONDURAS.

Como siempre fuimos grandes admiradores tanto de don Ramón Rosa, como de don Marco Aurelio Soto, hace más de una década escribimos en una obrita nuestra titulada "Honduras de HONDURAS", lo siguiente relacionado con el Doctor Soto:

"Ahora que en el crisol de la historia las llamas purificadoras del tiempo han acendrado su personalidad, veréis cuán fácilmente se aquilata su labor de gobernante constructivo y civilizador, comparada con la obra casi nula de muchos que le precedieron o sucedieron. Ponedlo en la balanza de la justicia y mirad cuán rápida y decisiva ésta se inclina a su favor, busquemos entonces su fisonomía y trasladémosla al bronce".

A muchos de sus antecesores no les fue dado como a él, llevar a buen fin su misión. Desde los días de la Independencia los hondureños vivieron casi siempre como lobos, devorándose entre sí, en una interminable noche carente de estrellas y de luna. Soto fue una especie de mago que trató de convertir los lobos en hombres y la noche en un día de centelleante luz.

Marco Aurelio Soto no sólo quiso redimir a una joven generación nacida y amamantada en el ambiente mefítico de las pasiones políticas; su tarea fue más ardua aún: necesitó hacer acopio de toda su inteligencia, voluntad, paciencia y buena fe, para encausar a una casta de viejos soldados y caciques cuyas almas, encallecidas como estaban a fuerza de servir de almohada para el rifle, no comprendían claramente el significado de las palabras progreso y libertad.

La administración Soto se ubica dentro de un paréntesis de paz y prosperidad, separada por medio siglo de nuestra Independencia y por un siglo de nuestra vida actual. A pesar de que él hizo dividir la historia republicana hondureña en tres épocas: antes de Soto, cuando Soto y después de Soto, su nombre no ha logrado incrustarse en el corazón de la ciudadanía, porque más fácilmente se deslumbran los pueblos ante la gloria cuando ésta llega con el fulgor sangriento de Belona, que cuando se presenta con el albo manto de Palas Atenea.

Imaginad a Soto a la cabeza de un bravo ejército, jinete en brioso corcel, empuñando el afilado acero, segando vidas y arrasando poblados... Ponedlo triunfante de ciudad en ciudad, vitoreado por las multitudes y convertido en soldado invicto; a eso agregadle sus extraordinarias dotes de estadista y reformador: Ahí lo tendríais metido de cuerpo entero, no sólo en el corazón de este pueblo frío para amar con nobleza todo lo que es nuestro, sino agigantado en la historia de la América Hispana.

Pero no, Soto fue un civil, sabía que aún siendo más larga y escabrosa la tarea de curar a un pueblo enfermo con el bálsamo de la razón, el resultado es más fructífero y mucho más duradero.

Démosle a Marco Aurelio Soto una de las más grandes conquistas de nuestra historia: el cambio de rumbo del país hacia una era de cultura, reforma y bienestar generales. Había hecho de un predio una República...

CRONOLOGÍA DE LA REFORMA LIBERAL HONDUREÑA

Casi todos los enfoques relativos al proceso continental de remozamiento de las estructuras político—económicas que vinculan definitivamente a los países al sur. del Río Bravo con los mercados mundiales capitalistas, generalmente conocido como Reforma Liberal, coinciden en detectar sus orígenes con el triunfo definitivo de las corrientes liberales y positivistas sobre los grupos conservadores y clericales, estableciendo así una dicotomía en la que el "progreso" se identifica como sinónimo de liberalismo y la "barbarie", el atraso, con el conservadurismo. Esta interpretación es explicable por cuanto la historiografía de las últimas décadas del siglo XIX y primeras de éste fue escrita en buena medida por historiadores afiliados a la corriente ideológica fundada por Augusto Comte. Sin embargo, como nos advierten dos estudiosos del área centroamericana, la distinción tajante entre liberales y conservadores suele ser engañosa. Muchas reformas decisivas fueron efectuadas por gobiernos conservadores, mientras que muchos liberales no dudaron en asumir los principios de la reacción conservadora, según convino a sus intereses. Un ropaje ideológico prestado sirvió pues mal para expresar los conflictos interoligárquicos y más de una vez empañó considerablemente su clara interpretación.

El maniqueísmo historiográfico arriba expuesto presenta los cincuenta años posteriores a nuestra emancipación política como un período prácticamente inmóvil en lo referente a la dinámica económica, dejando la impresión de que el período fue de quietismo y parálisis en lo referente a la estructura material.

Los escritores hondureños sombríamente describen la primera mitad del siglo republicano (se refiere al XIX) como una larga noche de anarquía, regresión y caudillismo.

Los pocos capaces y dedicados dirigentes fueron paralizados por la realpolitik Centroamericana o por el conflicto regional o interclasista. No hubo progreso material en una economía política deprimida cuyo excedente fue gastado en resistir la dominación extranjera. Cuando la superioridad de Guatemala fue finalmente aceptada, los feudócratas, los tiranos, estuvieron en el poder por dos décadas. Debido a que los dirigentes fueron incapaces de concebir, mucho menos implementar una construcción social y económica progresiva, hubo un retroceso general. La dinámica minera departió con el capital y la experiencia Españolas, y los envíos de ganado fueron reducidos por décadas de rivalidad con, y luego resistencia a sus vecinos. El comercio estaba paralizado debido a que se creaba poco excedente. Peor aún, Comayagua estaba físicamente destruida por las guerras y los centros mineros y los puertos de la Costa Norte estaban moribundos. No existían los medios materiales o emocionales para revivirlos.

Este retrato es a la vez exagerado y distorsionado. El único vistazo de percepción era el de que el nivel empresarial era extremadamente bajo. Todo lo demás es hipérbole que surge de la frustración económica. No es el mito creado por la ignorancia: los contemporáneos expresaron la situación de manera idéntica.

En el caso hondureño la tendencia es a ubicar cronológicamente el inicio de la Reforma con el ascenso de Marco Aurelio Soto y Ramón Rosa al poder en 1876. La historiografía tradicional Centroamericana convencionalmente fecha el principio de la modernización hondureña a partir de 1876 con la inauguración del régimen liberal de Marco Aurelio Soto. Si existe consenso en lo que se refiere a su arranque, a su "despegue", no lo hay en cuanto a su finalización. De hecho, son pocos los historiógrafos que se han planteado la interrogante respecto a si la Reforma liberal es un movimiento ya concluido y superado o si por el contrario, se continúan implementando en este siglo las políticas y objetivos que inspiraban a aquéllos que echaron los cimientos del Estado burgués y las bases del desarrollo capitalista en nuestro país. Es pues el propósito de este análisis el determinar si realmente esta gesta se inicia en 1876, si cuenta con antecedentes previos y también el tratar de establecer si la misma continúa implementándose o si ya concluyó, y, si esto último es válido, enmarcar dentro de determinados parámetros cronológicos su finalización.

Iniciaremos el enfoque reproduciendo la opinión de diversos escritores respecto al momento histórico en que, a juicio de ellos, nace y ve la luz la Reforma Liberal Hondureña. Hace aproximadamente 100 años se inició en Honduras un proceso histórico que tuvo grandes efectos sobre la conformación de nuestro país . En agosto de 1876, con el apoyo de los gobiernos de Guatemala y El Salvador, principalmente del primero, Marco Aurelio Soto, asume la dirección de los asuntos del Estado, iniciando la promoción de un proceso de reformas liberales (burguesas) bajo el modelo y la influencia de las transformaciones que en este sentido se producen en Guatemala.

Nuestra opinión es que un proceso necesariamente debe contar con antecedentes que, al estudiarlos, proporcionan una trayectoria de larga duración y sitúan dentro de una perspectiva histórica sus orígenes e inicios. La primera interrogante que debemos hacernos es ésta: ¿qué sucedió en los planos económico y legal en el período que va de 1821 a 1876? cuáles fueron las concepciones de los dirigentes hondureños de esa época? Para un historiador norteamericano, desde la Independencia, las nuevas élites políticas compartieron las actitudes desarrollistas de los Estados Unidos. Pero el tipo caudillesco que llega al poder en 1855 (luego de derrocar a Cabañas), la bestia negra de muchos historiadores, tenía un enfoque socio—económico idéntico.

Para el autor citado, el hecho de que lo que se concretó en el desarrollo agrícola, minero y pecuario fue tan mínimo con anterioridad a 1876, no puede ser imputable a los gobernantes predecesores de Soto, sino a una serie de factores propios de una sociedad aún no desarrollada: debilidad institucional del gobierno, inhabilidad gerencial de la élite local, su "extremadamente bajo nivel empresarial", aislamiento del país en razón de su agreste topografía, el lento crecimiento demográfico. Tampoco es el "progreso" un indicador válido. Honduras "progresó" después de 1876 grandemente debido a que la comunidad capitalista internaciónal se había desarrollado al punto donde estaba preparada para incorporar seriamente a Centro América .

Este punto de vista es compartido por otro investigador al afirmar que la evidencia que apoya este año (1876) como un hitó en el desarrollo hondureño consiste en "innovaciones" tales como la supresión del diezmo, inauguración de la educación pública y la codificación de leyes comerciales, mineras y administrativas.

Desde nuestra posición actual, mucha de esta supuesta transformación parece ser inconsecuente: un reformismo superficial que produjo pocos beneficios genuinos. Mucho más interesante para los historiadores contemporáneos es que Soto y su sucesor, Luis Bográn, ayudaron a iniciar y facilitar el restablecimiento de vínculos económicos permanentes entre Honduras y el sistema de mercado del Atlántico Norte .

Ya en la década del 60 del siglo pasado comenzó a sentirse la necesidad de algunos cambios supraestructurales en el Estado democrático—feudal de Honduras para favorecer el avance de las nuevas fuerzas económicas que habían comenzado a manifestarse en el país; los resultados de nuestra investigación tratan de demostrar que los primeros intentos por dinamizar la economía, en diversos rubros, ocurren ya en la década de los ochocientos treintas. Que no se hayan implementado a cabalidad o que no hayan pasado más allá de la concepción teórica no les resta importancia histórica, en razón de ser parte del trasfondo que nos permite interpretar la Reforma Liberal, no como un movimiento súbito y repentino sino como un desarrollo, una continuidad que alcanza su punto culminante a partir de 1876.

Veamos primeramente el factor tierra. Una de las características de los movimientos reformísticos de fines del siglo pasado es la confiscación de tierras eclesiásticas y comunales y su venta a particulares, así como el remate de dominios territoriales de propiedad pública. La Ley de 19 de marzo de 1829 en su artículo primero decretaba la venta de tierras realengas, y las que se subasten de manos muertas, en posesiones pequeñas. La Ley Reglamentaria de Tierras de 1835 preceptuaba que las tierras realengas o valdías (sic), las de manos muertas, y las poseídas sin justo título, corresponden en propiedad al Estado y éste será el usufructuario de ellas, a la vez que, en su artículo 22, otorgaba tierras ejidales a aquellos pueblos que carecieran de ellas. En nuestro país, la posesión colectiva de la tierra no es afectada en el XIX, singularizando así la Reforma Liberal hondureña en oposición a lo que ocurre en Guatemala y El Salvador.

El Decreto de la Asamblea Ordinaria de 1837 establece la entrega de tierras estatales a particulares como una forma de amortizar la deuda pública interna, lo que también aparece contemplado en el decreto de 1843, que es retomado por la disposición de abril de 1877, bajo el gobierno de Soto y conocida como Decreto para fomentar la agricultura. La legislación arriba indicada, emitida durante la administración del conservador Francisco Ferrera, contempla también la formación de un registro de la propiedad inmueble, lo que será sistematizado por las administración es posteriores, a partir de la de Soto. La ley que señala el precio de las tierras, de 1864, establece como forma de pago el producto de la subasta de tierras naciónales, bien en efectivo o en documentos tales como vales y letras. Toda la legislación arriba citada tenía al menos dos objetivos: estimular el desarrollo agrícola por parte de particulares y el agenciar fondos al fisco a través de la venta de tierras estatales.

Se observa entonces que lo que acontece a partir de Soto es un ritmo más intenso en la adjudicación de tierras naciónales a particulares y el reparto de las que habían estado en posesión de la Iglesia, desde el período colonial, y que ahora se traspasan a manos privadas. Si analizamos las concesiones de tierras a empresas mercantiles, éstas también se inician con anterioridad a Soto. Durante la administración Cabañas, se otorgaron grandes concesiones territoriales en la zona nororiental del país a la Compañía de Tierras de Honduras, si bien el Poder Legislativo no llegó a aprobarlas.

En lo relativo a la fuerza laboral, su control y su disponibilidad con respecto a los propietarios de tierras, la legislación agraria anterior a Soto contiene diversas regulaciones que son más sistemáticamente reglamentadas e incorporadas a la legislación civil por Soto y sus sucesores.

En lo referente a las relaciones Iglesia—Estado, las que quedan ya definitivamente resueltas a favor del segundo, las tensiones entre ambas partes se manifiestan ya durante la Jefatura de Estado del liberal Joaquín Rivera, cuando se adopta el Decreto del Congreso Federal de 2 de mayo de 1832 que declaraba a los habitantes de Centro América en libertad de adorar a Dios según su conciencia garantizando la protección del gobierno en la libertad del culto religioso que escogieran, rompiendo así el monopolio religioso que había prevalecido durante el período colonial.

Al firmarse el Tratado Lennox—Cruz, en 1859, por el cual Gran Bretaña devolvía a la soberanía hondureña las Islas de la Bahía y La Mosquitia, una de las cláusulas comprometía al gobierno de

Guardiola a otorgar la libertad de cultos para los habitantes del territorio insular, lo que significó que un sector del clero encabezado por Miguel Del Cid protestara contra esa acción. Del Cid era la autoridad eclesiástica de mayor jerarquía en el país, Vicario Capitular de la Diócesis de Honduras en sede Vacante y con fecha 25 de diciembre de 1860 excomulga al Presidente Guardiola así como a los miembros de su gabinete, iniciándose en abril de 1861 la llamada Guerra de los Curas, que, al ser develada, sella la supremacía civil sobre la eclesiástica, al punto que cuando Soto expropia los bienes de propiedad de la Iglesia, la medida no causó la reacción incluso violenta que la misma disposición significó en otros países latinoamericanos, particularmente en México.

Sobre el tema del celibato religioso, recordemos que la Asamblea Ordinaria del Estado de Honduras de 1830 aprueba la moción presentada por el clérigo Diputado Francisco Márquez relativa a declarar herederos forzosos a los hijos de los clérigos habidos antes y después de su ordenación y que los eclesiásticos seculares del Estado podían contraer matrimonio libremente, si bien esta última disposición es derogada el siguiente año .

La construcción de la infraestructura, requisito absolutamente necesario para. integrar las diversas regiones aisladas o semi-aisladas entre sí por razón de una formidable orografía y la inexistencia de caminos permanentes, para constituir así las bases de un mercado interno, es una inquietud ya percibida por el Presidente José Trinidad Cabañas, quien correctamente entendía que la antítesis existente entre la región centro occidental, la vieja Honduras y la norte, el "desierto", la "nueva Honduras", sólo podía ser resuelta en la medida en que ambas fueran vinculadas, y el medio de transporte obligado de la época era el "'camino de hierro", esto es, el ferrocarril, a la vez que las implicaciones políticas derivadas de esa integración, que resultarían en el fortalecimiento del poder central a costa de los caudillismos regionales, y sus esperadas consecuencias sociales que servirían como imán para atraer inmigración extranjera eran también intuidas.

Si bien estos intentos de Cabañas no se concretaron más allá de los reconocimientos y levantamientos topográficos de la propuesta ruta del Ferrocarril Interoceánico, será bajo la presidencia del Conservador José María Medina que se empieza a construir en 1869 motivando al Presidente a expresarse en términos optimistas ante el Congreso Naciónal de 1872 de la siguiente manera: "No está lejano el día en que la locomotora cruce nuestros fértiles valles, desde el Atlántico hasta el Pacífico, trayéndonos los elementos de civilización y verdadero progreso"

Los antecedentes en torno a la creación de un ejército profesional, otra inquietud de la Reforma, debemos remontarlos a la Jefatura de José Antonio Márquez, al fundarse en Tegucigalpa una escuela militar, a cargo del oficial colombiano Narciso Benítez, en 1831.

En conclusión, esperamos, que el conocimiento de los precedentes de diverso tipo aquí detallados, anteriores a la llegada de Soto y Rosa al poder en 1876, ofrezcan al lector una percepción histórica en la que la Revolución Morazanista y la Reforma Liberal se entienden como aspectos de un mismo proceso en los que, en vez de encontrar una ruptura, un vacío entre el período que media a partir de la ruptura de la Federación y el fusilamiento de Morazán por un lado y el ascenso de los positivistas al poder a partir de la renuncia de Medina, veamos una línea de continuidad entre ambas fases, momentáneamente interrumpida por gobiernos de neto corte conservador como el de Francisco Ferrera, más no destruida, lo que explica y permite entender que todo este movimiento Liberal que se venía gestando en Honduras es precisamente el que va a facilitar el triunfo de la Reforma a niveles oficiales, y que la reforma liberal no tuvo mayores obstáculos ni resistencias debido al avance evolutivo que en materia institucional había experimentado el país, a partir de la administración del Doctor don Juan Lindo.

Si hasta ahora hemos tratado de esbozar los prolegómenos de este movimiento la siguiente pregunta que debemos tratar de responder es establecer si éste ya concluyó, y si esto es valedero cuando, en qué momento finalizó y las razones para ello o si por el contrario es un proceso aún no concluido.

Diversos autores consultados enfatizan que cuando la Reforma Liberal, como proyecto gubernamental autónomo, tiene que ir aceptando la realidad de la presencia del capital extranjero en nuestro país, primero en la minería y luego en la agricultura de plantación, con la formación y consolidación de los enclaves, este movimiento va perdiendo su dinámica interna, se va estancando y deformando hasta perecer. Pasemos revista a algunas de estas opiniones.

La penetración del capital monopolista norteamericano atrofió el proceso de desarrollo autónomo que vivía Honduras desde su constitución como República independiente... al llegar el capital extranjero y ocupar posiciones claves en los resortes fundamentales de nuestra economía: la banca, el comercio exterior y algunos renglones básicos de la industria, el desarrollo del capitalismo hondureño se frenó bruscamente y lo que pudo llegar a ser un sistema productivo predominantemente capitalista, se convirtió en una estructura heterogénea, deformada y dependiente. Las relaciones semifeudales de producción, condenadas a perecer en un proceso de desarrollo normal de las fuerzas productivas, se mantuvieron y aún se mantienen, gracias a que el capital monopolista norteamericano, al mismo tiempo que aplastó los primeros brotes del capitalismo hondureño, fortaleció las supervivencias semifeudales para apoyarse en ellas para sus fines de explotación y saqueo de nuestro país.

Esta interpretación que pone énfasis en el impacto ocasionado por un capitalismo en su fase imperialista sobre una sociedad y formación económica aún no claramente definida y caracterizada a la que avasalla y sobre la cual se impone, conduce a que nos formulemos varias interrogantes necesarias para poder respondernos respecto a las probabilidades de supervivencia y fortalecimiento de una Reforma Liberal hondureña independiente que pudo haberse auto—desarrollado. Ya en la primera parte de estas notas hemos esbozado las posibilidades y capacidades de una élite empresarial nacional, de una clase mercantil, agropecuaria y minera criolla durante el siglo diez y nueve, para poder desarrollarse económicamente bajo lineamientos y directrices propias. Hemos extensamente reproducido los puntos de vista pesimistas del norteamericano Brand, al respecto, quien enfatiza la incapacidad y/o inhabilidad y/o falta de una suficiente conciencia de clase de ese sector social para poder crecer y desarrollar capitalísticamente al país, estructurando, fortaleciendo y controlando un mercado naciónal.

Si es verdad que en la última década del siglo diecinueve (la Reforma) completó su programa con el ideario liberal de la revolución de 1894, a principios del nuevo siglo, en 1907, el gobierno norteamericano de Teodoro Roosevelt le impuso a los gobiernos centroamericanos un tratado de paz y amistad, con una Corte de Justicia encargada de juzgar las diferencias de los países signatários... en el año de 1923, delegados sumisos al imperio firmaron la Constitución extranjera que se conoce con el nombre de Pactos de Washington. Así quiero expresar ante ustedes que la última manifestación autonomista de la Reforma Liberal en Centro América, tue el esfuerzo de querer celebrar el centenario de la independencia con la unión de las cinco repúblicas en 1921.

De acuerdo a esta interpretación el imperialismo norteamericano, su política exterior, van gradualmente reduciendo a la impotencia los intentos de autodeterminación y reunificación de los gobiernos ístmicos, y en la medida que se van asfixiando esas tentativas también van languideciendo las Reformas.

Un acucioso análisis estudia el momento histórico de transición que se da en la minería y en ciertos renglones manufactureros por parte de empresarios naciónales y extranjeros (alemanes, franceses, ingleses, norteamericanos) radicados en el país y en la que no se da todavía la presencia hegemónica de inversión directa extranjera, al menos de manera relevante... quienes formulan e implementan un proyecto económico libre—cambista y diseñan un modelo político liberal a través de la reorganización institucional de la sociedad y de los aparatos del estado, haciendo posible un cierto proceso de acumulación de capital y de expansión y desarrollo del mercado interno. A este grupo el autor lo llama "burguesía mineromercantil", y hace ver cómo las medidas estatales tendientes a atraer capital inversionista foráneo originan una contradicción, provocando que eventualmente el incipiente capitalismo naciónal sea absorbido por la economía estadounidense, a través de la inserción en nuestra economía del enclave bananero, que termina asumiendo un carácter hegemónico en el conjunto de la producción y de las exportaciónes, hacia la primera década del siglo XX, redefiniendo la matriz de la estructura productiva naciónal.

Pero hay que hacer notar que los grupos inmigrantes ingleses, franceses, norteamericanos, alemanes, que van estableciéndose en el país a partir de la década de los ochocientos sesentas van a ir controlando el comercio al por mayor y el de importación y exportación, tanto en la zona central como Sur, desplazando gradualmente al comerciante local, lo que se acelera aún más con el arribo de palestinos y chinos hacia fines de la pasada centuria, lo que significa que la consolidación de los enclaves minero y bananero termina por marginar a los grupos hondureños poseedores de capital, proceso iniciado por los extranjeros, que, a título individual, van afincándose en el país, inexorablemente limitando las posibilidades económicas de expansión de la incipiente burguesía naciónal.

Así Honduras llega con retraso a su cita con la historia y la Reforma Liberal se consolida ya tardíamente y una serie de debilidades y obstáculos que van desde lo meramente geográfico, a lo demográfico, a lo tecnológico, y a la disponibilidad de recursos naturales y financieros, al desarrollo económico—social de las clases, conducen a una incorporación tardía a la economía mundial capitalista en la que las clases dirigentes naciónales ven ya muy limitadas sus posibilidades de desarrollo autónomo, y, en la medida que la inversión extranjera en la minería y en e banano va diversificando sus actividades y expandiendo su control sobre otros rubros económicos—financieros dentro de nuestras fronteras, en esa misma medida el papel de la burguesía hondureña se va reduciendo a planos gerenciales y administrativos, proporcionando parte de los cuadros intermedios que utilizan las empresas y corporaciones extranjeras con inversiones en nuestra Patria. Es así que la burguesía hondureña no recorrerá un ciclo vital normal y ascendente y no jugará un papel directriz en la dirección de las fuerzas productivas y entonces los grupos oligárquicos locales se limitaron a una alianza de naturaleza más política que económica con el capital extranjero y convirtieron en su quehacer principal la creación y el mantenimiento de las condiciones institucionales y políticas precisas para el mejor funcionamiento de las empresas capitalistas extranjeras.

Sobre el tema de la finalización de la Reforma Liberal otro estudioso de nuestro pasado opina que ésta concluye en 1924 cuando se emite una nueva Constitución Política que, al introducir elementos de carácter social supera la concepción liberal clásica representada por la Constitución de 1894 emitida durante la administración de Policarpo Bonilla, cuando, de acuerdo a su criterio, este movimiento llega a su cénit, que para unos representa el máximo avance de la ideología liberal en Honduras y así lo pensamos nosotros, teniendo en cuenta las finalidades de tal teoría política. Para Cáceres Lara poco después de la promulgación de la Carta Magna de 1924 y no obstante su contenido teórico avanzado para su época, la conducta de los dos grupos políticos tradicionales es prácticamente conservadora y se reinicia el ciclo de guerras civiles en luchas personalistas por el control del poder.

Otro criterio afirma que la Reforma se prolonga hasta alrededor de 1890, coincidiendo con el final de los períodos presidenciales del General Luis Bográn (1883—1891). Después de la coyuntura crítica de los primeros años de 1890 que introduce algunos elementos de inestabilidad y depresión, el movimiento liberal se reinstala a otro nivel de consolidación, a partir de 1894 y hasta la crisis política de 1902—1903, con los gobiernos de Policarpo Bonilla y Terencio Sierra.

Nosotros sostenemos que la Reforma es un proceso que aún no ha concluido pero sí se encuentra en su crisis final. Si el propósito de los gobernantes hondureños del siglo pasado y del actual así como de parte de sus clases dirigentes ha sido echar las bases que permitieran el surgimiento, fortalecimiento y desarrollo de una burguesía naciónal, de un sistema capitalista dependiente, esa meta aún no se ha cristalizado a plenitud y, en ese sentido, se continúa en pos de un objetivo que como dijimos anteriormente probablemente ya es tardío. Decimos esto por cuanto compartimos el criterio de que la misma dinámica expansionista del imperialismo neutralizó primero y avasalló después el intento por crear una burguesía naciónal que controlara para sí la riqueza productiva del país, el aparato estatal y su función política—administrativa.

¿Existió entonces una contradicción entre el modelo de desarrollo económico al que aspiraban los liberales—positivistas de fines del siglo XIX, por una parte, y la presencia del capitalismo norteamericano, en su fase imperialista, por otra? Un investigador peruano de nuestra realidad no considera que existió tal antinomia. Los grupos oligárquicos posesionados del poder tras el triunfo de los liberales a fines de la década de 1870, no tuvieron intereses naciónales significativos armados alrededor de un proyecto específico de desarrollo naciónal. Más bien, por el contrario, en la medida que sus intereses concretos pasaron a depender del éxito que tuvieran las operaciones económicas del imperialismo por cuanto de allí se deriva la masa de plusvalía que ella disfrutaba y el poder político que ella disponía y ejercía, los grupos oligárquico —terratenientes y el propio Estado no dudaron de la validez de su asociación en calidad subordinada, al capital imperialista norteamericano. Y sobre esa base se habría de edificar a partir de entonces, la suerte del proceso social y político hondureño .

Así pues, el desarrollo económico de Honduras en el siglo XX ha estado caracterizado por el papel avasallador de la presencia cada vez más expansiva del capital norteamericano y el papel de subordinación y apoyo del Estado y las clases dirigentes hondureñas. Pero es necesaria señalar de que aun cuando estamos por concluir esta centuria, no se ha estructurado plenamente en el país un régimen y un sistema capitalista dependiente. Basta para corroborar este aserto el formularnos las siguientes preguntas: ¿se cuenta ya con un mercado naciónal integrado e inter—vinculado? Qué regiones del país han sido o no afectadas por las medidas que tienden a consolidar el capitalismo dependiente? ¿Qué zonas permanecen aún en una economía prácticamente de subsistencia, en las que siguen persistiendo formas y modos de producción pre—capitalistas y/o semi—serviles? ¿Hasta qué punto se ha dado un proceso de proletarización de la población artesanal y campesina? ¿Pero el planteamiento de estos problemas significa acaso que las regiones hondureñas aún no incorporadas a un tipo de relaciones capitalistas dependientes constituyen un valladar, un anacronismo frente a las regiones del país que sí se han articulado a esta forma económica? No lo creemos así, por cuanto la misma lógica y dialéctica de este sistema, tal como se inserta en los países subdesarrollados, a partir de la transición del capitalismo en su fase competitiva a su fase monopólica implica la coexistencia de ambos tipos de relaciones de producción, que tienden a ser más bien complementarias. La existencia de relaciones no capitalistas no es por ningún motivo el resultado de la incapacidad del nuevo régimen para destruirlo y reformularlo sino más bien, por el contrario, el resultado de la propia lógica del capitalismo que aprovecha y utiliza en diferentes formas esas relaciones no capitalistas para obtener una mayor explotación del trabajo y así, acrecentar el ritmo de la acumulación capitalista.

Así, las clases propietarias hondureñas no llegan a controlar los dos principales recursos naturales del país para esa época: minerales (plata fundamentalmente) y suelos aluviales (sobre todo los de la Costa Norte), los que, en el primer caso, pasan a total control extranjero, a partir de 1880, con la penetración de capital norteamericano a través de la creación de la New York and Honduras Rosario Mining Co., como ya anteriormente se dejó indicado, y en el segundo, durante las dos primeras décadas de este siglo con el control creciente de las tierras bajas de la costa caribeña por parte de las empresas bananeras estadounidenses United Fruit Co., Cuyamel Fruit Co. y Vaccaro Bros (actual Standard Fruit and Steamship Co.). Eso significa que el espacio económico en el que pueden operar los débiles sectores empresariales hondureños es cada vez más limitado, con el agravante de que al ir expandiendo su red de operaciones e inversiones las formaciones del enclave minero y bananero, van irrumpiendo y pasando a controlar otras esferas de la actividad económica: finanzas y banca, industrias de bienes de consumo, etc. De esta forma, las empresas capitalistas norteamericanas van copando el mercado interno a su favor a la vez que monopolizan los dos principales rubros de exportación y, como ya se apuntó, cuando ocurre la incorporación de la economía hondureña a los mercados mundiales, ésta es controlada, no por los grupos económico—sociales hondureños, sino por el capital monopolista estadounidense, lo que determina que la economía, sociedad y Estado hondureño actuarán y se desenvolverán en función de una relación de sometimiento y debilidad, que gira en torno a un capitalismo dependiente por cuanto la hegemonía económica, los resortes del poder político y el poder decisorio crecientemente pasan a control del capital norteamericano, avalado y protegido por los distintos gobiernos estadounidenses.

El papel del Estado hondureño en la vida económica naciónal, ha tomado una creciente importancia, a partir del ascenso de Soto y Rosa al poder: en la legislación y codificación, en la creación de un aparato administrativo—burocrático necesario para la implementación de los proyectos estatales, en el fortalecimiento de la autoridad central a expensa de los centros regionales, en la ampliación de la infraestructura, en la percepción de ingresos rentísticos y fiscales, en la consolidación y fortalecimiento de aparatos represivos, etc.

Todas estas medidas, continuadas en mayor o menor grado y profundidad por las administración es posteriores a las del período 1876—1883 tratan de impulsar el mismo modelo de desarrollo concebido por Soto y Rosa: la creación y reproducción de un sistema económico—social capitalista dependiente y subordinado, el fortalecimiento de un aparato que esté en función de y para los intereses de las clases burguesa y terrateniente.

La etapa que va de 1876 a 1948 ha sido caracterizada como un período de consolidación del aparato estatal y de la legitimación de un poder centralizador, que se ve continuamente desafiado por las tendencias centrífugas del caudillismo local y regional. Durante este período la diferenciación del aparato estatal es apenas considerable.

Un segundo período histórico es el comprendido entre 1949 y 1972... Se abre con el régimen modernizante de Juan Manuel Gálvez y concluye con el fracaso del experimento bipartidista liderado por Ramón Ernesto Cruz...

Se trata de un período de sumo interés, testigo de un importante crecimiento y diferenciación funcional del aparato estatal. Durante este período aparece claramente expresada en forma institucional la cuestión social y se inicia la creciente militarización del poder político del país.

Los años posteriores a la Segunda Guerra Mundial significaron para Centro América y para Honduras en particular, importantes cambios políticos y económicos que dieron salida al largo período de estanca—miento iniciado con la gran depresión de los años 30. La demanda externa de aceites esenciales, fibras vegetales, caña de azúcar, algodón, ganado y otros, incidieron en la adormitada estructura rural hondureña. Con el auge de esa demanda surgió un nuevo grupo social agroexportador que intentó, con medianos resultados, la incorporación de la economía local al mercado internaciónal a través de un esquema distinto a la economía de enclave... Asimilando algunas formas organizativas del enclave (producción para el mercado externo, tecnificación agrícola, régimen fundamentalmente salarial aunque de carácter temporal), la producción agroexportadora se acompañó de la llamada explotación capitalista abierta, que significó la introducción del capitalismo en el agro a través de una forma diferente al enclave.

Pero debemos insistir una vez más que esta relativa expansión y diversificación de la burguesía naciónal y su esfera de acción, se realiza dentro de las limitaciones impuestas por el gran capital multinaciónal, lo que significa que el capitalismo hondureño llevó la impronta de la dependencia y la subordinación, por no hablar de su retraso histórico. Tal como nos recuerda un sociólogo naciónal, si la dinámica del capitalismo en el campo pareciera desarrollarse con cierto empuje, esto no se debe a que se "imite" a su homólogo europeo (o mejor dicho inglés) sino que se está desarrollando las tareas que, años atrás, debió haber realizado la frustrada revolución liberal de Soto y Rosa.

En otras palabras, es hasta muy reciente que nuestro país se aboca hacia la economía de exportación (en manos de naciónales), y, por tanto, es reciente la evolución del sistema productivo hacia la organización más adecuada al nuevo tipo de desarrollo. Mucho de lo que en Guatemala y El Salvador—en forma más o menos violenta— o Costa Rica —de manera pacífica— hicieron en las últimas décadas del siglo pasado, lo está realizando Honduras hasta hoy día

Un tercer período, desde finales de 1972 hasta hoy día, que se inicia con uno de los más importantes experimentos de reformismo militar en el país, marca un notable crecimiento del aparato institucional del Estado. Este relativamente fugaz reformismo militar ha ido dando paso a un creciente proceso de autoritarismo militar, sin que ello signifique que el proceso de diferenciación y crecimiento del aparato estatal se haya detenido.

¿Haa agotado ya sus posibilidades el modelo de desarrollo capitalista dependiente y subordinado que, como hemos visto, con altibajos se ha venido implementando en el país a partir del pasado siglo y al cual nuestras clases diferentes se han aferrado hasta la fecha? Creemos que la respuesta es afirmativa. Si el capitalismo a nivel mundial se encuentra en su más profunda crisis estructural, reflejada en las elevadas tasas de desempleo, inflación y deflación, cierre de fábricas y empresas en proporciones elevadas, agudización de la rivalidad internaciónales la competencia japonesa en abierta pugna con la economía norteamericana y europea), los crecientes reclamos y reivindicaciones de los países pobres en la defensa de sus recursos naturales, términos de intercambio comercial y soberanía, el caso hondureño no podría ser una milagrosa excepción. Antes bien, el agotamiento de la etapa reformista encabezada por Oswaldo López Arellano demuestra que hemos llegado a un callejón sin salida, al agotamiento del modelo. Los técnicos que concibieron el Plan Naciónal de Desarrollo del reformismo militar lo formularon como una última medida "para responder al reto de la historia", para "superar el estancamiento en que históricamente hemos vivido", pero al no contar con el respaldo político de la totalidad de las élites, a quienes beneficiaba en última instancia, al ser implementado a medias, al no participar el pueblo en su elaboración y estricta aplicación, éste quedó en el limbo primero para después dar marcha atrás sobre todo en los cambios que se pretendieron introducir en la tenencia de la tierra.

Lo que a corto plazo puede predecirse, sin que pretendamos ser profetas apocalípticos, pero sí teniendo en cuenta la situación político—social de América Central en su conjunto, es que paralelamente a las reformas que pueda tratar de retomar la nueva administración, auspiciadas por el gobierno norteamericano y sus organismos financieros, aumentarán los niveles de represión, con el fin de aterrorizar a las organización es populares que exigen reivindicaciones ante el creciente deterioro en el nivel de vida de la población.

En conclusión, la Reforma Liberal Hondureña, cuyos primeros orígenes se remontan, como hemos visto, a la década de los ochocientos treintas y la que, de acuerdo a nuestro criterio, es un proceso aún no concluido, pero ya en su crisis final, es un movimiento que pudo ser y no fue, esto es, que debido a una compleja serie de factores, algunos de ellos aquí esbozados, empieza a dinamizarse precisamente cuando el capitalismo, a nivel mundial, está pasando de la fase competitiva a la fase monopólica e imperialista y su desarrollo a partir de la década de los ochocientos setentas a la actualidad ha sido deformado y mediatizado por esa dinámica de desarrollo dependiente. Pudo ser un capitalismo autónomo, controlado por las élites naciónales y ha terminado siendo una parodia alienante y alienada, consciente de su papel de comparsa de los países capitalistas metropolitanos y deseosa de seguir interpretando ese secundario papel, aferrada, como clase social, a los magros beneficios que le depara su subordinación, incluso ideológica, al gran capital extranjero.

(MARIO ARGUETA)

CONTENIDO

www.ingramcontent.com/pod-product-compliance
Lightning Source LLC
Chambersburg PA
CBHW061556120626
46550CB00004B/1516